高等教育“十三五”规划教材

电子商务基础与应用

DIANZI SHANGWU
JICHU YU YINGYONG

主 编 赵艳莉 李 瑶

时代出版传媒股份有限公司
安徽科学技术出版社

图书在版编目(CIP)数据

电子商务基础与应用 / 赵艳莉,李瑶主编. --合肥:
安徽科学技术出版社,2016.8
ISBN 978-7-5337-5872-1

Ⅰ.①电… Ⅱ.①赵…②李… Ⅲ.①电子商务
Ⅳ.①F713.36

中国版本图书馆 CIP 数据核字(2016)第 120481 号

内 容 提 要

本书结构新颖、内容丰富,从基础理论出发,结合现代电子技术,全方位阐述了电子商务的特点、应用和技术创新。通过对典型案例的分析,加深对电子商务理论知识的理解,突出职业能力培养,体现教、学、做过程一体化。

通过理论部分的学习,可以掌握电子商务基本概念,电子商务技术基础,电子货币和支付,网络营销与物流管理,以及电子商务安全和相关法律法规等内容。

本书可作为全国高校电子商务和商贸类及其他计算机应用相关专业的教学用书,也可作为电子商务师考试参考用书。

电子商务基础与应用 主编 赵艳莉 李 瑶

出 版 人:黄和平 选题策划:王 勇 责任编辑:王 勇
责任校对:刘 莉 责任印制:李伦洲 封面设计:朱 婧
出版发行:时代出版传媒股份有限公司 http://www.press-mart.com
安徽科学技术出版社 http://www.ahstp.net
(合肥市政务文化新区翡翠路 1118 号出版传媒广场,邮编:230071)
电话:(0551)63533323
印 制:合肥创新印务有限公司 电话:(0551)64321190
(如发现印装质量问题,影响阅读,请与印刷厂商联系调换)

开本:787×1092 1/16 印张:16.5 字数:395 千
版次:2016 年 8 月第 1 版 2016 年 8 月第 1 次印刷

ISBN 978-7-5337-5872-1 定价:38.00 元

前　言

互联网正在革新一切，并引发包括传统文化产业在内的“技术—经济大变迁”，传统的产业带正在面临互联网的重塑。与线下交易的信息不对称相比，电子商务平台可以清晰定位用户的交易，使得生产成本可控、生产周期可知、市场接受度可反馈，与客单价较高的文化产品具有天然契合度，因此，传统文化的互联网化是大势所趋。电子商务作为一种与互联网结合的现代商务方式，在现代社会中所起到的作用越来越大，不断冲击着人们的购物方式和消费观念，正在以难以置信的速度渗透到人们的日常生活与工作中。

本书采用以项目教学为核心的编写方式，通过项目中的任务来完整地学习电子商务的理论知识，将知识点贯穿于每个任务中，并通过每个单元的案例导入，将理论和实际相结合，使整个学习过程更生动、学习内容更丰富。

本书共分 10 个单元，由理论和案例组成，其内容安排由浅入深，适合初学者从入门到提高的过程，使其对电子商务系统有一个全面的理解和认知。每个单元分多个项目来介绍知识点；每个单元的案例导入，用于阐述理论知识的应用，并可激发学生的学习兴趣。在每个项目后有知识百科，用于开阔学生的视野。单元小结则将本单元知识做了简明扼要的总结；每个单元的最后还附有电子商务师真题，以便读者进行练习。本书的电子教案，可从封面上提供的邮箱下载使用。

本课程的教学时数约需 72 学时，各单元的参考教学课时见以下课时分配表。

单　元	教学内容	课时分配
第 1 单元	电子商务概述	6
第 2 单元	电子商务相关技术	6
第 3 单元	电子商务系统设计	6
第 4 单元	电子商务模式	10
第 5 单元	网络营销	6
第 6 单元	电子支付与网上银行	6
第 7 单元	电子商务与现代物流	8
第 8 单元	电子商务安全	8
第 9 单元	电子政务	6
第 10 单元	电子商务法律法规	6
机动		4
课时总计		72

本书由郑州财税金融职业学院赵艳莉、河南省财政金融学院李瑶主编，郑州财税金融职业学院陈子慧、方德花、司丽娟、丁超及河南省财政金融学院张防震参编，具体分工如下：赵艳莉编写第 1 单元、第 2 单元和第 8 单元，李瑶编写第 3 单元、第 4 单元和第 7 单元，陈子慧

编写第 5 单元，方德花编写第 6 单元，张防震编写第 9 单元，司丽娟编写第 10 单元，丁超编写各单元后的习题及答案。赵艳莉对本书的框架结构进行了设计，并负责全书的统稿和整理工作。本书由郑州财税金融职业学院教学副院长郭建军主审。在本书的创作过程中，邢彩霞、李继锋收集并整理了各单元的案例，杜晓波制作了课件，在此表示感谢！

由于作者水平有限，书中难免存在错误和不妥之处，敬请广大读者批评指正。

编　者

目　　录

第1单元

电子商务概述

电子商务是 Internet 爆炸式发展的直接产物，是网络技术应用的全新发展方向。中国商务部报告称，2014 年电子商务交易额(包括 B2B 和网络零售)达到 13 万亿元，同比增长 25%。特别是“互联网+”相关政策的支持，促进网络购物快速发展，带动其他行业升级转型，这就要求人们对电子商务有进一步的认识和理解。本单元按以下 4 个项目进行：

项目 1　电子商务基本概念；

项目 2　电子商务的产生和发展；

项目 3　电子商务的特点与功能；

项目 4　电子商务对社会的影响。

案例导入:当当网上书店

当当网是全球最大的综合性中文网上购物商城,由民营的科文公司、美国老虎基金、美国 IDG 集团、卢森堡剑桥集团、亚洲创业投资基金(原名软银中国创业基金)共同投资成立。自 1999 年 11 月成立以来,当当网秉持“更多选择、更低价格”的口号飞速发展,现经营图书、音像、家居百货、化妆品、服装、鞋帽、小家电、数码产品等几十个大类、一百多万种商品,是中国经营商品种类最多的网上零售店。当当网首页如图 1-1 所示。

图 1-1 当当网首页

互联网提供了可以无限延伸的展示空间,可以容纳无限的商品或图样以及内容。在当当网,消费者无论是购物还是查询,都不受任何时间和地域的限制。在消费者享受“鼠标轻轻一点,精品尽在眼前”的背后,是当当网耗时 16 年修建的“水泥支持”——庞大的物流体系,位于六个城市的十大物流中心,全国库房面积达到 18 万平方米,成为国内库房面积最大的电子商务企业,提供货到付款服务的城市超过 750 个,并为联营的商户开通 COD 服务。

在图书品类,当当占据了线上市场份额的 50%以上。当当的图书订单转化率高达 25%,远远高于行业平均的 7%,这意味着每 4 个人浏览当当,就会产生一个订单。能做到图书零售第一,当当的“杀手锏”有许多,譬如全品种上架、退货率最低、给出版社回款最快,等等。也正是依靠这些“杀手锏”,出版社给当当的进货折扣最低,当当也因此有价格竞争优势。数据显示,包括平台图书的销售业务在内,当当图书 SKU 总数达到 400 万种,其中 100 万~200 万为外文书,自营图书 SKU 也有 100 万种之多。

除图书以外,母婴、美妆、服装、家居家纺是当当着力发展的四大目标品类,其中当当婴童已经是中国最大线上商店,美妆则是中国排名前五的线上商店。当当还在大力发展自有品牌——当当优品。在从网上百货商场拓展到网上购物中心的同时,当当也在大力开放平台,目前当当平台商店数量已超过 1.4 万家。另外,当当还积极地走出去,在腾讯、天猫等平台开设旗舰店。天猫网当当旗舰店如图 1－2 所示。

图 1－2　天猫网当当旗舰店

当当网利用自动智能比价系统，保证所售商品价格低于地面价格 20％以上；同时严格控制销售同一商品的商家数量（不超过 3 家），限制恶性竞争，并承诺全部商品“假一罚五”。在全国 800 个大中城市实现“货到付款”和“上门退换货”服务，消费者确认购买后，只需准备好全额货款，等待快递人员送货上门。当当会在承诺的配送时间内，将商品送达指定的交货地点，待双方当面验收商品无误后，消费者再支付货款，这样有力保障了消费者的购买利益和安全。当当网购物流程如图 1－3 所示。

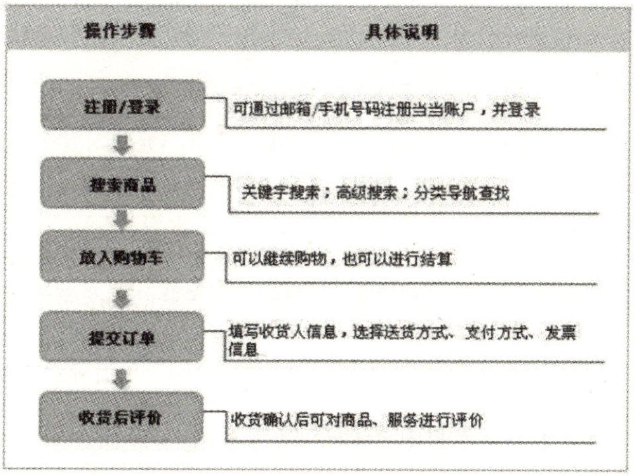

图 1－3　当当网购物流程

经过 16 年的发展，目前无论从网站访问量还是从每日订单数量来看，当当网都是国内顾客最多的网上零售店之一，它用自己的成功实践经验为国内电子商务企业树立了“诚信经营，健康发展”的榜样，越来越多的消费者认可并支持当当网。

项目1 电子商务基本概念

项目描述

电子商务作为一种新兴的现代商务方式，正在以难以置信的速度渗透到人们的日常生活与工作中。它在现代社会中所起的作用也越来越大，不断冲击着人们的购物方式和消费观念，电子商务已逐渐成为一种时尚。

项目分析

Internet的商业化发展推动了电子商务的迅速发展，学习电子商务的定义及其分类有利于人们理解电子商务的含义，从而更好地参与其中。本项目可分解为以下任务：

- 电子商务的定义；
- 电子商务的分类。

项目目标

- 掌握电子商务的基本概念；
- 理解电子商务的内涵；
- 掌握电子商务的分类。

任务1 电子商务的定义

1. 电子商务的定义

电子商务源于英文ELECTRONIC COMMERCE，简写为EC，是指利用电子网络进行的商务活动。但电子商务是一个不断发展的概念，这一概念自产生起，就没有一个统一的定义，不同组织、不同学者众说纷纭，从各自的角度提出了对电子商务的认识，如表1-1所示。

表1-1 不同主体对电子商务的定义

国际商会	电子商务(ELECTRONIC COMMERCE)，是指对整个贸易活动实现电子化
欧洲议会	电子商务是通过电子方式进行的商务活动。它通过电子方式处理和传递数据，包括文本、声音和图像
IBM公司	电子商务是在Internet的广阔联系与传统信息的丰富资源相互结合的背景下，应运而生的一种在互联网上开展的相互关联的动态商务活动
瑞维·卡拉科塔和安德鲁B.惠斯顿	广义地讲，电子商务是一种现代商业方法。这种方法通过改善产品和服务质量，提高服务传递速度，来满足政府组织、厂商和消费者的降低成本的需求

综合上述看法，我们认为，广义的电子商务是指在计算机技术和网络技术的环境下，具有商业活动能力的社会实体(政府组织、金融机构、企业、个人消费者等)所从事的各类规范、有序的商业活动。狭义的电子商务是指利用因特网从事的商务活动。

2. 电子商务的内涵

从电子商务的定义不难看出，电子商务有以下三个方面的内涵。

(1)商务活动

商务活动是指以实现商品或服务的交易而开展的一系列经营管理活动的总称。电子商务的本质是商务，是传统商务在现代信息技术环境下的表现形式。

(2)电子化手段

电子化手段主要是指现代信息技术，特别是互联网技术，包括 LAN、WAN、Internet、Intranet、无线和有线通信等。尽管电子商务是在商务活动中加入了电子化手段，但商务活动是电子商务的核心，现代信息技术只是手段和工具。

(3)规范有序

在计算机网络环境下，商务活动必须规范有序地进行，以保证交易双方的信息畅通。一旦出现差错，无论是商家还是消费者，都会对电子商务产生恐惧心理，从而阻碍电子商务的发展。因此，规范的程序和有序的步骤是电子商务成功的关键。

电子商务将“三流”彻底分离，使得人类的交易活动呈现出更加丰富多彩和复杂的特征，同时也伴随着极大的风险。

贴心提示

“三流”是指在交易活动中出现的“信息流”“物资流”和“资金流”。传统的商务活动中，物资流和资金流是合一的，只有电子商务使得三者彻底分离。

实际上，电子商务并不神秘，尽管在传统商务中引入了现代信息技术，但商务的本质没有改变，变化的是运作过程和手段。

任务 2　电子商务的分类

按照不同的标准，电子商务可划分为以下不同类型。

1. 按电子商务的参与主体分类

(1)企业与企业间的电子商务

企业与企业间的电子商务又称 B2B，是指在 Internet 上，采购商与供应商谈判、订货、签约、接收发票和付款以及索赔处理、商品发送管理和运输跟踪等所有活动。目前 B2B 主要是以企业间的产品批发业务为主，因此 B2B 也称为批发电子商务。阿里巴巴就是著名的企业间电子商务网站，如图 1－4 所示。

企业间的电子商务包括非特定企业间的电子商务和特定企业间的电子商务两种。非特定企业间的电子商务是指在开放的网络中，企业针对每笔交易随机寻找最佳伙伴，并与伙伴进行从订购到结算的全部交易行为。加入该网络的企业只是需要这些商品，并不以持续交易为前提，因而不同于特定企业间的电子商务。特定企业间的电子商务是指在过去一直有交易关系，而且今后要继续进行交易的企业间，为了相同的经济利益所进行的各种商务活动。B2B 在这方面已经运作多年，特定企业间的买卖可以利用公共的网络，也可以利用专门网络来完成交易。

(2)企业与消费者间的电子商务

企业与消费者间的电子商务又称 B2C，主要是指消费者或需求方直接利用网络参与经济活动的一种形式，它基本等同于电子化的零售，是真正的“以客户为中心”。该模式打破了传统的零售方式，消费者可以足不出户，通过自己的计算机在网上寻找、购买所需的商品，获

图 1-4　阿里巴巴中文网站

得商家提供的一系列服务。而对于商家而言，则打破了传统意义的商圈，实现了真正意义上的国际化销售，提高了竞争力。

随着互联网的普及，B2C 模式以供需直接见面、环节少、费用低、速度快、个性化等优势，发展势头迅猛强劲。亚马逊（http://www.amazon.cn）就是比较著名的 B2C 网站，如图 1-5 所示。

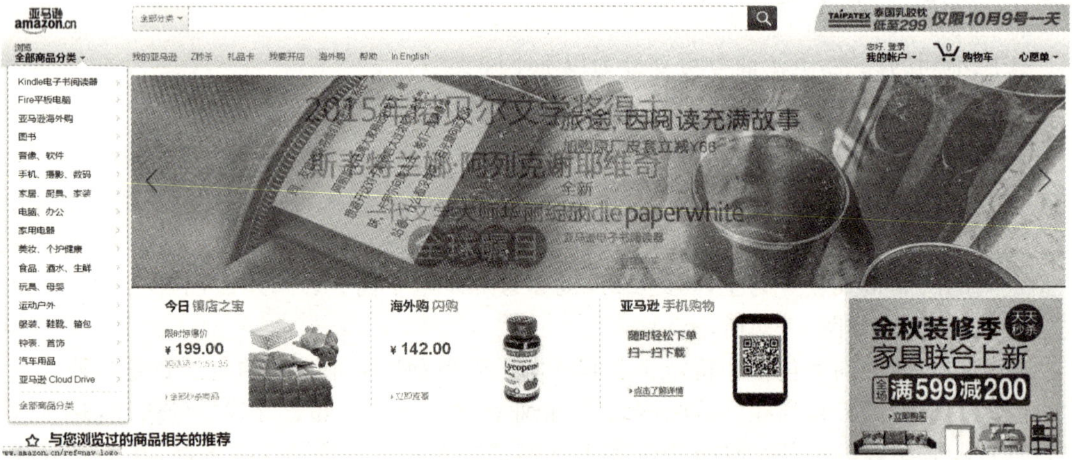

图 1-5　亚马逊网站

贴心提示

截至 2015 年 6 月，我国网络购物用户规模达到 3.74 亿，较 2014 年底增加 1 249 万人，半年度增长率为 3.5%。而网络购物作为“互联网＋”切入口，能够带动传统零售、物流快递、交通、生产制造等其他行业升级转型。随后，商务部发布的《“互联网＋流通”行动计划》，进一步明确了网络购物与其他产业深度融合、转型升级的任务部署。

(3)消费者之间的电子商务

消费者之间的电子商务又称 C2C,是指消费者之间通过网络进行一些小额交易,通常被称为网上拍卖。这种模式为消费者提供了便利与实惠,并表现得十分活跃,具有很大的发展潜力。成功的 C2C 网站是如图 1－6 所示的淘宝网。

图 1－6　淘宝网首页

贴心·提示

截至 2014 年底,淘宝网拥有注册会员近 5 亿,日活跃用户超 1.2 亿,在线商品数量达到 10 亿,在 C2C 市场,淘宝网占 95.1%的市场份额。截至 2015 年底,淘宝网创造的直接就业机会达 467.7 万。随着淘宝网规模的扩大和用户数量的增加,淘宝网也从单一的 C2C 网络集市变成了包括 C2C、分销、拍卖、直供、众筹、定制等多种电子商务模式在内的综合性零售商圈。

(4)企业与政府间的电子商务

企业与政府间的电子商务又称 B2G,涵盖了企业和政府间的各项事务,包括政府采购、税收、商检、管理条例的发布和法规政策的颁布等,其特点是迅速和信息量大。由于在网上完成,便于企业随时了解政府的动向,还能减少中间环节的时间延误和费用,提高政府办公的公开性和透明度。中国招标投标网就是 B2G 电子商务的典型例子,如图 1－7 所示。

在发达国家,发展电子商务主要依靠私营企业的参与和投资,政府只起引导作用。对于发展中国家,则需要政府的直接参与和帮助。这是因为发展中国家企业规模偏小、信息技术落后、债务偿还能力低,政府的参与有助于改善这一状况。另外,由于电子商务的开展涉及很多方面,没有相应的法规予以规范,也是难以进行的。而政府在法规的制定、实施监督及对违法的制裁方面发挥着不可替代的作用。总之,在电子商务中,政府扮演使用者和宏观管理者的双重角色,对企业而言,政府既是电子商务中企业的消费者,又是电子商务中企业的管理者。

2. 按电子商务的产品性质分类

电子商务涉及的商品有两种:一种是有形商品,一种是无形商品。由此划分出两种商业模式:一种是间接电子商务,另一种是直接电子商务。

图 1－7　中国招标投标网

(1)间接电子商务

有形商品指的是占有三维空间的实体类商品。这类商品的交易过程中所包含的信息流和资金流完全可以实现网上传输，但交易的商品就需要传统的邮政服务或商业送货服务系统加以配套，所以称之为间接电子商务。

间接电子商务经营模式的特点是：可以每天 24 小时为顾客提供挑选和购买服务；可以用多媒体展示商品；可以使顾客访问全球的众多商店，实现全球化的销售。同时，这种经营模式需要物流配送、电子支付、安全保障等支持，否则无法通畅地开展活动。

(2)直接电子商务

无形商品指包括软件、电影、音乐、电子读物、信息服务等可以数字化的商品，这些商品销售时，完全可以通过网络直接送到购买者手中，因而被称为直接电子商务。

直接电子商务经营模式的特点是：可以即时在网上实现在线购买与支付。因为数字产品的运输比实体产品迅捷得多，它可以直接在网上以电子形式传送给顾客，而不再需要某种物质形式和特定的包装。它跨越时空的限制，突出体现了网上销售的优势，所以生命力很强。

3. 按使用网络的类型分类

(1)EDI

EDI 是 Electronic Data Interchange 的缩写，意为电子数据交换。简单地说，EDI 就是按照商定的协议，将商业文件标准化和格式化，并通过计算机网络，在贸易伙伴的计算机网络系统之间进行数据交换和自动处理。它主要应用于企业与企业、企业与批发商、批发商与零售商之间的批发业务。相对于传统的订货和付款方式，EDI 大大节约了时间和费用。但由于 EDI 必须租用 EDI 网络上的专线，即通过购买增值网服务才能实现，所以费用较高；并且需要专业的 EDI 操作员，同时要求贸易伙伴使用 EDI，因此阻碍了中小企业对 EDI 的应用，使得 EDI 虽然已经存在了 20 多年，但至今仍未普及。

(2)Internet

Internet商务是国际现代商业的最新形式。它以计算机、通信、多媒体、数据库技术为基础,通过互联网络,在网上实现营销、购物服务。它突破了传统商业生产、批发、零售及进、销、存、调的流转程序与营销模式,真正实现了少投入、低成本、零库存、高效率,避免了商品的无效搬运,从而实现了社会资源的高效运转和最大节余。消费者可以不受时间、空间、厂商的限制,广泛浏览,充分比较,模拟使用,力求以最低的价格获得最为满意的商品和服务。

(3)Intranet

Intranet是在互联网基础上发展起来的企业内部网,也称为内联网。它在原有的局域网上附加一些特定的软件,组网方式与Internet一样,只是使用范围局限在企业内部。

Intranet是一种有效的商务工具,其内部享有产权的信息受到企业防火墙的保护,只允许有授权者介入和读取,外部人员只有在许可条件下才可进入。Intranet连接了企业的各分支机构和企业内部有关部门,方便了管理人员读取所需信息,使在线业务代替了纸张贸易和内部流通的形式,有效地降低了交易成本,提高了经营效率。

项目小结

本项目介绍了电子商务的定义、内涵和分类,使大家对电子商务有一个初步的了解。

关于电子商务的定义有很多种说法,综合各界看法,我们认为,广义的电子商务是指在计算机技术和网络技术的环境下,具有商业活动能力的社会实体(政府组织、金融机构、企业、个人消费者等)所从事的各类规范、有序的商业活动。狭义的电子商务是指利用因特网从事的商务活动。

知识百科

从B2C到C2B的革命

在工业经济时代,技术—经济的范式是B2C,即以厂商为中心,以商业资源的供给来创造需求、驱动需求的模式。通用的技术是能源&机械动力相关的技术,以驱动大规模生产、大规模部署商业资源的模式得以持续。B2C典型的特征是标准化大生产、大众营销、大流通、大众消费、大金融。

互联网加速推进信息经济的到来,在商业领域带来两个显著变化:需求端,消费者首先被信息高度"赋能",导致价值链上各环节权力发生转移,消费者第一次处于经济活动的中心;供应端,互联网大大提高了信息的流动性和穿透性,削减交易费用,极大地促进了大规模社会化分工、协作,根据市场需求,快速集聚资源,通过在线协作完成项目任务的模式大行其道。长尾经济、创客、众包、维基、分享经济等都是对这一模式的多角度描述。我们大胆地把这些统统概括为C2B模式,即以市场需求为原动力,驱动商业资源的模式,简单地说,就是"商业资源依所需而动"。这里的商业资源扩展到广告营销、加工制造能力、原材料、物流、仓储、劳动力、IT、数据、金融服务等诸多方面。这里的"市场需求"不仅仅是最终消费需求,也包括厂商需求,但厂商需求最终也是由消费需求驱动的,产业会呈现出C2B、C2B2B,甚至C2B2B2B的形态。例如,服装消费需求的个性化、社群化特征,驱动(大小可变的)柔性化生产;往上游进一步驱动面料辅料商、劳动力、物流仓储设施按需配置;再往上游,倒逼扎花厂,甚至棉花种植、土地、职业教育等按需配置。图 1－8 为 C2B2B2B 的示意。

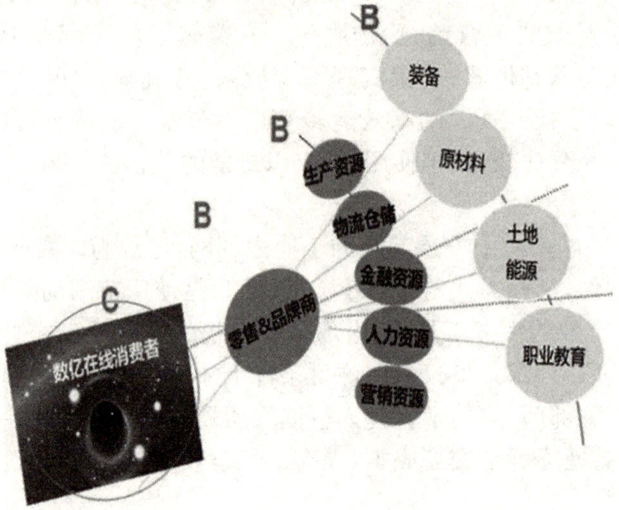

图 1－8　C2B2B2B 示意

在 C2B 模式下，各市场角色的关系将从“链式”转向“网状”。传统意义上，处于控制地位的品牌商通过对外协作，在获取最佳资源、更高效率的同时，也向消费者和协作方出让权利。消费者居于中心位置，各市场主体通过数据分享实现实时协同，共同围绕消费者的需求匹配资源，完成任务。

展望未来，“按需配置商业资源”的 C2B 模式更加普及。这种模式下，供需高度匹配，资源高效利用，产品和服务价值更高，各市场主体也更加平等和谐。这对于中国传统产业转型升级无疑具有重大意义。

C2B 不应该仅仅被理解为个性化定制或大规模个性化定制，甚至不局限于商品消费与生产领域，而应被理解为：一种由互联网这种通用技术与实体产业深入融合所驱动的技术与经济式的转换。C2B 所代表的新范式涵盖消费、生产制造、物流、IT、金融等所有经济领域，既包括一整套通用技术、消费方式、商业模式，又包括企业组织方式、管理制度和劳动者本身，还涉及产业政策、管理制度、社会文化、教育和人的意识等方方面面。

项目 2　电子商务的产生和发展

项目描述

电子商务是市场全球化和信息化进程的必然结果，面对“网络经济”时代所赋予的契机，各界政府、企业都给予了高度的重视，从网上相互交流需求信息、发布产品广告，到网上采购或接受订单、结算支付账款，再到将来的“电子社会”，电子商务经历了飞速发展的历程。电子商务正在走进我们的生活，“一网打尽”将成为我们生活和工作的时尚。

项目分析

早在互联网络电子商务出现之前，就已经有电子商务的应用了。而互联网的广泛采用，又将信息技术的进步推向一个新的高潮，使电子商务得以平民化，进入人们的日常生活中。本项目可分解为以下任务：

- 电子商务的产生；
- 电子商务的发展；
- 电子商务的现状。

项目目标

- 了解电子商务的产生过程；
- 掌握电子商务的发展过程；
- 了解电子商务的发展现状。

任务1　电子商务的产生

电子商务最早产生于20世纪60年代，其主导技术是信息技术，它的产生使商务模式发生了显著的改变。

1. 因特网是电子商务产生的基础

1969年，美国国防部高级研究计划局为了防止遭到敌对国家的核攻击，建立了名为ARPANET的实验网络，即因特网的前身。后来ARPANET开始向民用化发展，出现了现在意义的因特网，特别是1991年发布了《美国国家信息基础建设行动计划书》(俗称"信息高速公路")，极大地促进了美国及其他各国政府的网络基础设施的建设，为后来的电子商务建立了可靠的"物质"基础。

1993年出现的网络浏览技术——WWW技术，使得普通网络用户轻点鼠标就可以访问网上商品信息，并实现网上购物。从此因特网开始拥有巨大的用户资源，为开展电子商务奠定了客户基础，因特网也具有真正的商业价值。

2. 电子商务产生的必要条件

蒂姆·伯纳斯·李是一位富有想象力的研究人员。当时他想设计一个软件，在实验室成员的文件之间建立一种非常容易掌握的联系方式。当某个人需要了解另一个人的工作时，他甚至不必把对方的文件拷贝到自己的电脑上，只要"链接"到对方的电脑上就行。而且，每一个人也都可以在不同的地方建立自己的网页，然后把这些网页"链接"起来。

1989年，蒂姆·伯纳斯·李完善了因特网上一种新的图形屏幕文件的设计方法，称为超文本标记语言(HTML)，使用它能轻松地将一个文件中的文字或图形连到其他的文件中去。只要用鼠标在第一个文件中点取其中一段或一个图标，因特网即可为用户取来相关的文件，并显示在屏幕上。

1991年，蒂姆·伯纳斯·李首次在因特网上露面，立即引起轰动并大获成功。正如他本人所说，WWW的最大贡献在于使互联网真正成了交互式的。人们可以访问网站，可以给网站增加内容，可以编辑网站上的内容，甚至可以对网站发表自己的意见。接着，又开发了超文本服务器代码，并使之适用于因特网，蒂姆·伯纳斯·李把这种连接称为World Wide

Web。今天，这种超文本服务器被称为 WWW 服务器，它的出现强有力地加快了因特网走向商界的速度，并提升了它的知名度。

任务 2 电子商务的发展

电子商务的发展经历了以下两个阶段。

1. 20 世纪 60～90 年代：基于 EDI 的电子商务

从技术的角度看，人类利用电子通讯的方式进行贸易活动已有几十年的历史了。20 世纪 60 年代，人们就开始了用电报报文发送商务文件；20 世纪 70 年代，人们又普遍采用方便快捷的传真机来替代电报，但是由于传真文件是通过纸面打印来传递和管理信息的，不能将信息直接转入到信息系统中，因此人们开始采用 EDI(电子数据交换)作为企业间电子商务的应用技术，这也就是电子商务的雏形。

EDI 在 20 世纪 60 年代末期产生于美国。当时的贸易商们在使用计算机处理各类商务文件的时候发现，由人工输入到一台计算机中的数据 70%是来源于另一台计算机输出的文件，由于过多的人为因素影响了数据的准确性和工作效率的提高，人们开始尝试在计算机上自动交换贸易数据，EDI 应运而生。

贴心提示

EDI(Electronic Data Interchange)：是将业务文件按一种公认的标准，从一台计算机传输到另一台计算机的电子传输方法。由于 EDI 大大减少了纸张票据，因此，人们形象地称之为“无纸贸易”或“无纸交易”。

从技术上看，EDI 包括硬件与软件两大部分。硬件主要是计算机网络，软件包括计算机软件和 EDI 标准。

从硬件方面讲，20 世纪 90 年代之前的大多数 EDI 都不通过 Internet，而是通过租用的线路在专用网络上实现，这类专用的网络被称为 VAN(Value-Addle Network，增值网)，这样做的目的主要是考虑到安全问题。但随着 Internet 安全性的日益提高，作为一个费用更低、覆盖面更广、服务更好的系统，其已表现出替代 VAN 而成为 EDI 的硬件载体的趋势，因此有人把通过 Internet 实现的 EDI 直接叫作 Internet EDI。

从软件方面讲，EDI 所需要的软件主要是将用户数据库系统中的信息，翻译成 EDI 的标准格式，以供传输交换。由于不同行业的企业是根据自己的业务特点来规定数据库的信息格式的，因此，当需要发送 EDI 文件时，从企业专有数据库中提取的信息，必须把它翻译成 EDI 的标准格式，才能进行传输，这时就需要相关的 EDI 软件来帮忙了。

贴心提示

EDI 软件主要有转换软件(Mapper)、翻译软件(Translator)、通信软件(Mailbox)等。

EDI 软件中还包括 EDI 标准，1987 年，联合国主持制订了一个有关行政、商业及交通运输的电子数据交换标准，即国际标准；1997 年，国际用统一的标准进行电子数据交换成为现实。

2. 20 世纪 90 年代以来：基于国际互联网的电子商务

由于使用 VAN 的费用很高，仅大型企业才会使用，因此限制了基于 EDI 的电子商务应用范围的扩大。20 世纪 90 年代中期以后，国际互联网迅速走向普及化，逐步地从大学、科研机构走向企业和百姓家庭，其功能也已从信息共享演变为大众化的信息传播工具。从 1991 年起，一直被排斥在互联网之外的商业贸易活动正式进入到这个王国，因而使电子商务成为互联网应用的最大热点。美国戴尔公司以直接面对消费者的网络直销模式而闻名，1998 年 5 月，其在线销售额就高达 500 万美元。另一个网络“新贵”——亚马逊网上书店，其营业收入从 1996 年的 1 580 万美元猛增到 1998 年的 4 亿美元。eBay 公司是互联网上最大的 C2C 拍卖网站，这个跳蚤市场 1998 年第一季度的销售额就达 1 亿美元。类似这样的营业性网站已从 1995 年的 2 000 个急升为 1998 年的 4 204 万个。

任务 3　电子商务的现状

当前，我国电子商务发展正在进入密集创新和快速扩张的新阶段，日益成为拉动我国消费需求、促进传统产业升级、发展现代服务业的重要引擎。具体而言，具有以下几个特点。

1. 我国电子商务仍然保持快速增长态势，潜力巨大

我国近年来的电子商务交易额一直保持快速增长势头。特别是网络零售市场，更是发展迅速，2012 年达到 13 110 亿元。而 2013 年天猫“11·11”购物狂欢节，支付宝成交额达 350.19 亿元，更是让人们看到我国网络零售市场发展的巨大潜力。毫无疑问，电子商务正在成为促使国民经济快速可持续增长的重要动力和引擎。

2. 企业、行业信息化快速发展，为加快电子商务应用提供坚实基础

近年来，在国家大力推进信息化和工业化融合的环境下，我国服务行业、企业加快信息化建设步伐，电子商务应用需求变得日益强烈。不少传统行业领域在开展电子商务应用方面取得了较好成绩。农村信息化取得了可喜的成绩，创新电子商务应用模式，涌现出一批淘宝店，一些村庄围绕自身的资源、市场优势，开展特色电子商务应用。传统零售企业纷纷进军电子商务。其他行业如邮政、旅游、保险等，也都在已有的信息化建设基础之上，着力发展电子商务业务。

3. 电子商务服务业迅猛发展，初步形成功能完善的业态体系

从电子商务交易情况来看，近年来出现了一些新的发展趋势。一是发展模式不断演变。近年来 B2B 与 B2C 加速整合，并由信息平台向交易平台转变。二是零售电子商务平台化趋势日益明显。具体包括 3 种情况：追求全品类覆盖的综合性平台，专注细分市场的垂直型平台，大型企业自营网站逐渐向第三方平台转变。三是平台之间竞争激烈，市场日益集中。以阿里巴巴、京东商城为第一梯队，拉开了与其他中小型电子商务企业的差距。从支撑性电子商务服务业来看，近年来出现了不少重大的变化。比如，各方面的功能日益独立显现，呈现高度分工的局面；新一代信息技术在电子商务服务中得到快速应用，除了物联网技术外，大数据正逐渐通过数据挖掘技术发挥其精准营销功能；电子商务平台的功能日益全能化。从辅助性电子商务服务来看，围绕网络交易派生出一些新的服务行业，如网络议价、网络模特、网(站)店运营服务与外包等。

4. 跨境电子交易获得快速发展

在国际经济形势持续不振的环境下，我国中小外贸企业跨境电子商务仍逆势而为，近年来保持了30%的年均增速。有关部门正加紧完善促进跨境网上交易对平台、物流、支付结算等方面的配套政策措施，促进跨境电子商务模式不断创新，出现了一站式推广、平台化运营、网络购物业务与会展相结合等模式，使得更多中国制造的产品通过在线外贸平台走向国外市场，有力推动了跨境电子商务的纵深发展。

此外，电子商务发展环境不断改善。全社会电子商务应用意识不断增强，应用技能得到有效提高。相关部门协同推进电子商务发展的工作机制初步建立，围绕电子认证、网络购物等主题，出台了一系列政策、规章和标准规范，为构建良好的电子商务发展环境进行了积极探索。

项目小结

本项目介绍了电子商务的产生和发展历程。电子商务产生于20世纪60年代，发展于20世纪90年代，将成为21世纪人类信息世界的核心。

电子商务产生的几个基本条件是：计算机的广泛应用，因特网的普及和成熟，信用卡的出现及应用等。

电子商务发展前景诱人，消费者和营业额均飞速增长，但也面临网络安全、管理等一系列问题。

知识百科

数读2014年中国电商发展现状：移动购物市场增速迅猛

2014年中国电子商务市场交易规模12.3万亿元，同比增长21.3%。其中，B2B电子商务市场占比超七成，网络购物占比超两成，网络购物占比有明显提升；中小企业B2B电商市场营收增长超三成；网络购物年度线上渗透率首次突破10%；移动购物市场规模增速超200%。

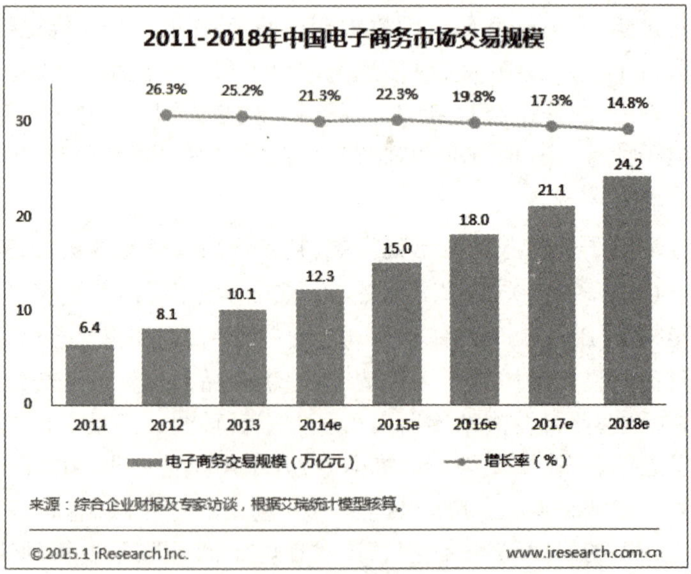

图1-9　2011—2018年中国电子商务市场交易规模

未来几年，移动购物预计将保持48%的复合增长率，成为网络购物市场快速发展的主要推动力，其占比预计在2016年超过PC端；在线旅游市场规模同比增长27.1%，预计未来几年将保持20%以上的复合增长率，迅速发展。图1-9所示为2011—2018年中国电子商务市场交易规模。

2014 年，中国电子商务市场交易中，网络购物增长 48.7%，在社会消费品零售总额渗透率年度首次突破 10%，成为推动电子商务市场发展的重要力量。另外，在线旅游增长 27.1%，本地生活服务 O2O 增长 42.8%，共同促进了电子商务市场整体的快速增长。

项目 3 电子商务的特点与功能

项目描述

以互联网为依托的电子技术平台为传统商务活动提供了一个无比宽阔的发展空间，其突出的优越性是传统媒介手段根本无法比拟的。电子商务更是以其独有的特点和功能改变着企业的生产与管理方法，影响着整个社会的运行。

项目分析

电子商务引领了网络信息技术的全新发展方向，Internet 本身所具有的开放性、全球性、低成本、高效率的特点，也成为电子商务的内在特征，并使得电子商务大大超越了作为一种新的贸易形式所具有的价值。本项目可分解为以下任务：

- 电子商务的特点；
- 电子商务的功能。

项目目标

- 理解并掌握电子商务的特点；
- 熟悉电子商务的功能。

任务 1 电子商务的特点

电子商务的特点主要表现在其交易虚拟化、交易成本低、交易效益高和交易透明化等几个方面。

1. 交易虚拟化

贸易双方从贸易磋商、签订合同到支付等，无须当面进行，均通过互联网络完成，其开放性和全球性为企业创造了更多的贸易机会，使整个交易完全虚拟化。

2. 交易成本低

电子商务重新定义了传统的流通模式，企业不需要租用传统地面店铺，避免了发印刷品广告等费用。同时，中间环节所产生的信息成本、交易费用、库存费用、管理成本、文件处理等费用大大减少，使电子商务的交易成本远低于传统商务所产生的成本。

3. 交易效益高

电子商务突破了时间和空间的限制，使得交易活动可以在任何时间、任何地点进行，从而大大提高了效率。其标准化的商业报文能在世界各地瞬间完成传递，并由计算机自动处理，整个交易过程非常快捷和方便。

4. 交易透明化

通畅、快捷的网络信息传输可以保证各种信息之间互相核对,可以防止伪造信息的流通。

任务2 电子商务的功能

电子商务的交易方式和管理模式与传统商务有很大差别,电子商务一改传统商务的交易和管理模式,使商务和网络相结合,表现出其特有的功能,从而通过网络来提供网上交易和管理等全过程的服务。

电子商务的功能主要表现在以下几个方面。

1. 广告宣传

与以往的各类广告相比,网上的广告成本最为低廉,而给顾客的信息量却最为丰富。世界上任何角落的用户均可查阅到最新的资讯,同时借助网上的检索工具,迅速地找到所需商品信息。

2. 咨询洽谈

互联网实现了电子商务的实时在线洽谈,交易双方能够更好地交流,从而了解市场和商品信息。非实时的电子邮件(E-mail)、表格(form)简化了原本面对面的异地洽谈,大大减少了企业的交易成本。

3. 网上订购

电子商务借助Web页面中的邮件交互功能实现网上订购,客户填完订购单并提交后,系统会回复确认信息来保证订购信息的收悉;通过采用加密的方式,可以使客户和商家之间传送的商业信息不会被泄露。

4. 网上支付

网上支付是一个完整的电子商务过程必不可少的环节,商家和结算银行可以采用信用卡账号实施支付。在网上直接采用电子支付手段,可省略交易中很多人员开销成本。网上支付需要更为可靠的信息传输安全性控制,以防止欺骗、窃听、冒用等非法行为的发生。

5. 物流配送

对于已经在网上交易成功的商品,物流配送就成了一个重要的问题。信息产品因其可以在网上直接传递,是最适合在网上销售和送货的产品。而大宗商品交易就需要建立配送中心来完成异地之间的货物运送。

6. 意见征询

电子商务能非常方便地通过网页交互功能来收集用户对销售服务的意见反馈,这样不仅能提高售后服务的水平,也使企业获得改进产品、发现市场的商业机会。

7. 交易管理

交易管理是涉及商务活动全过程的管理,涉及人、财、物等多个方面,包括企业之间、企业和客户以及企业内部等各个方面的协调和管理。电子商务要更广泛地被应用,就必须建立良好的交易管理网络环境及多种多样的应用服务系统。

项目小结

本项目介绍了电子商务的特点及其功能，与传统商务相比，电子商务的交易过程虚拟程度更高，交易成本更加低廉，具有较高的效率和透明度。

电子商务一改传统商务的交易方式和管理模式，在广告宣传、定购支付和日常管理等方面展现出其特有的功能。

知识百科

网络代购

电子商务的繁荣和发展不但促进了原有产业和行业效率的提升，同时还催生了一些新行业、新名词，网络代购就是其中之一。

1. 网络代购是什么呢？

“代购”就是由代购商帮消费者买到商品。所谓网络代购，就是代购商以网络为媒介，与消费者沟通，利用自有资源（出国购物机会或是具备“洋货”官网直购的经验）帮助消费者购买国外商品，以满足消费者对“洋货”的享受欲望的活动。

2. 网络代购为什么会产生？

网络代购之所以能够产生，一方面源于消费者对“洋货”的需求及代购者有接近“洋货”的机会；另一方面，网络的产生使供需双方能以网络形式进行较低成本的沟通，从而完成代购活动。

3. 网络代购的风险

面对蜂拥而至的“代购族”，不要忽视了网络代购的潜在风险，甚至是双重风险。对网络代购消费者来说，风险往往出在商家信用、产品质量、投诉退货等环节。而对于海外代购人和代购网站来说，可能也不得不面对涉嫌逃税的法律风险。网络代购虽然给人们提供了购物便利，节省了时间、金钱，但由此引发的代购纠纷也不可不防。

目前国内实现代购的形式主要有三种，一种是通过个人卖家，这些卖家大部分是日本、美国、英国等地的中国留学生，为赚零花钱，专门在当地为国内的消费者买东西，购货后直接寄回国内。另一种是通过在国外，或者经常去国外的亲戚朋友帮忙。第三种就是通过代购网站，如美国购物网（http://www.usashopcn.com/），如图1-10所示，这也是目前最流行、最稳妥的一种方式，抛开人情面子问题，自己还可以直接从代购网站了解所想购买物品的详细信息、价格等因素，通过代购网站，可以直接联系到海外商家，其物流和服务也很让人放心。

一般代购价格为国内专柜的6～8折，节日特价款只有专柜的5折左右，甚至更低，有的款式也是国内没有上市的。如此诱人的因素让不少白领小资逐渐认可了这种代购方式，以实惠的价格从海外淘到国际顶尖品牌，如LV、Chanel、Gucci、Dior、Coach、Armani等。一部分网上淘宝店主也看到了代购来的物品与国内的价格差距优势，通过代购网站淘来海外商品，再放到自己店铺在国内销售，利润可观。

图 1-10　美国购物网

项目 4　电子商务对社会的影响

项目描述

虚拟银行、网络营销、网上购物等一大批新词汇正逐渐为人们所熟悉和认同，这些词汇从另一个侧面反映了电子商务正在对社会和经济产生的影响。信息革命和网络经济浪潮迅猛而强烈地冲击着人们传统的消费方式、工作方式和思维方式，迅速改变着人类社会的面貌。

项目分析

电子商务对社会经济、政府、企业以及个人都有着不同程度的影响，我们的生活、工作与电子商务的联系正在逐渐变得紧密。也许在不远的将来，离开了网络、离开了电子商务，人们将寸步难行。本项目可分解为以下任务：

- 电子商务对社会经济的影响；
- 电子商务对政府的影响；
- 电子商务对企业的影响；
- 电子商务对个人的影响。

项目目标

- 理解电子商务对政府、企业的影响；
- 理解并掌握电子商务对个人的影响。

任务1 电子商务对社会经济的影响

1. 电子商务将改变商务活动的方式

传统的商务活动最典型的情景就是销售人员苦苦寻找消费者，而消费者在商场中筋疲力尽地寻找自己所需要的商品。而现在，只要动动手指，就可以通过互联网进入网上商场浏览、采购各类商品了，同时还能得到在线服务，商家可以在网上与客户联系，利用网络进行货款结算服务。

2. 电子商务将为传统行业带来一场革命

电子商务将为传统行业带来一场革命。电子商务是在商务活动的全过程中，通过人与电子通讯方式的结合，极大地提高了商务活动的效率，减少了不必要的中间环节，传统的制造业借此进入小批量、多品种的时代，"零库存"成为可能；传统的零售业和批发业开创了"无店铺""网上营销"的新模式；各种线上服务为传统服务业提供了全新的服务方式。

3. 电子商务将促进知识经济的发展

信息产业是知识经济的核心和主要的推动力，而电子商务又是目前信息产业中最具前途的发展趋势，因此电子商务的发展，必将直接或间接地推动知识经济的浪潮。

任务2 电子商务对政府的影响

政府对电子商务采取的肯定、支持的政策导向将直接促进电子商务的发展，而电子商务的发展反过来也影响政府职能的运作模式，具体表现在以下几方面。

1. 政府的政策导向

因特网提供了一个无国界限制、无时间限制、无人员限制的信息传播渠道，是一个开放的、面向全世界的商务系统，是一个没有国境的虚拟空间。政府是社会的管理者，在电子商务活动中，客观上要求政府部门因履行其职能的需要而作为管理贸易过程的环节加入到电子商务的链条上，政府部门在这个加入过程中存在相应的业务转型。

贴心提示

目前通过网络传输的产品(如音像、软件等制品)，事实上处于免税的状态，既没有明确的国内法律和调整的架构，也没有较为完善的相关国际协议。

隐私和消费者的保护也是一个问题，但目前还没有专门为电子商务纠纷制定的国际协议，缺乏超国境的机构或者说争论解决机构。而由此带来的是，国家要发展市场经济、要发展电子商务，就必须实施开放政策，但这些与保护民族工业、保证信息安全和保护个人隐私等问题都有一定的矛盾，需要国家采取相应措施，制订相关法律和政策来予以解决。

2. 政府机构的业务转型

电子商务的发展，需要政府部门介入到企业的商务交易活动中，政府部门在这个介入过程中，存在着相应的业务转型。例如，工商管理部门在电子商务环境下，需对各类企业的经营活动进行管理，由于被管理对象已经集成到电子商务系统中，工商管理部门无法像从前一样来监督企业活动，就必须加入到企业的电子商务交易活动中，及时准确地获取企业信息，更严密地监督企业活动，并可以采用相应的技术手段进行执法，从而维护正常的经济秩序。

对外贸易领域是我国电子商务发展最早、最完善的行业，与此相关的政府职能部门，如外经贸部、海关、商检、税务、外汇管理局等，因其管理对象已经集成到电子商务中，传统的管理手段和方式已经无法有效地对其管理对象实施管理，管理部门只有相应地进行电子化、网络化改造，才能高效地对我国日益增长的对外贸易实施管理，维持对外贸易的秩序，促进我国对外贸易的发展。

3. 政府机构在安全认证中的权威作用

在电子商务活动中，一切商务活动均在网上进行，交易的双方都无法确认对方的身份，如何取得对方的信任和保证电子交易的安全，成为电子商务中最关键的问题。在互联网上，要确定对方的身份，一般采用第三方认证的方法。政府既是社会的监管者，又是社会的服务者，理所应当地承担电子商务中最重要和最权威的安全认证机构 CA，因为政府机构具备法律效力和权威性，能够进行电子商务活动的仲裁和作为各方面的信誉保证，所以有关政府部门应当承担起这份责任，即使政府不直接组建、委托有关机构履行这一职能，也应对其实施有效的管理。

任务3　电子商务对企业的影响

1. 电子商务将改变企业商务活动的方式

传统的商务活动最典型的情景就是推销员“满天飞”、采购员“遍地跑”，“说破了嘴、跑断了腿”；消费者在商场中筋疲力尽地寻找自己所需要的商品。随着电子商务的发展，市场竞争变得越来越激烈。新技术、新产品日新月异，产品生命周期越来越短，全球客户和企业都在同一网络之中。在电子商务环境下，企业面对的客户是世界各地上亿万的各具个性的网络消费者，他们会应用现代化信息技术和手段了解市场信息，同时在全世界无数个企业和各种各样的产品中进行选择，即时地完成网上的交易结算。

2. 电子商务将改变企业的生产方式

由于电子商务是一种快捷、方便的购物手段，消费者的个性化、特殊化需要可以完全通过网络展示在生产厂商面前，为了取悦顾客，突出产品的设计风格，制造业中的许多企业纷纷发展和普及电子商务。

3. 电子商务改变企业的竞争方式

与传统的商业结构相比，现代信息技术使企业的竞争方式发生了变化。信息技术与管理相结合发展的本质是实现高效率、自动化的流程管理，以信息流动代替物质和能量的流动。也就是通过技术的实现，帮助人们实现业务流程的优化，降低内耗，提高经营效率。总体来说，电子商务对企业的竞争方式的影响主要体现在以下几个方面：

(1)电子商务改变了企业之间的合同形式，准确及时的信息交流使企业合同的稳定性增加，加强了企业之间的合同管理。

(2)电子商务给消费者提供了更多的选择机会，给企业带来了更多的开拓市场的机会，而且，也提供了更加密切的信息交流场所，从而增强了企业把握市场和消费者需求的能力。

(3)电子商务促进了企业开发新产品和提供新型服务的能力。电子商务使企业决策者能及时地了解消费者的爱好、需求和购物习惯，从而促进了企业开发新产品的能力，加快了企业开发新产品的周期。

(4)电子商务扩大了企业的竞争领域,使竞争从常规的广告、促销、产品设计与包装等扩大到无形的虚拟市场的竞争。

(5)电子商务消除了企业竞争的无形壁垒。主要表现在降低了中小型企业和新型企业进入市场的初始成本。

4. 电子商务改变企业的竞争基础

(1)这种改变首先体现在信息化的程度上。电子商务是以信息为基础的,企业信息化程度的高低首先决定了企业的市场竞争力。信息化的程度越深,竞争力越强。高技术含量、高技术人才、信息的高速处理与创新使它们的竞争力大大增强。对信息处理、接纳能力的高低,是未来企业竞争力高低的一种体现。

(2)电子商务改变了企业的生产、交易成本,使得产品的价格竞争异常激烈。网上交易,原材料的采购、中间渠道的缩短、广告促销费用的降低、管理成本的降低,都使企业的成本大大降低。同时,由于网上客户的挑选余地较大,企业之间也开始了新的价格战。网上交易,除掉服务外,价格是最重要的一环。

(3)电子商务的开展,消除了时空限制。所以,企业得随时做好准备,为客户提供即时服务。企业有可能在凌晨 3 点接到客户的需求订单,所以,每星期 7 天、每天 24 小时的客户支持,是企业竞争力的另一种体现。

总之,在电子商务条件下,企业成为利用信息资源的最有效的组织形式。电子商务能增加企业收入来源,降低企业经营成本,加强与伙伴的合作沟通能力,这也是企业走向壮大的必由之路。在虚实相结合的经济全球化、消费个性化环境下,具有电子商务条件的企业可以大大增强市场适应和创新能力,大大提高自身经济活动的水平和质量。

任务 4　电子商务对个人的影响

1. 电子商务改变着人们的消费方式

网上购物的最大特征是消费者的主导性。购物意愿掌握在消费者手中,同时消费者还能以一种轻松自由的自我服务的方式来完成交易,消费者自主权可以在网络购物中充分体现出来。电子商务和人们的消费习惯、消费理念以及生活模式都发生着潜移默化的转换。这种转化也是网络时代的一种特质。随着“90 后”的不断崛起,网络化带来的新兴生活模式将变得越来越直观,这给电子商务带来更多的发展机遇。可以说,电子商务给人们生活中的方方面面都带来便利和快捷。我们出行时的网上订票、订酒店,我们购房、装修时的网络团购,我们为寻找品牌商品的最佳性价比而进行的代购,等等,都是电子商务带来的影响我们生活习惯的改变。

2. 电子商务引领人才培养新方向

人才的挑选与聘用,正在发生革命性的变化。在以往的电子商务的讨论中,人才市场没有受到足够的重视。事实上,基于 IT 技术、基于电子信息网络的人才交易(人才自荐,企业对人才的挑选,甚至对人才的测试和聘用),早就进行了,而且正在依托 Internet、依托多媒体,迅速地发展着。在网上测评人才的技术(问卷的设计与考查方式之类),正在迅速发展着。人力资源管理的研究课题,也不得不因此而发展。

项目小结

本项目介绍了电子商务对社会经济、政府、企业及个人的影响。电子商务改变了从开发到生产、到流通、到消费、到金融运作的整个经济过程，正在变革、刷新着管理的观念、理论与方法。

作为一种商务活动过程，电子商务将带来一场史无前例的革命，其对整个社会的影响远远超过商务本身。

知识百科

最新十大特色电子商务网站

(1)钻石小鸟(www.zbird.com)

“钻石小鸟”是国内最早从事网络钻石销售的专业珠宝品牌，一直致力于引领全新钻石消费潮流，已经成为中国网络钻石销售第一品牌。直至今日的短短7年时间，“钻石小鸟”迅速把“鼠标＋水泥”的全新钻石销售模式从上海相继带到了北京、杭州、广州、宁波、南京、成都，并立志在未来的2年内覆盖全国主要一线城市。

(2)卖吧—sale8(www.sale8.com)

这是唯一一家可以用手机话费购物的网上商城。由北京易讯无限股份有限公司打造的“卖吧”，是国内最大的无线电子商务平台。它通过手机话费支付的方式购买各类商品，实现了无线电子商务的方便性和快捷性。同时“卖吧”还提供商品预售、期刊订阅、商品优惠套卖、无线渠道到货提醒以及购物免费快递的优惠政策。

(3)莎啦啦鲜花网(www.salala.com.cn)

“莎啦啦”是一个以鲜花配送为主体的礼品网站，并在全国各地建立了多家配送网点，形成了自身独有的销售渠道和宣传网络。

(4)凡客诚品(www.vancl.com)

完善的网上购物模式，资深的品牌形象，缔造出非凡的凡客诚品。凡客的产品由著名设计师领衔企划，集结顶级男装品牌经典款式之精华，同时参考亚洲男士体型特点，精选高支面料贴身制作，让用户以中等价位享受奢侈品质，提倡简约、纵深、自在、环保。

(5)果皮网(www.guopi.com)

果皮网的经营范围包括基础护肤品、彩妆品、香水及美容知识服务等。推出至今，已经得到广大会员的支持和信赖。它最初从北京高校市场起步，如今已经发展成为面向全国的专业网站，并且以务实进取、开拓前瞻、客户至上、信誉第一的经营理念，深深赢得广大会员的拥护及信任。

(6)麦考林(www.m18.com)

麦网是全球最大的中文女性网上购物网站，在线特价销售超过60万种品牌服装和时尚饰品。它是白领女性购买时尚女装、配饰、家居用品、健康美容品、母婴用品的首选，同时有天天抢、特价、积分换购等特色购物专区，提供全国联保、网上订购、10天无条件退货等服务。

(7)红孩子网上商城(www. redbaby. com. cn)

"红孩子"是全国领先的目录多渠道销售企业,致力于通过目录和互联网为用户提供方便快捷的购物方式和价廉物美的产品。它是专业的母婴网上商场,包括奶粉、纸尿裤、化妆品、玩具、数码、家电、手机等数万种商品直销,为人们提供便捷、诚信的服务及价廉物美的产品。

(8)麦包包(www. mbaobao. com)

"麦包包"是中国领先的时尚箱包在线直销网站。

(9)千寻网(www. QianXun. com)

千寻网是以品牌服装为主的购物网站,是国内领先的网上时尚百货商城。

(10)新蛋网(www. newegg. com. cn)

新蛋网是新一代专业电子商务消费服务网站,它利用强大的全球化集约采购优势、丰富的电子商务管理服务经验和最先进的互联网技术,为人们提供最新最好的电脑配件、数码产品和时尚用品。

单元小结

本单元共完成了4个项目的学习,学完后应该有以下收获:

- 掌握电子商务的概念和分类;
- 了解电子商务的产生和发展过程;
- 理解电子商务的特点与功能;
- 了解电子商务对社会的影响。

习　　题

一、单选题

(1)网上零售是典型的电子商务在(　　)的应用。

A. 企业—企业　　B. 企业—消费者　　C. 企业—政府　　D. 消费者—政府

(2)对电子商务的理解,至少应从哪两个方面考虑:(　　)。

A. 计算机技术和商务　　B. 现代信息技术和商务

C. 网络技术和商务　　D. 通信技术和商务

(3)EDI业务所使用的翻译软件主要是用于(　　)。

A. 用户格式报文与平面文件之间的翻译

B. 平面文件与EDI标准报文之间的翻译

C. 用户格式报文与EDI标准报文之间的翻译

D. 不同文字报文之间的翻译

(4)电子商务的前提是(　　)。

A. 商务信息化　　B. 商务国际化　　C. 交易国际化　　D. 交易网络化

(5)在电子商务分类中,B2B是指(　　)。

A. 消费者—消费者电子商务　　B. 企业—企业电子商务

C. 企业—消费者电子商务　　D. 企业内部电子商务

(6)传统商务运作过程可分为以下三个部分:信息流、物流和(　　)。

A. 数据流　　B. 资金流　　C. 知识流　　D. 企业流

二、判断题

(1)相对于传统商务信息,网络商务信息具有时效性强、便于存储、准确性高和集中性好等特点。(　　)

(2)网上购物的最大特征是消费者的主导性。(　　)

(3)直接电子商务经营模式可以为顾客提供24小时的挑选和购买,可以用多媒体展示商品,还可以使顾客访问全球的众多商店,实现全球化的销售。(　　)

(4)对电子商务的理解,至少应从现代信息技术和商务两个方面考虑。(　　)

(5)在虚实相结合的经济全球化、消费个性化环境下,电子商务企业将会大大增强市场适应能力和创新能力,会迅速提高自身经济活动的水平和质量。(　　)

第2单元

电子商务相关技术

电子商务是依靠web提供的通信手段在Internet平台上进行的商务活动，用户必须掌握计算机、Internet、web浏览、网络通信等基本技术；同时由于交易地点和方式的特殊性，电子商务又与在线支付、物流配送、交易安全等技术相关，因此实现电子商务需要多种技术的支持。本单元主要介绍与Internet平台相关的网络、网站和电子技术，将按以下3个项目进行：

项目1　计算机网络技术；

项目2　电子数据交换技术(EDI)；

项目3　网站建设技术。

案例导入:21CN的网络宽频

21CN成立于1999年,是中国电信集团控股的子公司,中国十大门户网站之一,是华南最大的门户网站,经过16年的发展,逐渐向高端门户转型。21CN是国内首创视频新闻播放形式、首家推出宽频影院服务的综合门户,形成了融合"图、文、音、视"的多媒体资讯平台;是国内最早推出电子邮件服务的提供商之一,拥有"中国电子邮箱第一品牌"的地位;是4G时代的领跑者,致力于4G门户、4G业务的策划和开发。2006年,21CN凭借出色的宽频技术和平台,获得"2006中国宽频门户网站TOP10""最佳视频门户"和"最佳视频直播平台"等荣誉。21CN网站首页如图2-1所示。

图2-1 21CN网站首页

21CN主要业务包括以下几个方面。

1. 媒体资讯

21CN顺应宽频发展趋势,以电信强大的技术为支撑,致力于向中高端网民提供独具视频特色的各类资讯,焦点周刊、新闻、财经、汽车、房产、体育等频道已打造成为具有21CN特色的重点频道。

2. 互动产品

优秀、稳定的网络空间服务,完全免费。目前21CN的互动产品有博客、播客、相册、社区。21CN网站视频页面如图2-2所示。

3. 网络营销

21CN一直致力于网络广告形式的创新,以创新的整合网络营销资源和媒体资源,实现产销、服务、支持一站式的精准营销。21CN崇尚"新起点、新产品、新服务、新发展"的创新服务理念,以超出其他门户4倍性价比的投入产出回报来服务客户。21CN迄今已为1 000多家大中型企业客户提供了专业的网络推广服务。

图 2－2　21CN 网站视频页面

4. 宽带增值业务

VBOX：21CN 自主研发的高清视频播放机，可支持全高清（1080P）影片解码播放，它通过网线或无线网卡接入互联网，提供影视资源搜索及 P2P 下载服务。

电子邮箱：1999 年 4 月，21CN 正式推出免费电子邮箱；同年 12 月，21CN 推出业界第一个企业邮箱。经过 10 年的发展，21CN 邮箱累计投资已超过 1 亿元，拥有 5 880 万注册用户。21CN 邮箱不仅是个人邮箱和企业邮箱的提供商，同时也是电信邮箱（e 家邮箱、VIP 邮箱、商务领航邮箱、Public 邮箱等）的服务提供商。2008 年 12 月，21CN 承建的支撑千万数量级用户需求的中国电信 189 邮箱成功上线，并获得了中国电信用户的一致好评。

Vgo Live：是基于 21CN 自主研发的 P4P 高清视频平台，整合多项 21CN 娱乐内容的跨平台宽频终端。其以高清视频直播、点播为主，为互联网用户提供正版的高清视听节目体验。

宽频影院：创立于 2002 年，拥有最新、最全网络传播版权的正版电影和电视剧节目 1 万多小时，迄今付费用户达 1 000 万。宽频影院拥有中国电信的强大服务器支持，支持高清晰电影在线观看，提供全面的宽频内容和应用服务。2008 年，21CN 获得国家广播电影电视总局颁发的信息网络传播视听节目许可证和广播电视节目制作经营许可证，是国内为数不多的同时获此两证的网站。

移动增值业务：作为国内无线增值业务的中坚力量，21CN 已实现全业务（短信、彩信、彩铃、WAP、IVR）、全运营商（移动、联通、电信、网通）接入，向广大网民提供全方位的无线娱乐服务。21CN 自 2004 年创立 3G 项目团队以来，一直与中国移动、中国电信及中国联通保持良好的合作关系。目前，3g. 21cn. com 已成为一个集娱乐、邮箱、视频、资讯、图铃、游戏为一体的 3G 综合门户。

项目1 计算机网络技术

项目描述

计算机网络在当今社会和经济发展中起着非常重要的作用，世界上任何一个拥有计算机应用能力的人，都能够通过计算机网络了解世界的变化，掌握最先进的科技知识，拥有最高超的生产技能。网络已经渗透到人们生活的各个角落，影响到人们的日常生活，给人们提供需要的信息资源。

项目分析

计算机技术和通信技术迅猛发展，二者相互渗透而又密切结合。计算机技术促进了通信最终向综合性服务方向发展，通信技术则为计算机之间信息的快速传递、资源共享和分布处理提供了强有力的支持。本项目可分解为以下任务：

- 计算机网络的产生和发展；
- 计算机网络的组成和分类；
- 互联网基础知识。

项目目标

- 了解计算机网络的产生和发展历程；
- 理解计算机网络的组成和分类；
- 了解互联网基础知识。

任务1 计算机网络的产生和发展

1. 计算机网络概述

计算机网络，就是利用通信设备和线路，将地理位置不同、功能独立的多个计算机系统互联起来，以功能完善的网络软件实现资源共享和信息传递。某企业计算机网络结构如图2-3所示。

2. 计算机网络的主要功能

建立计算机网络的基本目的是实现数据通信和资源共享，计算机网络的主要功能可归纳为资源共享、数据通信、提高计算机的可靠性和分布式协同处理等。

(1)资源共享

资源共享是人们建立计算机网络的主要目的之一。计算机资源包括硬件资源、软件资源和数据资源。硬件资源的共享可以提高设备的利用率，避免设备的重复投资。

(2)数据通讯

数据通讯是指利用计算机网络实现不同地理位置的计算机之间的数据传送。如通过电子邮件发送和接收信息，使用IP电话进行交谈等。

(3)均衡负荷与分布处理

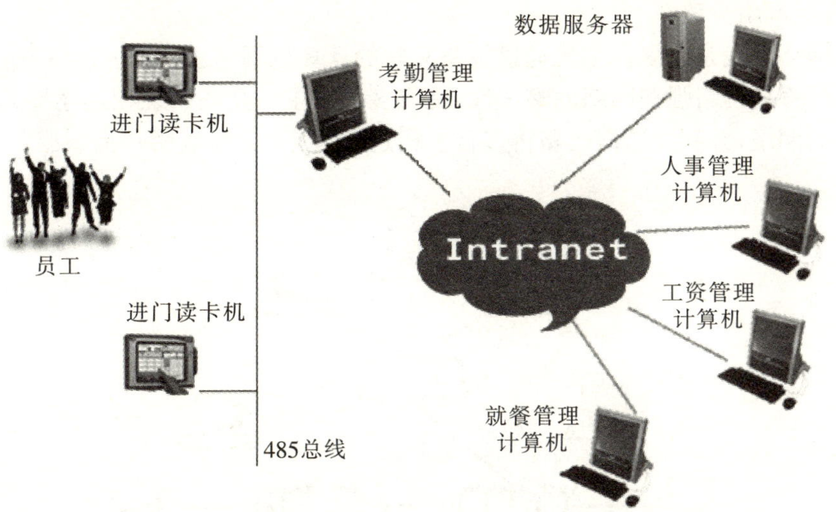

图 2－3　某企业计算机网络结构

当计算机网络中的某个计算机系统负荷过重时，可以将其处理的任务传送到网络中的其他计算机系统中，以提高整个系统的利用率。

(4)综合信息服务

在当今信息化社会中，各行各业每时每刻都要产生大量的信息，需要进行及时的处理，而计算机网络在其中起着十分重要的作用。

3. 计算机网络的发展阶段

(1)远程终端连接

远程终端连接是以远程终端连接单个计算机为中心的远程联机系统，构成面向终端的计算机网络。

在远程终端密集的地方安装一个集中器，它的一端用多条低速线路与各终端连接，另外一端用一条高速率的线路与计算机连接。主机的主要作用是处理和存储终端用户发出的各种对主机的数据请求，通信任务主要通过通信控制器来完成。这样一来，主机的性能就有很大提高，集线器主要负责从终端到主机的数据集中收集及主机到终端的数据分发，如图 2－4 所示。

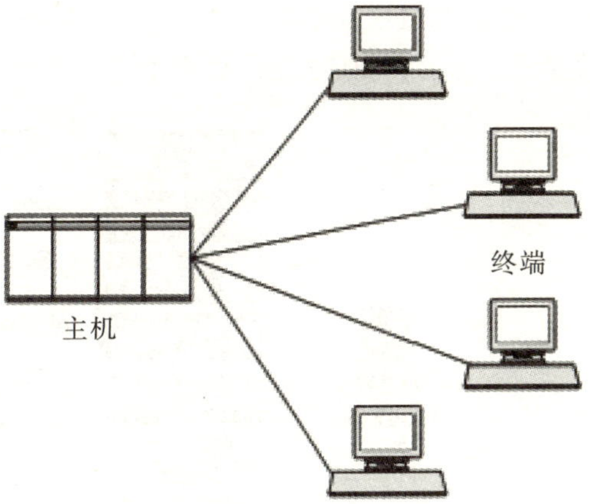

图 2－4　面向终端的单主机互联系统

贴心提示

1946 年，世界上第一台数字计算机(ENIAC)问世，在此后几年，因为计算机的价格较高、数量有限，所以没有人想到去利用主机的资源、利用多台计算机连接起来实现不同计算机之间的通信。1954 年，以单主机互联系统为中心的互联系统，即主机面向终端系统诞生了。

(2)计算机网络阶段

计算机网络阶段是由多台主机通过线路互联的计算机网络,也就是局域网阶段。

第二代计算机网络强调网络的整体性,是将多个单主机互联系统相互连接起来,以多处理机为中心的网络,并利用通信线路将多台主机连接起来,为终端用户提供服务,如图 2－5 所示。

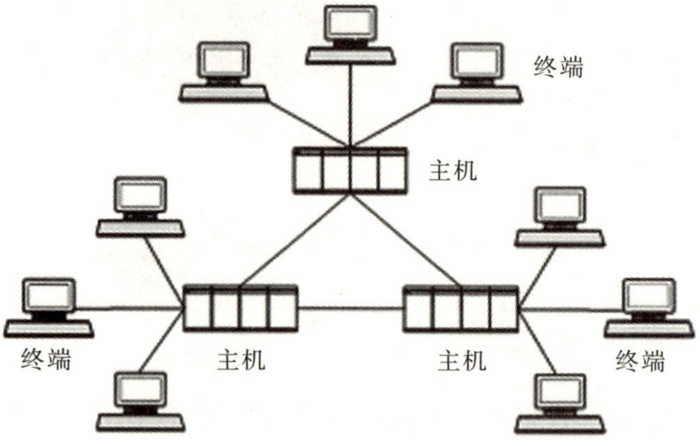

图 2－5　多主机互联系统

(3)计算机网络互联阶段

计算机网络互联阶段是指具有统一的网络体系结构、遵循国际标准化协议的计算机网络,也就是广域网(Internet)阶段。

1977 年前后,国际标准化组织(International Standardization Oraganization,简称 ISO)提出了著名的开放系统互联基本参考模型 OSI/RM(Open System Interconnect/Reference Model),简称 OSI。OSI 模型分为 7 层,从下至上依次是物理层、数据链路层、网络层、传输层、会话层、表示层和应用层,如图 2－6 所示。

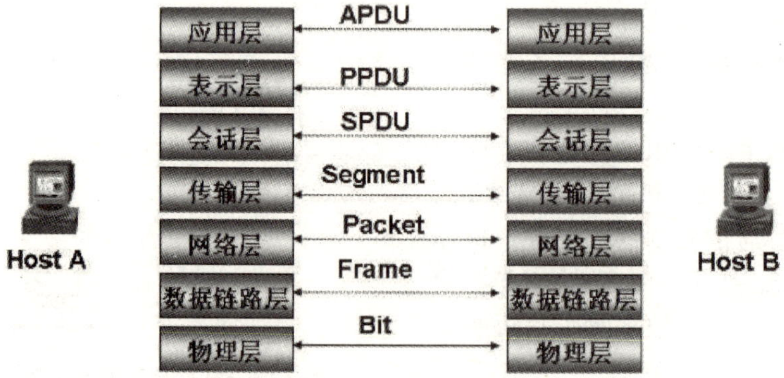

图 2－6　OSI 模型

贴心·提示

1974 年,美国 IBM 公司公布了其研制的网络分层模型 SNA(System Network Architecture,系统网络体系结构),它采用了 IBM 大型机使用的主机到终端的通信模型。SNA 模型有 6 层,分别是数据链路层、路径控制层、传输控制层、数据流控制层、表示层服务和事务层服务。SNA 是一种使用较为普遍的网络体系结构模型。

(4)信息高速公路

进入 20 世纪 90 年代,随着数字通信的出现,产生了以高速和多媒体应用为核心的第四代计算机网络,其特点是综合化和高速化,这就是信息高速公路。

任务 2 计算机网络的组成和分类

1. 计算机网络的组成

计算机网络是一个集计算机软件系统、硬件设备、通信设备以及数据处理能力为一体的,能够实现资源共享的现代化综合服务系统。

(1)硬件系统

硬件系统由计算机、通信设备、连接设备及辅助设备组成,通过这些设备的组成,形成了计算机网络的类型。

①服务器(Server)。

服务器是一台高性能计算机,用于网络管理、运行应用程序、处理各网络工作站成员的信息请示等,并连接一些外部设备,如打印机、CD－ROM、调制解调器等。根据其作用的不同,分为文件服务器、应用程序服务器和数据库服务器等。

②工作站(Workstation)。

工作站也称客户机,凡由服务器进行管理和提供服务,并连入网络的任何计算机,都属于工作站,其性能一般低于服务器。个人计算机接入 Internet 后,在获取 Internet 服务的同时,其本身就成为 Internet 上的工作站。

③网卡。

网卡也称网络适配器、网络接口卡(Network Interface Card,简称 NIC),在局域网中用于将用户计算机与网络相连,大多数局域网采用以太(Ethernet)网卡,如 NE2000 网卡、PCMCIA卡等。

贴心·提示

网卡有 16 位与 32 位之分,16 位网卡的代表产品是 NE2000,市面上非常流行其兼容产品,一般用于工作站;32 位网卡的代表产品是 NE3200,一般用于服务器,市面上也有兼容产品出售。

④调制解调器。

调制解调器也叫 Modem。当计算机发送信息时,它将计算机内部使用的数字信号转换成可以用电话线传输的模拟信号,通过电话线发送出去;接收信息时,把电话线上传来的模拟信号转换成数字信号,传送给计算机,供其接收和处理。

贴心·提示

调制解调器可分为内置式与外置式。内置式调制解调器体积小,使用时,将其插入主机板的插槽,不能单独携带;外置式调制解调器体积大,使用时,将其与计算机的通信接口相连,有通信工作状态指示,可以单独携带,能方便地与其他计算机连接使用。

⑤集线器。

集线器称为 HUB，是一种集中完成多台设备连接的专用设备，提供了检错能力和网络管理等有关功能。

⑥网桥(Bridge)。

网桥也是局域网常用的连接设备。网桥又称桥接器，是一种在链路层实现局域网互联的存储转发设备。

⑦路由器。

路由器是互联网中常用的连接设备，它可以将两个网络连接在一起，组成更大的网络。路由器可以将局域网与 Internet 互联。

⑧中继器(Repeater)。

中继器用于连接两个同类型的局域网或延伸一个局域网。当我们安装一个局域网而物理距离又超过了线路的规定长度时，就可以用它进行延伸。中继器收到一个网络信号后，可以将其放大并发送到另一网络，从而起到连接两个局域网的作用。

(2)软件系统

网络软件系统包括网络操作系统和网络协议等。网络操作系统是指能够控制和管理网络资源的软件，是由多个系统软件组成的，在基本系统上有多种配置和选项可供选择，使得用户可根据不同的需要和设备，构成最佳组合的互联网络操作系统。网络协议可以保证网络中两台设备之间正确传送数据。

(3)网络信息

计算机网络上存储、传输的信息称为网络信息。网络信息是计算机网络中最重要的资源，它存储于服务器上，由网络系统软件对其进行管理和维护。

2. 计算机网络的分类

从地理范围划分，可以把计算机网络划分为局域网、城域网、广域网和互联网四种。这里的网络划分并没有严格意义上地理范围的区分，只是一个定性的概念。

(1)局域网(Local Area Network，简称 LAN)

局域网是将较小地理区域内的计算机或数据终端设备连接在一起的通信网络。局域网覆盖的地理范围比较小，可以由一个建筑物内或相邻建筑物中的几百台至上千台计算机组成，也可以小到连接一个房间内的几台计算机、打印机和其他设备。局域网主要用于实现短距离的资源共享。

(2)城域网(Metropolitan Area Network，简称 MAN)

城域网是一种大型 LAN，城域网的覆盖范围在一个城市内，它将一个城市内不同地点的多个计算机局域网连接起来，实现资源共享。城域网所使用的通信设备和网络设备的功能要求比局域网高，以便有效地覆盖整个城市的地理范围。图 2－7 为某普教城域网结构示意。

(3)广域网(Wide Area Network，简称 WAN)

广域网是在一个广阔的地理区域内进行数据、语音、图像信息传输的计算机网络。由于远距离数据传输的带宽有限，因此广域网的数据传输速率比局域网要慢得多。广域网可以覆盖一个城市、一个国家甚至全球，广域网结构如图 2－8 所示。

因特网(Internet)是广域网的一种，但它不是一种独立性的网络，它将同类或不同类的

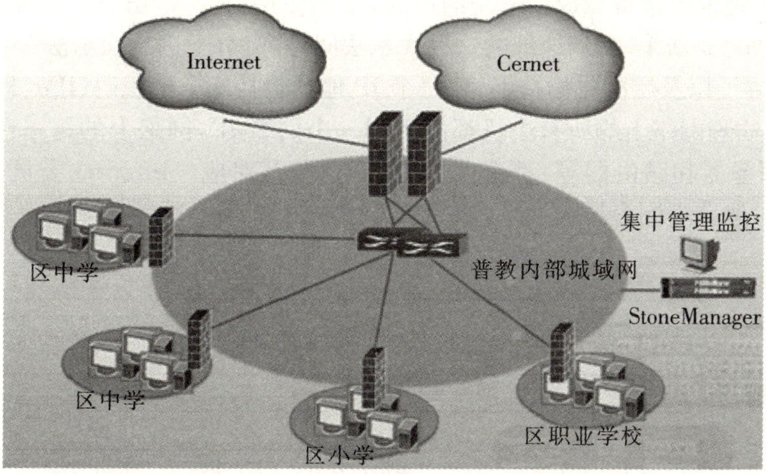

图 2－7　某普教城域网结构示意

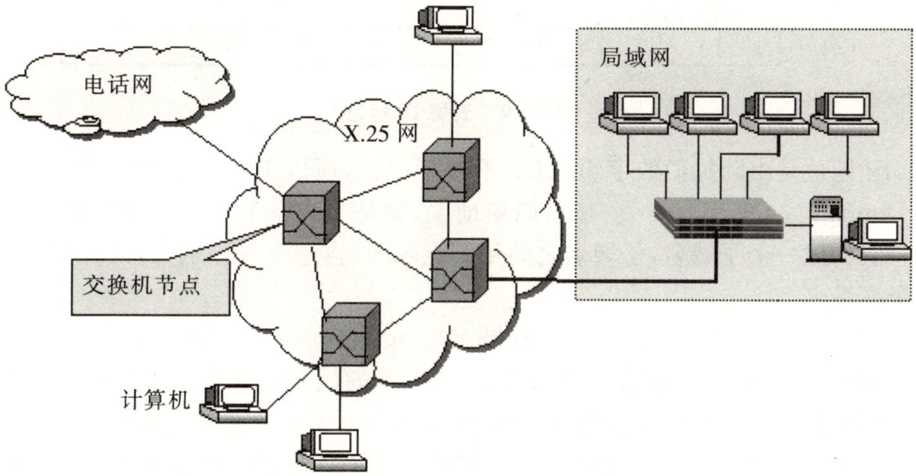

图 2－8　广域网结构

物理网络互联，并通过高层协议实现不同类网络间的通信。

任务 3　互联网基础知识

1. 互联网概述

互联网（Internet）从地理范围来说，它可以是全球计算机的互联，就是常说的“Web”“WWW”和“万维网”。互联网信息量大、传播广，无论身处何地，只要联上互联网，就可以对任何联网用户发出信息。

2. IP 地址与域名

IP 地址就是给每个连接在 Internet 上的主机分配的 32bit 地址。按照 TCP/IP 协议规定，IP 地址用二进制来表示，每个 IP 地址长 32bit，将 bit（比特）换算成字节，就是 4 个字节。例如，某个采用二进制形式的 IP 地址是“00001010000000000000000000000001”，为了方便人们的使用，IP 地址经常被写成十进制的形式，中间使用符号“.”分开。于是，上面的 IP 地址可以表示为“10.0.0.1”。IP 地址的这种表示法叫做“点分十进制表示法”。

为了便于寻址以及层次化构造网络，每个 IP 地址包括两个标识码(ID)，即网络 ID 和主机 ID。同一个物理网络上的所有主机都使用同一个网络 ID，网络上的每一台主机(包括网络上工作站、服务器和路由器等)都有一个主机 ID 与其对应。Internet 委员会定义了 5 种 IP 地址类型，以适合不同容量的网络，即 A 至 E 类，如图 2-9 所示。

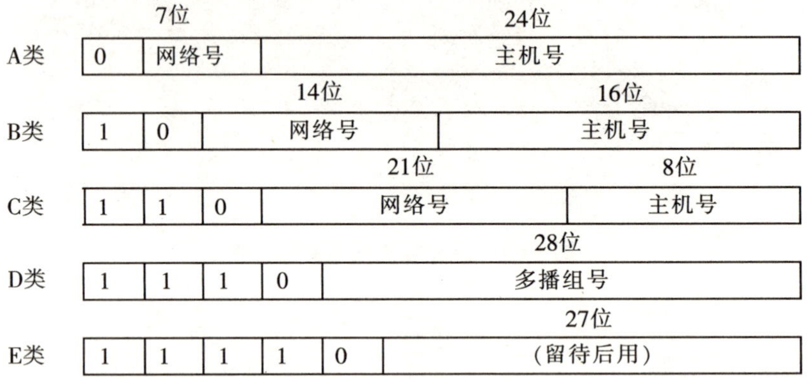

图 2-9　五类 IP 地址

由于 IP 地址是由阿拉伯数字组成的，不便于记忆，所以 Internet 上引进了域名服务系统 DNS(Domain Name System)。域名简单地说，就是 Internet 上主机的名字，它采用层次结构，每一层构成一个子域名，子域名之间用圆点隔开，自左至右分别为：计算机名、网络名、机构名、最高域名。

域名有下面几种基本类型，一是国际域名(international top-level domain-names，简称 iTDs)，也叫国际顶级域名。这也是使用最早、最广泛的域名。常见单位性质代码如表 2-1 所示。二是国内域名，又称为国内顶级域名(national top-level domain-names，简称 nTLDs)，即按照国家的不同，分配不同后缀，这些域名即为该国的国内顶级域名。目前 200 多个国家和地区都按照 ISO3166 国家代码分配了顶级域名，如表 2-2 所示。

表 2-1　常见单位性质代码表

单位性质代码	机构类型	单位性质代码	机构类型
int	国际组织	mil	军事组织
com	商业组织	arts	文化艺术实体
edu	教育机构	net	网络服务机构
gov	政府部门	web	与万维网相关的实体
org	非盈利性组织	inf	提供信息服务的实体
firm	商业或公司	rec	娱乐休闲资源

表 2-2 域名中的国家代码表

国家或地区代码	代表的国家或地区	国家或地区代码	代表的国家或地区
cn	中国	de	德国
jp	日本	fr	法国
in	印度	gr	希腊
au	澳大利亚	uk	英国
ca	加拿大	sg	新加坡

在实际使用和功能上，国际域名与国内域名没有任何区别，都是互联网上具有唯一性的标识。只是在最终管理机构上，国际域名由美国商业部授权的互联网名称与数字地址分配机构(the Internet Corporation for Assigned Names and Numbers，简称 ICANN)负责注册和管理；而国内域名则由中国互联网络管理中心(China Internet Network Information Center，简称 CNNIC)负责注册和管理。

3. 互联网的主要功能

Internet 在拥有丰富信息资源的同时，也提供各种各样的服务功能，包括电子邮件(E-mail)、文件传输(FTP)、远程登录(Telnet)、万维网(World Wide Web)、聊天系统(chat)、新闻组(Newsgroup/Usenet)和电子公告牌(BBS)以及 WAIS、Archie、Veronia、Jughead 等信息查询工具。

(1)万维网

万维网(简称 WWW)是 Internet 上集文本、声音、图像、视频等多媒体信息于一身的全球信息资源网络，是 Internet 上的重要组成部分。

(2)电子邮件服务

这是目前 Internet 上使用最广泛的系统，用户机上只要安装收发电子邮件的程序，并申请有 E-mail 地址，就可以与 Internet 上其他具有 E-mail 的用户方便、快速、经济地交换电子邮件。电子邮件中除文本外，还可包含声音、图像、应用程序等各类计算机文件。

(3)文件传输

FTP 文件传输服务允许 Internet 上的用户将一台计算机上的文件传输到另一台计算机上。文本文件、二进制可执行文件、声音文件、图像文件、数据压缩文件等，都可以用 FTP 传送。另外，FTP 还提供了包含许多十分实用的免费工具程序的软件宝库。

(4)远程登录

只有很少用户使用远程登录(Telnet)，但它使用起来很方便。Telnet 为我们提供了一种登录到 Internet 上其他计算机的途径。Telnet 在运行过程中，实际上启动的是两个程序，一个叫 Telnet 客户程序，另一个叫 Telnet 服务器程序。远程登录页面如图 2-10 所示。

(5)新闻组和电子公告牌

新闻组和电子公告牌的工作方式与真正的布告栏非常类似，它是一种计算机化的供公共或私人所用的留言系统，其他计算机用户可以从中看到你的信息，你也可以看到别人的留言，如图 2-11 所示。

图 2-10　输入远程登录账号和密码

图 2-11　某网站 BBS 页面

（6）电子商务

在网上进行贸易已经成为现实，而且发展得如火如荼，例如开展网上购物、网上商品销售、网上拍卖、网上货币支付等。它已经在海关、外贸、金融、税收、销售、运输等方面得到了应用。电子商务现在正向一个更加纵深的方向发展，随着社会金融基础设施及网络安全设施的进一步健全，电子商务将在世界上引起新一轮的商业革命。

项目小结

本项目介绍了计算机网络的产生、发展过程和组成、分类方法，以及互联网的基本知识，使大家对计算机网络技术有了一个初步的了解。

关于计算机网络的发展趋势，有以下三个方向：

①开放式。使不同软硬件环境、不同网络协议的网络可以互相连接，真正达到资源共享、数据通信和分布处理的目标。

②高性能。追求高速、高可靠性和高安全性，采用多媒体技术，提供文本、图像、声音、视频等综合性服务。

③智能化。提高网络性能，提供网络综合的多功能服务，并更加合理地进行网络各种业务的管理，真正以分布和开放的形式面向用户提供服务。

知识百科

我国互联网的发展历程

1987 年 9 月 20 日，钱天白教授发出我国第一封电子邮件“越过长城，通向世界”，揭开了中国人使用 Internet 的序幕。钱天白教授负责的国际联网项目（Chinese Academic Network，简称 CANET）是在 1986 年由北京市计算机应用研究所实施的科研项目，其合作伙伴是原西德的卡尔斯鲁厄（KARLSRUHE）大学。

1990 年 10 月，钱天白教授代表中国正式在国际互联网络信息中心的前身 DDN-NIC（当时尚未正式成立 INTERNIC，而是由美国国防部 ARPANET 网络中心 DDN-NIC 负责全球互联网络域名和 IP 地址的分配）注册登记了我国的顶级域名 CN，并且从此开通了使用中国顶级域名 CN 的国际电子邮件服务。由于当时中国尚未正式连入 Internet，所以委托德国卡尔斯鲁厄大学运行 CN 域名服务器。

1993 年 3 月 2 日，中国科学院高能物理研究所租用 AT&T 公司的国际卫星信道，接入美国斯坦福线性加速器中心（SLAC）的 64K 专线正式开通。专线开通后，美国政府以 Internet上有许多科技信息和其他各种资源，不能让社会主义国家接入为由，只允许这条专线进入美国能源网，而不能连接到其他地方。尽管如此，这条专线仍是我国部分连入 Internet 的第一根专线。专线开通后，国家基金委大力配合并投资 30 万元，使各个学科的重大课题负责人能够拨号连入高能所的这根专线，几百名科学家得以在国内使用电子邮件。

1994 年 5 月 15 日，中国科学院高能物理研究所设立了国内第一个 WEB 服务器，推出中国第一套网页，内容除介绍我国高科技发展外，还有一个栏目叫《Tour in China》。此后，该栏目开始提供包括新闻、经济、文化、商贸等更为广泛的图文并茂的信息，并改名为《中国之窗》。

1994 年 10 月，由国家计委投资、国家教委主持的中国教育和科研计算机网（CERNET）开始启动。该项目的目标是建设一个全国性的教育科研基础设施，利用先进实用的计算机技术和网络通信技术，把全国大部分高等学校和中学连接起来，推动这些学校校园网的建设和信息资源的交流共享，从而极大地改善我国大学教育和科研的基础环境，推动我国教育和科研事业的发展。

1997年，中国四大互联网络——中国公用计算机互联网(CHINANET)、中国科技网(CSTNET)、中国教育和科研计算机网(CERNET)、中国金桥信息网(CHINAGBN)之间实现互通互联。中国互联网络信息中心(CNNIC)发布了第一次《中国互联网络发展状况统计报告》：截止到1997年10月31日，中国共有上网计算机29.9万台，上网用户数62万，CN下注册的域名4 066个，WWW站点约1 500个，国际出口带宽25.408M。

1998年，中国互联网络安全产品测评认证中心通过国务院信息化工作领导小组办公室验收，开始试运行。公安部正式成立公共信息网络安全监察局，负责组织实施维护计算机网络安全，打击网上犯罪，对计算机信息系统安全保护情况进行监督管理。

1999年，由中国电信和国家经贸委经济信息中心牵头，联合40多家部委(办、局)信息主管部门在京共同举办政府上网工程启动大会，倡议发起政府上网工程，政府上网工程主站点http://www.gov.cn/开通试运行。中国国家信息安全测评认证中心(CNISTEC)正式运行。

2000年9月，清华大学建成中国第一个下一代互联网交换中心DRAGONTAP。通过DRAGONTAP，CERNET、CSTNET、NSFCNET用10Mbps线路连接位于美国芝加哥的下一代互联网交换中心STARTAP，用10Mbps线路连接位于日本东京的亚太地区高速网APAN交换中心，从而与国际下一代互联网络Abilene、vBNS、CA＊net3等学术性网实现互联。

2001年1月17日，中国互联网络信息中心(CNNIC)发布第7次《中国互联网络发展状况统计报告》：截止到2000年12月31日，中国共有上网计算机约892万台，上网用户数约2 250万，CN下注册的域名122 099个，WWW站点约265 405个，国际出口带宽2 799M。

2015年7月17日，中国互联网络信息中心(CNNIC)发布第36次《中国互联网络发展状况统计报告》：截止到2015年6月30日，中国的网民规模为6.68亿，互联网普及率达到48.8%，中国网站的数量升至357万个，其中CN下网站数目为163万个。

项目2 电子数据交换技术(EDI)

项目描述

电子数据交换技术(EDI)，就是通过计算机通信网络，使各有关部门、公司与企业之间进行数据交换与处理，并完成以贸易为中心的全部业务过程，从而实现了无纸化贸易。EDI的兴起标志着一场全新的、全球性的商业革命的开始。国外专家深刻地指出："能否开发和推动EDI计划，将决定对外贸易方面的兴衰和存亡。如果跟随世界贸易潮流，积极推行EDI，就会成为巨龙而腾飞，否则就会成为恐龙而绝种。"

项目分析

EDI是20世纪80年代发展起来的一种新颖的电子化贸易工具，是计算机、通信和现代管理技术相结合的产物。国际标准化组织(ISO)将EDI描述成"将贸易(商业)或行政事务处理按照一个公认的标准，变成结构化的事务处理或信息数据格式，从计算机到计算机的电子传输”。本项目可分解为以下任务：

- EDI 的基本知识；
- EDI 的实现。

项目目标

- 了解 EDI 的概念；
- 理解 EDI 的应用；
- 理解 EDI 的有关标准；
- 理解实现 EDI 的环境和条件；
- 掌握 EDI 的操作过程。

任务 1　EDI 的基本知识

1. EDI 概念

EDI(Electronic Data Interchange)，可译为“电子数据互换”。它是将各种行业的信息，用一种国际公认的标准格式，形成结构化的事务处理的报文数据格式，通过计算机通信网络，使各有关部门、公司与企业之间进行数据交换与处理，并完成以贸易为中心的全部业务过程。国际标准化组织(ISO)将 EDI 描述成“将贸易(商业)或行政事务处理按照一个公认的标准，变成结构化的事务处理或信息数据格式，从计算机到计算机的电子传输”。由于使用 EDI 可以减少甚至消除贸易过程中的纸面文件，因此 EDI 又被人们通俗地称为“无纸贸易”。

从上述 EDI 定义可以看出，EDI 包含了三个方面的内容，即计算机应用系统、通信网络和数据标准化。这三方面相互衔接、相互依存，构成 EDI 的基础框架，如图 2－12 所示。

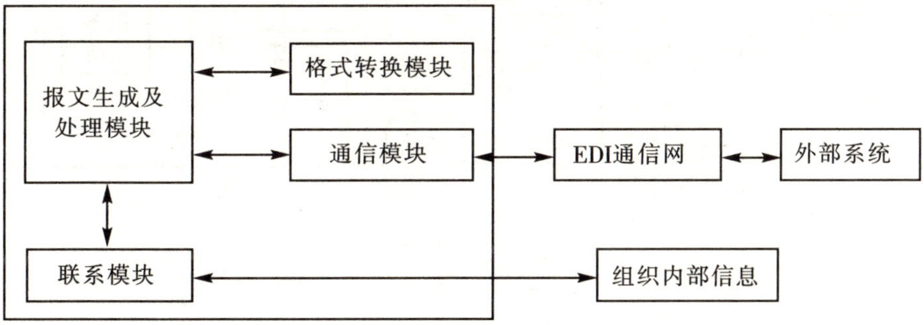

图 2－12　EDI 系统示意图

2. EDI 的应用

(1)贸易领域

商业贸易领域采用 EDI 技术，可以将不同制造商、供应商、批发商和零售商等商业贸易之间各自的生产管理、物料需求、销售管理、仓库管理、商业 POS 系统有机地结合起来，从而使这些企业大幅提高经营效率，创造出更高的利润。

(2)制造业、运输业和仓储业

制造业利用 EDI 能充分理解并满足客户的需要,制订出供应计划,达到降低库存、加快资金流动的目的。运输业采用 EDI 能实现货运单证的电子数据传输,充分利用运输设备、仓位,为客户提供高层次的服务。对仓储业,可加速货物的提取及周转,减缓仓储空间紧张的矛盾,从而提高利用率。

(3)通关和报关

采用 EDI 技术,可以将海关、商检、卫检等口岸监管部门与外贸公司、来料加工企业、报关公司等相关部门和企业紧密地联系起来,加速货物通关,提高对外服务能力,减轻海关业务的压力,防止人为弊端,实现货物通关自动化和国际贸易的无纸化,从而避免企业多次往返多个外贸管理部门进行申报、审批等,大大简化了进出口贸易程序,提高了货物通关的速度。

(4)金融、保险和商检

采用 EDI 技术,可以实现对外经贸的快速循环和可靠的支付,缩短银行间转账所需的时间,增加可用资金的比例,加快资金的流动,简化手续,降低作业成本。

(5)税务

税务部门可利用 EDI 开发电子报税系统,实现纳税申报的自动化,既方便快捷,又节省人力物力。

3. EDI 的分类

根据功能划分,EDI 可分为四类。

(1)订货信息系统

订货信息系统是最基本的 EDI 系统,又可称为贸易数据互换系统(Trade Data Interchange,简称 TDI),它用电子数据文件来传输订单、发货票和各类通知,如图 2-13 所示。

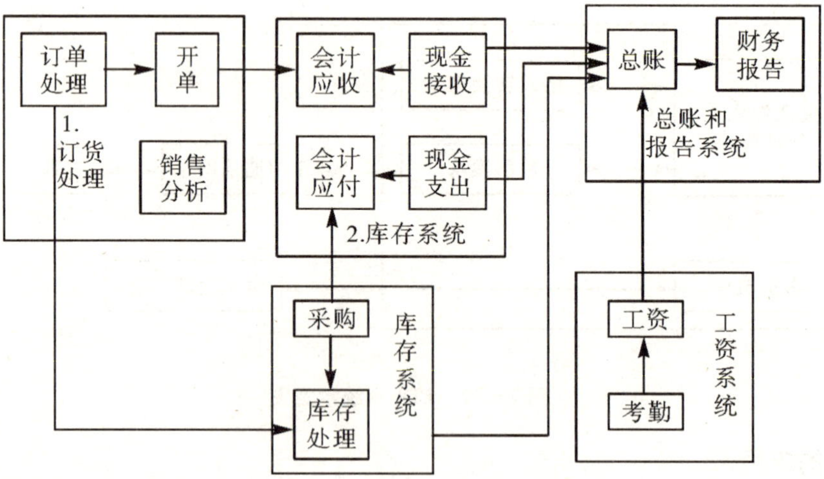

图 2-13 某公司订货信息系统

(2)电子金融汇兑系统

电子金融汇兑系统(Electronic Fund Transfer,简称 EFT),即在银行和其他组织之间实行电子费用汇兑。EFT 最大的改进是同订货系统联系起来，形成一个自动化水平更高的系统。

(3)交互式应答系统

交互式应答系统(Interactive Query Response)，可应用在旅行社或航空公司作为机票预定系统。这种 EDI 在应用时要询问到达某一目的地的航班，要求显示航班的时间、票价或其他信息，然后根据旅客的要求确定所要的航班，并打印机票。

(4)图形资料自动传输

最常见的是计算机辅助设计(Computer Aided Design，简称 CAD)图形的自动传输。比如，设计公司完成一个厂房的平面设计图，将其传输给客户后，系统将自动输出订单，发出购买建筑材料的报告。在收到这些建筑材料后，自动开出收据。

任务 2　EDI 的实现

1. 实现 EDI 的有关标准

由于 EDI 是以实现商定的报文格式进行数据传输和信息交换的，所以制定统一的 EDI 标准至关重要。EDI 的标准包括 EDI 网络通信标准、EDI 处理标准、EDI 联系标准和 EDI 语义语法标准等。

(1)EDI 网络通信标准

EDI 网络通信标准要解决 EDI 通信网络应该建立在何种通信网络协议之上，以保证各类 EDI 用户系统互联的问题。目前国际上主要采用 MHX(X. 400)作为 EDI 通信网络协议，以解决 EDI 的支撑环境，如图 2－14 所示。

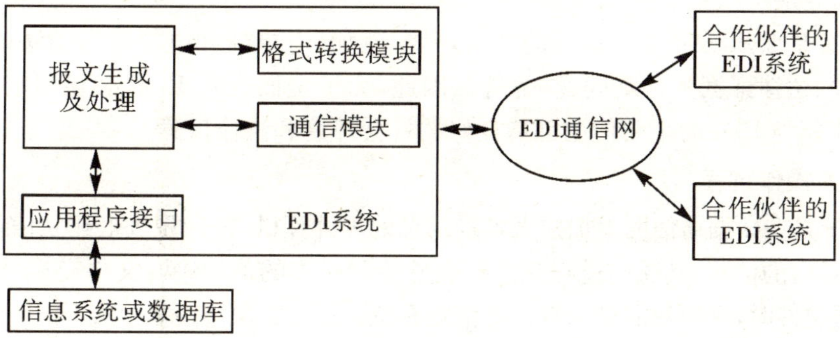

图 2－14　EDI 的通信管理

(2)EDI 处理标准

EDI 处理标准要研究的是那些不同地域、不同行业的各种 EDI 报文。它是相互共有的“公共元素报文”的处理标准。它与数据库、管理信息系统等接口有关。

(3)EDI 联系标准

EDI 联系标准要解决的是 EDI 用户所属的其他信息管理系统或数据库与 EDI 系统之间的接口问题。

(4)EDI 语义语法标准

EDI 语义语法标准，又称 EDI 报文标准，主要研究各种报文类型格式、数据元编码、字符集和语法规则以及报表生成应用程序设计语言等。EDI语义语法标准是EDI技术的核心。

2. 实现EDI的环境和条件

要实现EDI的全部功能,需要具备以下4个方面的条件,其中包括EDI通信标准和EDI语义语法标准。

(1)数据通信网

数据通信网是实现EDI的技术基础。由于EDI传输的是具有标准格式的商业或行政有价文件,因此除了要求通信网具有一般的数据传输和交换功能之外,还必须具有格式校验、确认、跟踪、防篡改、防盗窃、电子签名、文件归档等一系列安全保密功能,并且在用户间出现法律纠纷时,能够提供法律证据。

(2)计算机应用

计算机应用是实现EDI的内部条件。一个用户的计算机系统可以划分为两大部分:一部分是与EDI密切相关的EDI系统,包括报文处理、通信接口等功能;另一部分则是企业内部的计算机信息处理系统,一般称之为EDP(Electronic Data Processing)。一个企业的EDP搞得越好,使用EDI的效益就越高。同样,只有在广泛使用EDI之后,各单位内部EDP的功能才能充分发挥。因此,只有将EDI和EDP全面有效地结合起来,才能得到最大的经济效益。

(3)标准化

标准化是实现EDI的关键。EDI是为了实现商业文件、单证的互通和自动处理,这不同于人机对话方式的交互处理,而是计算机之间的自动应答和自动处理,因此文件结构、格式、语法规则等方面的标准化是实现EDI的关键。

(4)EDI立法

EDI立法是保障EDI顺利运行的社会环境,例如:电单证和电子签名的法律效力问题,发生纠纷时的法律证据和仲裁问题,等等。因此,为了全面推行EDI,必须制定相关的法律法规,这样才能为EDI的全面使用创造良好的社会环境和法律保障。

3. EDI的操作过程

EDI系统是在数据通信网上加挂大容量信息处理计算机,在计算机上建立信箱系统,通信双方需申请各自的信箱,其通信过程就是把文件传到对方的信箱中。文件交换由计算机自动完成,在发送文件时,用户只需进入自己的信箱系统。EDI的操作过程分为下面4个步骤:

①发送方将要发送的数据从信息系统数据库提出,转换成平面文件(亦称中间文件)。

②将平面文件翻译为标准EDI报文,并组成EDI信件。

③接收方从EDI信箱收取信件。将EDI信件拆开并翻译成平面文件。

④将平面文件转换并送到接收方信息系统中进行处理。

EDI平台的数据接入主要有以下3种方式。

①具有单一计算机应用系统的用户接入方式:拥有单一计算机应用系统的企业规模一般不大,这类用户可以利用电话交换网,通过调制解调器直接接入EDI中心。

②具有多个计算机应用系统的用户接入方式:对于规模较大的企业,多个应用系统都需要与EDI中心进行数据交换。为了减小企业的通信费用和方便网络管理,一般是采用联网方式,将各个应用系统先接入负责与EDI中心交换信息的服务器中,再由该服务器接入EDI

交换平台。

③普通用户接入方式：该类用户通常没有自己的计算机系统，当必须使用 EDI 与其贸易伙伴进行业务数据传递时，通常采用通过因特网或电话网以拨号的方式接入 EDI 网络交换平台。

项目小结

本项目介绍了 EDI 的概念、分类、标准以及实现条件和过程，使大家对 EDI 有一个初步的了解。

EDI 有以下优点：①降低纸张的消费，实现无纸化贸易；②减少重复劳动，提高工作效率；③改善贸易双方的关系。

知识百科

EDIFACT 和 ANSI X. 12 标准的比较

EDIFACT 和 ANSI X. 12 标准在语义、语法等许多方面都有很大区别。

ANSI X. 12 标准目前只可用英语；而 EDIFACT 标准则可用英语、法语、西班牙语、俄语，即日耳曼语系或拉丁语系均可使用该标准的语义、数据字典等。目前世界上大部分人不用拉丁语作为母语，而是使用汉语、日语等象形文字。如何对这些文字进行翻译处理，从全球性的贸易和贸易文件的交流来看，这是一个十分困难而又必须解决的问题。

项目 3　网站建设技术

项目描述

网上冲浪已经成为人们生活中一个重要的组成部分，通过网络可以获取大量的知识、资源。越来越多的企事业单位也将网页作为宣传公司品牌形象的重要手段，网页的制作也从以前的纯文本形式，逐步发展到图、文、声音及动画兼有的综合形式。

项目分析

网站是由网页集合而成的，而人们通过浏览器所看到的画面就是网页。每一个网页都是一个 html 文件，可以用浏览器来解读这些文件。本项目可分解为以下任务：

- 网页制作；
- 网页制作语言和工具；
- 企业网站建设。

项目目标

- 理解网页制作的语言；
- 了解网页制作的工具；
- 了解网站建设的基础知识。

任务 1 网页制作

1. 网页的定义及组成元素

浏览网页时，在浏览器中看到的一个个页面就是网页，其中包括多种多样的网页元素，如文本、图像、动画和音乐等。网页实际上是一个文件，它存放在互联网的某一台计算机中，而这台计算机必须是与互联网相连的。网页经由网址（URL）来识别与存取，当在浏览器输入网址后，经过一段复杂而又快速的程序，网页文件就会被传送到你的计算机，然后通过浏览器解释网页的内容，再展示到你的眼前。网页文件中存放的只是图片的链接位置，而图片文件与网页文件是互相独立存放的，甚至可以不在同一台计算机上。

除此之外，网页的元素还包括动画、音乐、程序等。动画在网页中得到广泛的应用，网页中常用的动画格式主要有 SWF 格式及 GIF 格式两种。GIF 动画是逐帧动画，制作相对简单；SWF 动画的内容则更丰富。

2. 网页的组成部分

通常情况下，网页都有其基本的组成对象，如 Logo、Banner、导航栏、超链接、版权信息等，如图 2－15 所示。

图 2－15 某网站页面

（1）Logo

对一个网站来说，Logo 是网站的名片。一个好的 Logo 应具备这些条件：精美、独特；与网站的整体风格相融；能够体现网站的类型、内容和风格。

贴心提示

网站的 Logo，目前有三种规格：

88×31，这是互联网上最普遍的 Logo 规格；

120×60，这种规格用于一般大小的 Logo；

120×90，这种规格用于大型 Logo。

(2)Banner

Banner 一般用来显示网站主题或播放广告，也称之为广告条，其位置一般在 Logo 的右侧。Banner 的标准大小为 468×60 像素，其设计要点是界面清晰明确，要服从整体设计的要求。Banner 通常被制作成动画效果。

(3)导航栏

导航栏是浏览者浏览网页时有效的指向标志。导航栏可分为框架导航、文本导航和图片导航等，根据导航栏放置的位置，可分为横排导航栏和竖排导航栏两种。

(4)超链接

超链接是指从一个网页指向一个目标的链接关系，这个目标可以是另一个网页，也可以是相同网页上的不同位置，还可以是一张图片、一个电子邮件地址、一个文件，甚至是一个应用程序。当浏览者单击已经链接的文字或图片后，链接目标将显示在浏览器上，并且根据目标的类型来打开或运行。

(5)版权信息

版权信息一般位于网页的最底部，主要起版权声明等作用，部分网站也将计数器等内容放置在这一区域。

3. 制作流程

网页制作不像编辑文档那样轻松，要经过以下流程：

- 收集资料和素材；
- 规划站点；
- 制作网页；
- 测试站点；
- 发布站点；
- 更新和维护站点。

4. 设计要点

网页设计的两大要点是：整体风格和色彩搭配。

(1)确定网站的整体风格

网站的整体风格包括站点的 CI(标志、色彩、字体、标语)、版面布局、浏览方式、交互性、文字、语气、内容价值、存在意义、站点荣誉等诸多因素。

(2)网页色彩的搭配

一个网站，给用户留下的第一印象就是网站的色彩。色彩影响视觉效果的好坏，一个网站设计成功与否，在某种程度上取决于设计者对色彩的运用和搭配。色彩与人的心理和情绪有一定的关系，利用这一点，可以在网页设计时形成自己独特的色彩效果，给浏览者留下深刻的印象，所以色彩是网页设计的重要环节。

贴心提示

网页配色小技巧：

①用一种色彩。选定一种色彩，然后调整透明度或饱和度，使色彩统一，且有层次感。

②用两种色彩。先选定一种色彩，然后选择它的对比色，使色彩跳跃，有动感。

③用一个色系。选择感觉一致的系列色彩，例如淡蓝、淡黄、淡绿，或者土黄、土灰、土蓝。

在网页配色中，应注意一些误区：第一，颜色不要繁杂，尽量控制在 3～5 种色彩；第二，背景和文字的色彩反差要大，以便突显文字内容。

任务 2 网页制作语言和工具

1. 网页制作语言

常见的网页程序语言有 HTML、PHP、ASP、VB、CGI、JSP 等。下面简单介绍 4 种。

(1)HTML

HTML(Hyper Text Mark-up Language)，即超文本标记语言或超文本链接标示语言，是目前网络上应用最为广泛的语言，也是构成网页文档的主要语言。利用 HTML 语言还可以将声音文件、图像文件，甚至视频文件链接起来。此外，HTML 还可以与数据库中管理的数据链接，以满足读者的查询要求及用户交互的功能等。

(2)ASP

ASP(Active Server Page)，意为“动态服务器页面”，是微软公司开发的代替 CGI 脚本程序的一种应用。它可以与数据库和其他程序进行交互，是一种简单、方便的编程工具。ASP 网页文件的格式是. asp，现在常用于各种动态网站中。

(3)VB

VB(Visual Basic)，是一种可视化的、面向对象和采用事件驱动方式的结构化高级程序设计语言，可用于开发 Windows 环境下的各类应用程序。在 VB 环境下，利用事件驱动的编程机制、新颖易用的可视化设计工具，可以高效、快速地开发 Windows 环境下功能强大、图形界面丰富的应用软件系统。

(4)PHP

PHP(Hyper Text Preprocessor)，译为英文超级文本预处理语言，是一种 HTML 内嵌式的语言，语言的风格有点类似 C 语言，被广泛地运用。

2. 网页制作工具

(1)Microsoft FrontPage

Microsoft FrontPage 中的 Editor 可以完成网页页面制作，其工作窗口由 3 个标签页组成，分别是“所见即所得”的编辑页，HTML 代码编辑页，预览页。FrontPage 带有图形和 GIF 动画编辑器，支持 CGI 和 CSS。另外，FrontPage 最强大的功能是站点管理。在更新服务器上的站点时，不需要创建更改文件的目录，FrontPage 会为你跟踪文件并拷贝那些新版本文件。FrontPage 是现有网页制作软件中唯一既能在本地计算机上工作，又能通过 Internet 直接对远程服务器上的文件进行操作的软件，FrontPage 工作界面如图 2－16 所示。

2006 年，微软公司宣布 Microsoft FrontPage 将会被 Microsoft SharePoint Designer 替代。目前我们使用的是 Microsoft SharePoint Designer 2010。

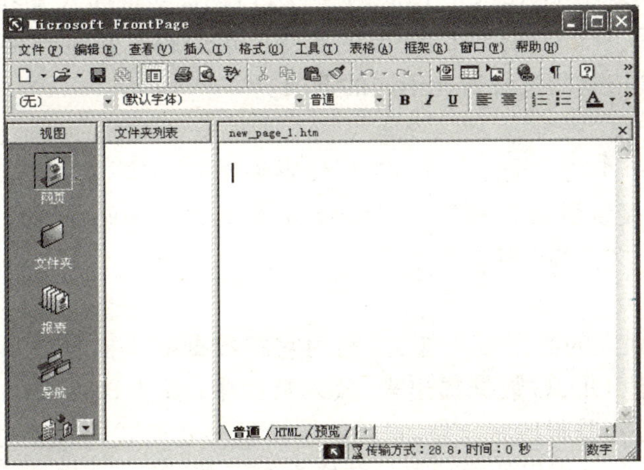

图 2－16　FrontPage 工作界面

(2)Dreamweaver

Dreamweaver 包括可视化编辑、HTML 代码编辑的软件包，并支持 ActiveX、JavaScript、Java、Flash、ShockWave 等特性，而且它还能通过拖拽从头到尾制作动态的 HTML动画，支持动态 HTML(Dynamic HTML)的设计，使得页面没有 plugin 也能够在 Netscape 和 IE10.0 浏览器中正确地显示页面的动画。同时它还提供了自动更新页面信息的功能，Dreamweaver CC 工作界面如图 2－17 所示。

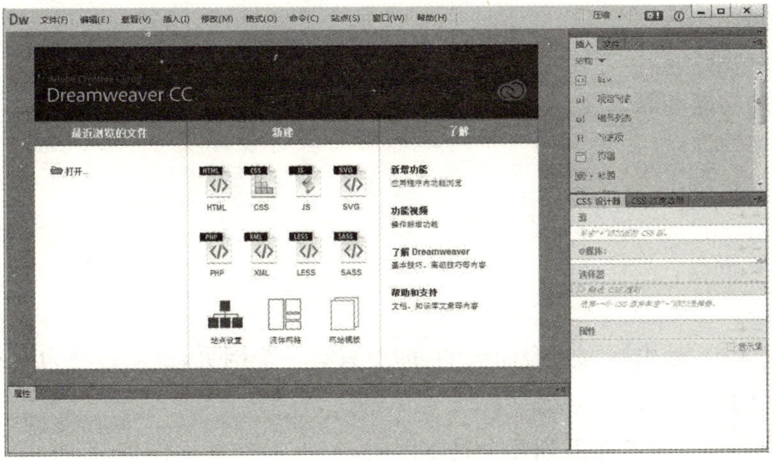

图 2－17　Dreamweaver CC 工作界面

(3)Netscape 编辑器

用 Netscape 浏览器显示网页时，单击编辑按钮，Netscape 就会把网页存储在硬盘中，然后就可以开始编辑了。你也可以像使用 Word 那样编辑文字、字体、颜色，改变主页作者、标题、背景颜色或图像，定义描点，插入链接，定义文档编码，插入图像，创建表格等。但是，Netscape 编辑器不支持表单创建、多框架创建，不适合复杂的网页设计。

(4)HotDog Professional

HotDog是较早基于代码的网页设计工具，其最具特色的是提供了许多向导工具，能帮助用户制作页面中的复杂部分。HotDog的高级HTML支持插入marquee，并能在预览模式中以正常速度观看。HotDog对plug-in的支持也远远超过其他产品，它提供的对话框允许以手动方式为不同格式的文件选择不同的选项。

(5)HomeSite

HomeSite是一个小巧而全能的HTML代码编辑器，有丰富的帮助功能，支持CGI和CSS等，并且可以直接编辑perl程序。HomeSite具有良好的站点管理功能，链接确认向导可以检查一个或多个文档的链接状况。

(6)HotMetal Pro

HotMetal具有强大的数据嵌入能力，利用它的数据插入向导，可以把外部的Access、Word、Excel以及其他ODBC数据提出来，放入页面中；而且HotMetal能够把它们自动转换为HTML格式，是不是很棒？此外，它还能转换很多老格式的文档(如WordStar等)，并能在转换过程中把这些文档里的图片自动转换为GIF格式。

任务3 企业网站建设

网站建设首先涵盖企业定位，其中包括前期网站定位、内容差异化、页面沟通等战略性调研，然后是域名注册、租用空间、网站风格设计、网站代码制作，等等。这个过程需要网站策划人员、美术设计人员和WEB程序员共同完成。

1. 网站建设的步骤

- 申请域名；
- 申请空间；
- 定位网站；
- 分析网站功能和需求；
- 网站风格设计；
- 网站代码制作；
- 测试网站；
- FTP上传网站；
- 网站维护。

网站(Website)，是由网页集合而成的，即使只有一个网页，也能被称为网站。

2. 网站设计要素

设计一个网站，应该考虑下列几个基本因素。

(1)整体布局

网页应该力求抓住而不是淹没用户的注意力，过多的色彩、下拉菜单框、图片等，会让用户无所适从。

(2)信息

无论商业站点还是个人主页，都必须提供有一定价值的内容，这样才能吸引访问者。

(3)速度

页面下载速度是网站留住访问者的关键因素，如果 20～30 秒还不能打开一个网页，人们就有可能选择关闭网页。

(4)导航

确定一种模式后，最好将这种模式应用到同一网站的每个页面，这样，浏览者就知道如何寻找信息了。

项目小结

本项目介绍了网页制作的语言和工具，以及网站建设的基本知识，使大家对网站建设有一个初步的了解。

一般网站建设有以下几个步骤：申请域名→申请空间→定位网站→分析网站功能和需求→网站风格设计→网站代码制作→测试网站→FTP 上传网站→网站维护。

知识百科

HTML 语言简单介绍

基本 HTML 页面以 DOCTYPE 开始，它声明文档的类型，且它之前不能有任何内容（包括换行符和空格），否则将使文档声明无效。接着是<html>标签，以</html>结束。在它们之间，整个页面有两部分标题和正文。标题词夹在<head>和</head>标签之间，这个词语在打开页面时出现在屏幕底部最小化的窗口。正文则夹在<body>和</body>之间，是所有页面的内容所在。页面上显示的任何内容都包含在这两个标签之中。

单元小结

本单元共完成了 4 个项目的学习，学完后应该有以下收获：

- 掌握计算机网络技术基本知识；
- 了解电子数据交换技术(EDI)；
- 了解网站建设技术的相关知识。

习　　题

一、单选题

(1) Internet 是目前全世界规模最大、信息资源最多的计算机网络，它是一个(　　)。

A. 外部网　　B. 专用网　　C. 公共信息网　　D. 城域网

(2) 正确的 URL 格式为(　　)。

A. (协议)//(主机名)(端口号)/(文件路径)/(文件名)

B. (主机名)//(协议)(端口号)/(文件路径)/(文件名)

C. (协议)//(主机名)(端口号)/(文件名)/(文件路径)

D. (协议)//(端口号)(主机名)/(文件路径)/(文件名)

(3) TCP 是传输控制协议，IP 协议又称(　　)。

A. 局域网协议　　B. 广域网协议　　C. 互联网协议　　D. 内联网协议

(4)Internet 上计算机的 IP 地址有哪两种表示形式？(　　)

A. IP 地址和域名　　B. IP 地址和中文域名

C. IP 地址和网络　　D. 网络和域名

(5)每个 IP 地址由 32 个二进制位构成，分 4 组，每组几个二进制位？(　　)

A. 4 个　　B. 16 个　　C. 32 个　　D. 8 个

(6)Telnet 在运行过程中，实际上启动的是两个程序，一个叫 Telnet 客户程序，另一个叫(　　)。

A. Telnet 服务程序　　B. Telnet 服务器程序

C. Telnet 运行程序　　D. Telnet 执行程序

(7)下列软件中，不是网页设计工具的是(　　)。

A. Photoshop 6.0　　B. FrontPage 2000　　C. Dreamwaver 3.0　　D. HotDog 5.1

(8)EDI 是(　　)之间的数据传输。

A. 应用系统　　B. 应用系统与个人　　C. 个人与应用系统　　D. 个人

(9)数据标准化、(　　)、通信网络是构成 EDI 系统的三要素。

A. 翻译功能　　B. EDI 软件及硬件　　C. 数据编辑功能　　D. 数转模

(10)EDI 网络传输的数据是(　　)。

A. EDI 标准报文　　B. 自由文件　　C. 用户端格式　　D. 平面文件

二、判断题

(1)主页是用户使用 WWW 浏览器访问 Intranet 上 WWW 服务器所看到的第一个页面。(　　)

(2)URL 是 FTP 的地址编码，采用 URL，可以用一种统一的格式来描述各种信息资源。(　　)

(3)文件路径是指文件在服务器系统中的绝对路径。(　　)

(4)在 TCP/IP 网络中，每一台主机必须有一个 IP 地址。(　　)

(5)FTP 服务基于浏览器/服务器模式。(　　)

(6)匿名 FIP 服务器通常不允许用户上传文件。(　　)

(7)HTML 是一种专门用来设计网站的计算机标记语言。(　　)

(8)EDI 传输的是标准的格式化文件，并具有格式校验功能；而传真、电传和电子信箱等传送的是自由格式的文件。(　　)

(9)主页一般包含文本(Text)、图像(Image)、表格(Table)和超链接(HyperLink)4 种基本元素。(　　)

(10)BBS 常用的功能有阅读文章、收发 E-mail、发表文章和交流聊天。(　　)

三、多选题

(1)主页一般包含以下几种基本元素(　　)。

A. 文本(Text)　　B. 图像(Image)

C. 表格(Table)　　D. 超链接(HyperLink)

(2)BBS 常用的功能有(　　)。

A. 阅读文章　　B. 收发 E-mail　　C. 发表文章　　D. 交流聊天

第3单元 电子商务系统设计

电子商务系统是互联网时代计算机系统的主流应用，是集成了数据管理、事务处理、业务流程重组、系统安全管理等技术的复杂系统。很多企业管理者和信息系统技术负责人在被电子商务系统的广阔前景所吸引的同时，亦为不知如何开展电子商务系统的建设而烦恼，因此电子商务行业人员需要了解电子商务系统工程中系统需求分析和掌握系统概要设计的基本方法。本单元按以下两个项目进行：

项目1　电子商务系统的概念模型；

项目2　电子商务系统的实施与维护。

案例导入:阿里巴巴网络系统分析

阿里巴巴(Alibaba.com)网站如图 3-1 所示,是中国最大、世界第二大网络公司,由马云在 1999 年一手创立的企业对企业的网上贸易市场平台。2003 年 5 月,他又投资一亿元人民币,建立个人网上贸易市场平台——淘宝网。2004 年 10 月,阿里巴巴投资成立支付宝公司,面向中国电子商务市场推出基于中介的安全交易服务。

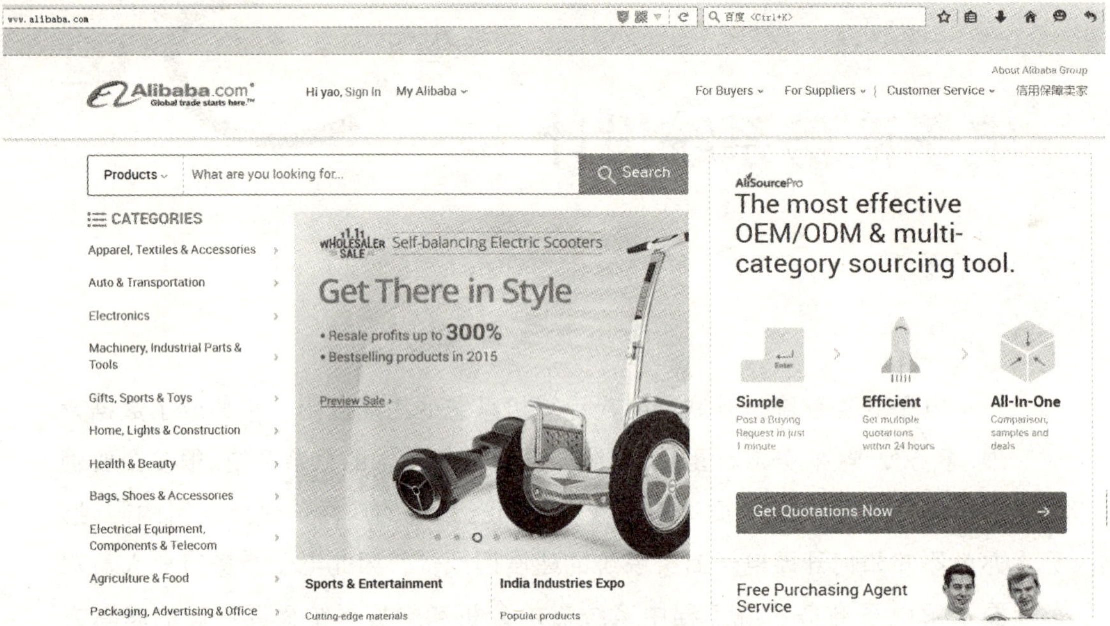

图 3-1 阿里巴巴国际网站

阿里巴巴的营运模式是遵循一个循序渐进的过程。从最基础的为企业架设站点,到随之而来的网站推广,以及对在线贸易的辅助服务和交易本身的订单管理,不断延伸。

1. 诚信通

在诚信通平台上出示第三方的评估,企业在阿里巴巴的交易记录也有据可循。每个“诚信通”的价格都很便宜,但对网站而言几乎不存在成本,如图 3-2 所示。

2. 网销宝

网销宝是阿里巴巴推出的营销服务平台,它可以理解为一种网络营销软件,为会员提供精准营销服务,如图 3-3 所示。

3. 网站建设

阿里巴巴的定位就是为中小企业服务。针对这一定位,人性化的服务是阿里巴巴的一大特色,从页面到功能操作,到论坛,到线下和售后服务,都热情地为企业提供上网服务指导。

4. 资金流

支付宝,是淘宝网在 2004 年与工商银行、建设银行、农业银行和招商银行联手推出的安

图 3－2　阿里巴巴诚信通网站

图 3－3　阿里巴巴网销宝网站

全支付工具，并且和 VISA 战略结盟，任何一张有 VISA 标志的银行卡都支持支付宝。支付宝为淘宝用户提供了一个操作平台，实际支付通过合作银行完成，类似电子钱包，但不付利息，如图3-4所示。

图 3-4　支付宝网站

项目 1　电子商务系统的概念模型

项目描述

电子商务系统是互联网时代计算机系统的主流应用，是集成了数据管理、事务处理、业务流程重组、系统安全管理等技术的复杂系统。很多企业管理者和信息系统技术负责人在被电子商务系统的广阔前景所吸引的同时，亦为不知如何开展电子商务系统的建设而烦恼。

项目分析

电子商务的概念模型是对现实电子商务活动的抽象描述，它由交易主体、电子市场、交易事务以及信息流、资金流、物流和商流等基本要素构成。本项目可分解为以下任务：

- 电子商务系统的基本概念；
- 电子商务系统的运行环境；
- 电子商务系统的体系结构；
- 电子商务系统的应用框架。

项目目标

- 了解电子商务系统的概念和运行环境；
- 掌握电子商务系统的体系结构；
- 理解电子商务系统的应用框架。

任务1　电子商务系统的基本概念

电子商务系统，广义上是指支持电子商务活动的电子技术手段的集合；狭义上是指在互联网和其他网络的基础上，以实现企业电子商务活动为目标，满足企业生产、销售、服务等生产和管理的需要，支持企业的对外业务协作，从运作、管理和决策等层次全面提高企业信息化水平，为企业提供商业智能的计算机系统，如图 3－5 所示。

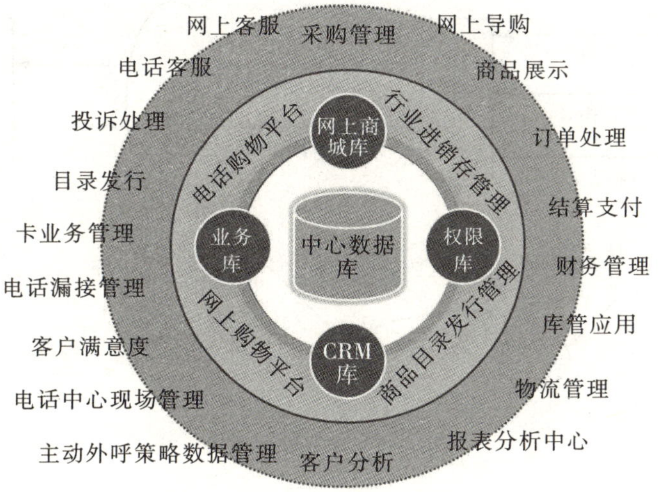

图 3－5　电子商务系统模型

在网上交易，其信息沟通是通过数字化的信息渠道来实现的，首要条件是交易双方必须拥有相应的信息技术工具，才有可能利用基于信息技术的沟通渠道进行沟通。同时要保证能通过 Internet 进行交易。这就要求企业、组织和消费者连接到 Internet 上，否则无法利用 Internet 进行交易。

任务2　电子商务系统的运行环境

电子商务系统得以存在并能应用，必须有运行环境的支撑。运行环境主要包括电子商务的支付环境、物流环境和信用环境等，如图 3－6 所示。

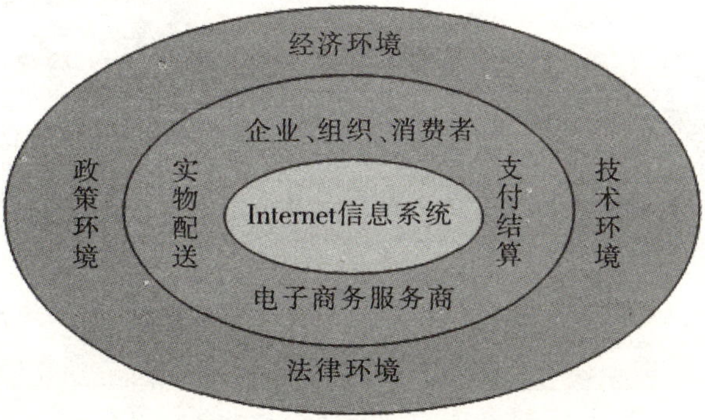

图 3－6　电子商务系统的运行环境

1. 支付环境

电子支付，是指从事电子商务交易的当事人，包括消费者、厂商和金融机构，通过信息网络，使用安全的信息传输手段，采用数字化方式，进行货币支付或资金流转，如图 3－7 所示。银行卡交易、网上支付、移动支付等都属于电子支付。支付是一种资金转移行为，对安全性要求很高。提高电子支付过程的安全性，增加公众对电子支付的信心，对推动其发展尤为重要。

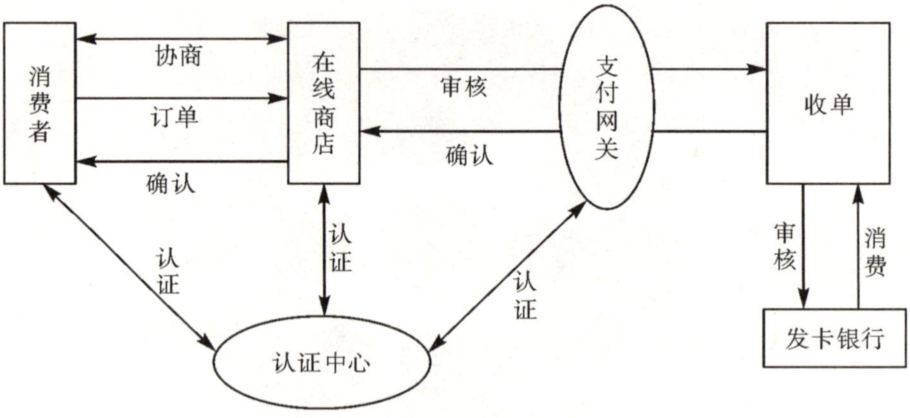

图 3－7　电子支付流程

2. 物流环境

物流（logistics）是指利用现代信息技术和设备，将物品从供应地向接收地准确、及时、安全、保质保量地运送的合理化服务模式和先进的服务流程，图 3－8 所示为中铁快运公司网站首页。

图 3－8　中铁快运公司网站

物流作为电子商务过程中的重要环节，担负着原材料提供商与产品生产商之间，以及商家与顾客之间的实物配送服务，高效的物流体系是使电子商务优势得以充分发挥的保证。然而，与物流重要作用形成鲜明对比的却是其自身管理的滞后，以至于成为制约电子商务发展的“瓶颈”。缺乏相应程度的物流体系支持，电子商务的运作效率将大大降低。物流管理已成为电子商务发展中，除支付认证、安全保密之外的亟待解决的问题。

3. 信用环境

信用是市场经济的基础和生命线，电子商务的发展同样需要信用的保障。由于网络信息本身具有虚拟性和流动性，其格式和媒体可以分离，参与电子商务的主体的诚信问题使得电子商务信息的真实性与安全性难以保障。电子商务与传统的交易相比，对信用的要求更高，要发展电子商务，必须先加强信用建设，如图 3－9 所示。社会信用体系的建设问题，最终将会成为中国电子商务发展的“瓶颈”。建立相对完善的信用体系的措施有以下几个方面：

- 明确政府、企业和个人的任务分工与作用；
- 技术、立法和道德三管齐下；
- 建立信用管理系统；
- 发挥第三方中介机构的作用；
- 培养全社会的信用意识。

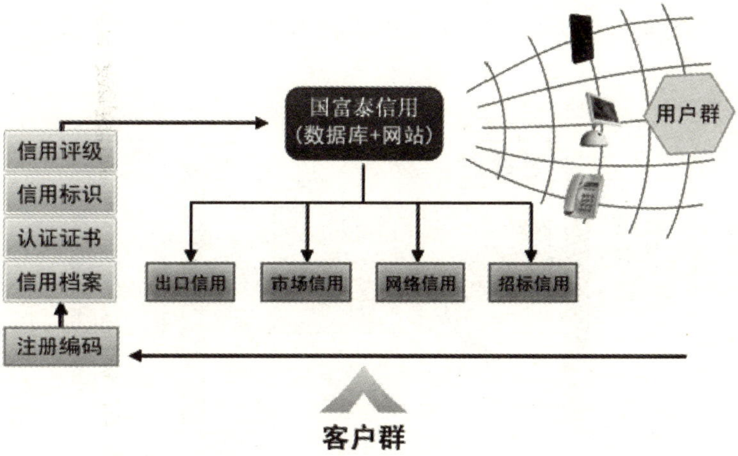

图 3－9 某公司信用管理系统

通过建立完善的社会信用保障机制，形成“诚信为本、以德经商”的商务环境，可以有效地降低企业经营的风险，提升企业的经济竞争力，以保障电子商务的交易可靠性和安全性，促进电子商务的迅速发展。

任务 3 电子商务系统的体系结构

电子商务体系结构可以分为网络基础平台、安全结构、支付体系和业务系统四个层次。

1. 网络基础平台

网络平台是信息传送的载体和用户接入的手段，也是信息流通的主要通道，它包括各种各样的物理传送平台和传送方式，如远程通信网、有线电视网、无线通信网等。网络带宽及网络的可靠性、稳定性成为影响电子商务系统整体性能的重要因素。

2. 安全结构

电子商务活动需要一个安全的环境，以保证在线交易等数据在网络中传输的安全性和完整性，实现交易双方的身份认证，防止交易中抵赖现象的发生。电子安全结构建立在网络基础平台之上。安全基础结构包括各种加密算法、安全技术、安全协议以及 CA(Certificate Authority)认证体系，为电子商务平台提供了安全保障。

3. 业务系统

电子商务系统包括业务应用系统，例如网上购物、证券交易、在线谈判、电信交费、电子银行等；包括用户及终端系统，例如电话终端、计算机终端、智能终端；包括电子支付系统，需要在计算机终端上安装电子支付软件，例如电子钱包软件。

4. 支付网关系统

支付网关系统处于因特网与银行网络之间，主要完成通信、协议转换和数据加密解密功能及保护银行内部的网络。支付网关系统的使用，可以过滤因特网发过来的数据包，防止黑客的攻击和不相关信息的流入。

任务 4　电子商务系统的应用框架

电子商务系统的应用框架包括 3 个层次的技术设施和电子商务应用的 4 根支柱，如图 3 - 10 所示。

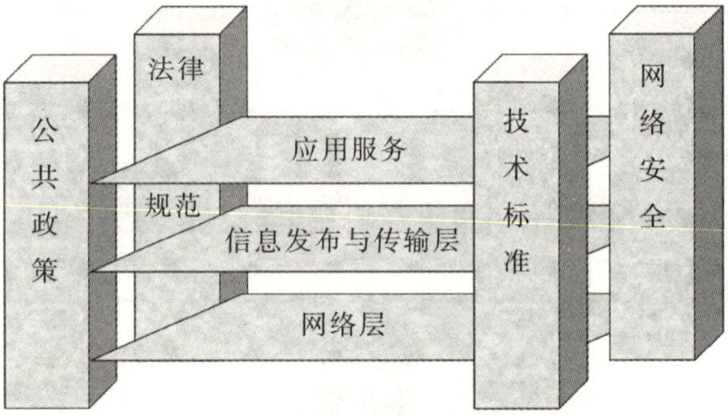

图 3 - 10　电子商务系统的应用框架

1. 电子商务技术设施的 3 个层次

(1)网络层

网络层指网络基础设施，即所谓的“信息高速公路”，是实现电子商务的最底层的硬件基础设施，它包括远程通信网(Telecom)、有线电视网(Cable TV)、无线通信网(Wireless)和互联网(Internet)。

(2)信息发布与传输层

在网络层提供的信息传输线路上，根据一系列传输协议来发布、传输文本、数据、声音、图像、动画、电影等信息。

(3)一般商业服务层

一般商业服务层实现标准的网上商务活动服务，如标准的商品目录服务、电子支付、商业信息安全传送、客户服务和电子认证等。

2. 电子商务应用的 4 根支柱

(1)公共政策

公共政策包括围绕电子商务的税收制度、信息的定价、信息访问的收费、信息传输成本、隐私问题等，是需要政府制定的政策。其中，税收制度的制定是一个至关重要的问题。例如，对于咨询信息、电子书籍、软件等无形商品是否征税，如何征税；对于汽车、服装等有形商品如何通过海关，如何征税；税收制度是否应与国际惯例接轨，如何接轨；WTO 是否应把电子商务部分纳入其中，等等，这些问题不妥善解决，必将影响电子商务的发展。

(2)技术标准

技术标准是信息发布、传递的基础，是网络上信息一致性的保证。如果没有统一的技术标准，就像不同的国家使用不同的电压传输电流，用不同的制式传输视频信号，限制了许多产品在世界范围的使用。EDI 标准的建立就是电子商务技术标准的一个例子。

(3)安全标准

安全问题可以说是电子商务的中心问题。如何保障电子商务活动的安全，一直是电子商务能否正常开展的核心问题。作为一个安全的电子商务系统，首先必须具有一个安全、可靠的通信网络，以保证交易信息安全、迅速地传递；其次，必须保证数据库服务器的绝对安全，防止网络黑客闯入盗取信息。目前，电子签名和认证是网上比较成熟的安全手段。同时，人们还制定了一些安全标准，如安全套接层 SSL(Secure Sockets Layer)、安全电子交易 SET(Secure Electronic Transaction)、安全 HTTP(Secure-HTTP)协议等。

(4)法律法规

法规维系着商务活动的正常运作，违规活动必须受到法律制裁。网上商务活动有其独特性，买卖双方很可能存在地域的差别，他们之间的纠纷如何解决？如果没有一个成熟、统一的法律系统进行仲裁，纠纷就不可能解决。那么，这个法律系统究竟应该如何制定？应遵循什么样的原则？其效力如何保证？如何保证授权商品交易的顺利进行？如何有效遏制侵权商品或仿冒产品的销售？如何有力打击侵权行为？这些都是制定电子商务法规时应该考虑的问题。法规制定的成功与否，直接关系到电子商务活动能否顺利开展。

项目小结

本项目介绍了电子商务系统的概念、运行环境以及电子商务系统的体系结构。

电子商务系统，广义上是指支持电子商务活动的电子技术手段的集合；狭义上是指在 Internet 和其他网络的基础上，以实现企业电子商务活动为目标，满足企业生产、销售、服务等生产和管理的需要，支持企业的对外业务协作，从运作、管理和决策等层次全面提高企业信息化水平，为企业提供商业智能的计算机系统。

项目 2 电子商务系统的实施与维护

项目描述

电子商务系统的规划与传统信息系统的规划有所不同，传统信息系统对企业价值链的贡献主要体现在进一步提高企业的生产、治理效率。尽管它对企业的商务活动有所改善，但是并不直接对企业的商务模式产生变革式的改善。换句话说，传统信息系统的规划以企业商务模式处于稳定的状态为条件，它是在企业现有商务模式的基础上，集中针对企业内部信息流进行的技术改进和支持。

项目分析

电子商务网站既要处理企业与企业之间、企业与消费者之间大量复杂而零散的数据和信息，又要保证数据和信息传输的安全性，因此与普通的 Web 网站相比，在数据处理和传输方面要求更高，流程也更加复杂。本项目可分解为以下任务：

- 电子商务系统的规划与设计；
- 电子商务系统的实施与维护；
- 电子商务系统的评估。

项目目标

- 掌握电子商务系统的规划与设计方法；
- 掌握电子商务系统的实施与维护方法；
- 了解电子商务系统的评估方法。

任务 1 电子商务系统的规划与设计

1. 电子商务系统的规划

电子商务系统的规划是从战略高度，对网站建设、运营进行的全面谋略与策划。主要内容应该包括网站构建目标和开展的业务分析，网站目标客户分析，网站市场定位分析，技术与经济可行性分析，运行环境和技术及工具的选择等。

（1）网站构建目标和开展的业务分析

目标是网站构建的出发点，企业能够在网上开展的业务，是以自身的商务需求和产品特色及行业特点作为选择标准的。

（2）网站目标客户分析

调查与分析目标客户，了解网站可能服务的对象和他们的需求，规划与设计符合目标客户群的商务网站，为他们提供所需的产品或服务，以及满足他们的兴趣与爱好，吸引他们对网站的注意力，使企业的网站不仅仅是停留在企业形象宣传、信息发布与简单的信息浏览的层面上，而是真正成为满足客户需求的商务网站。

（3）网站市场定位分析

对自己的产品在市场上处于何种位置、竞争对手的情况、市场份额以及消费者心理做出全面的了解和分析，然后再生产，这样才能做到与消费者紧密无间的配合，电子商务网站亦是如此。

（4）技术与经济及人员可行性分析

技术可行性分析主要是指构建与运行电子商务网站所必需的硬件、软件及相关技术对电子商务业务流程的支撑分析。经济可行性分析主要是指构建与运行网站的投入与产出效益分析。人员可行性分析主要是指保证网站构建与运行所需要的人力资源、组织设计和管理制度的分析。

2. 电子商务系统的设计

电子商务系统的设计是指根据系统规划，界定系统的外部边界，说明系统的组成及其功能和相互关系，描述系统的处理流程，给出未来系统的结构。它主要包括电子商务系统物理配置方案设计、功能模块设计等几个方面。

（1）物理配置方案设计

物理配置方案设计分为系统硬件结构设计和系统软件结构设计两个方面。

第一，系统硬件结构设计。整个硬件平台不仅要可靠性高、安全性好、有一定的网络吞吐能力，还要采用开放的体系结构，具备一定的可扩展性，能够满足企业未来电子商务应用的需求。

第二，系统软件结构设计。实际上是给确定的硬件结构中的每台计算机指定相应的计算机系统软件，包括操纵系统、数据库治理系统、应用服务器系统和开发工具软件等。

（2）功能模块设计

企业通过实施电子商务实现经营目标，需要电子商务系统能提供网上交易和管理等全过程的服务，因此，电子商务系统应具有以下功能：

①网上订购。

网上订购，通常都在产品介绍页面上提供十分友好的订购提示信息和订购交互格式框。当客户填完订购单后，通常系统会回复确认信息来保证订购信息的收悉。

②货物传递。

对于已付款的客户，应将其订购的货物尽快地传递到他们的手中。无论货物在本地或在异地，都可通过电子邮件对物流进行调配，从而实现快速送货。

③咨询洽谈。

电子商务借助非实时的电子邮件、新闻组和实时的讨论组来了解市场和商品信息。网上的咨询和洽谈能超越人们面对面洽谈的限制，提供多种方便的异地交谈形式。

④网上支付。

客户和商家之间可采用多种支付方式，省去交易中很多人员开销。网上支付需要更为可靠的信息传输安全性控制，以防止欺骗、窃听、冒用等非法行为。

⑤电子银行。

网上支付必须要有电子金融来支持，即银行、信用卡公司等金融单位要为金融业务提供网上操作的服务。

⑥广告宣传。

客户可借助网上的检索工具迅速地找到所需商品信息，而商家可利用网页和电子邮件在全球范围内做广告宣传。网上的广告成本最为低廉，而给顾客的信息量却最为丰富。

⑦意见征询。

电子商务能十分方便地收集用户对销售服务的反馈意见。客户的反馈意见不仅能提高售后服务的水平，更能使企业获得改进产品、发现市场的商业机会。

⑧业务管理。

企业的整个业务管理涉及人、财、物多个方面，如企业和企业、企业和消费者及企业内部等各方面的协调与管理。

任务2 电子商务系统的实施与维护

1. 电子商务系统的实施

电子商务系统经过规划和设计后，就可以实施了。其实施过程分为3个步骤。

(1)服务供应的选择

电子商务服务业是为电子商务应用提供服务的，因此电子商务应用方面的需求有多大，作为供给的电子商务服务业的范围就有多大。电子商务服务业涉及机构和个人的商务、工作与生活的各个环节、层面和范围。

①电子商务的信息服务。

电子商务的信息服务业主要包括 Internet 服务提供商(ISP)，它为交易主体提供 Internet接入服务(IAP)和以资源外包方式为交易主体提供网络平台服务(IPP)；另外还包括 Internet 内容提供商(ICP)。若按照服务对象和提供信息内容等分类，ICP 主要包括网上媒体运营商、数据库运营商、信息咨询商和信息发布代理商。ISP 和 ICP 许可证样本如图3－11所示。

图3－11　ISP 和 ICP 许可证样本

②电子商务的金融服务。

贸易、商务活动中的商品认识、合同谈判、交易,金融服务中的支票、柜台、保险、投资及企业银行业务和家庭银行业务都可以通过 Internet 信息和网络软件完成。图 3－12 所示为网上银行登录界面,图 3－13 所示为网上证券分析界面。

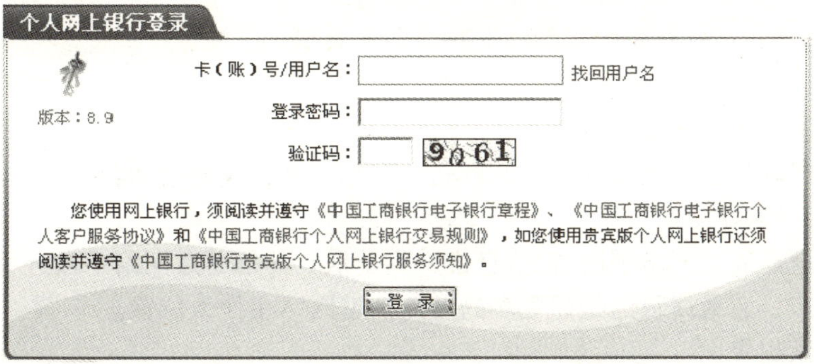

图 3－12　某银行个人网上银行登录界面

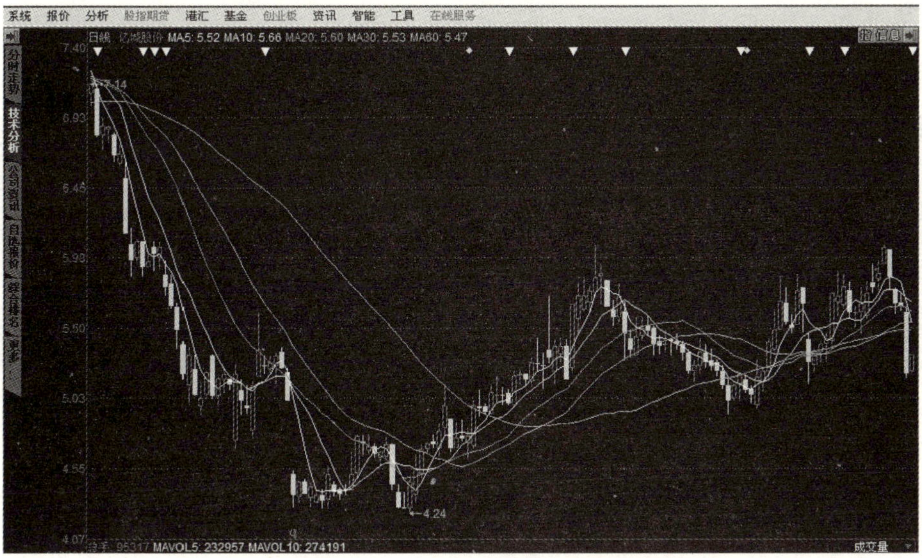

图 3－13　某网上证券软件界面

③电子商务的物流服务。

电子商务的不断发展使物流行业重新崛起,物流公司提供的仓储、分拨设施、维修服务、电子跟踪和其他具有附加值的服务日益增加。物流服务商正在变为客户服务中心,加工和维修中心,信息处理和金融中心,根据顾客需要而增加新的服务,是一个不断发展的观念。

(2)域名注册

域名注册是 Internet 中用于解决地址对应问题的一种方法。域名注册遵循先申请先注册原则,每个域名都是独一无二的,价格不等。域名注册分为下面几个步骤:

①登陆一个可以注册域名的网站。

②注册一个用户。

③以这个用户名登录。

④查询是否可以注册域名。

⑤填写域名注册信息。

⑥汇款。

⑦再次以你的用户名登录，开通你注册的域名。

在选取域名的时候，首先要遵循以下几个基本原则：

①域名应该简明易记，便于输入。

②域名要有一定的内涵和意义。

③不要注册其他公司拥有的独特商标名和国际知名企业的商标名。

(3)电子商务网站推广

网站推广就是通过网络手段，把信息推广到受众。凡是通过网络手段进行的优化推广，都属于网络推广。它最终目的是让更多的客户知道网站在什么位置。

①优化搜索引擎。

如何让搜索引擎工具更多地抓取网站的内容，是网站推广的首要问题。要优化搜索引擎，就必须确保网站速度和网站安全。百度页面如图 3－14 所示。

图 3－14　百度推广在线申请窗口

②博客、论坛营销。

通过博客、论坛或在其他网站的博客、论坛上发帖回复，引导用户去了解产品信息。好的博客、论坛文章，甚至会形成忠实的用户群体。某电子商务论坛如图 3－15 所示。

③问题答疑和知识库营销。

可以通过问答类网站，不断地模拟网友和网站的关系，引发用户不断提出与网站关系密切的问题，让用户都来关注网站，进而访问网站。

④友情链接。

与一些流量大、信息量大的网站交换链接，是推广网站的捷径之一。

⑤电子邮件。

图 3-15　某电子商务论坛

通过电子邮件，可以邀请用户评价网站产品，传递最新促销信息给用户，吸引用户参与活动，从而使网站促销活动更好地进行。通过邮件也能发一些活动邀请函、节日祝福等，让用户更快地感受到善意与服务。某邮箱收到的邮件如图 3－16 所示。

图 3-16　某邮箱收到的活动邮件

⑥用户评价系统。

一个完善的用户评价系统，不仅能吸引用户更多的访问，同时丰富的产品评价还能对新用户进行购物指导。

⑦线下活动。

在各大门户或专业网站上发布硬性广告，结合广告推出线下促销推广活动，也是网站推广的重要方式之一。

2. 电子商务系统的维护

电子商务系统的维护和管理是网站建设生命周期中持续时间最长的环节，也是资源投入最多的阶段。这个阶段工作质量的高低，直接关系到该电子商务网站目标的最终实现与否。

(1)网站内容的更新

第一，维护新闻栏目。网站的新闻栏目是客户了解企业的门户，其应将企业的重大活动、产品的最新动态、企业的发展趋势及客户服务措施及时、真实地呈现给客户，让新闻栏目成为网站的亮点，以此吸引更多的客户前来浏览、交易。

第二，维护商品信息。商品信息是电子商务网站的主体，随着外在条件的变化，商品的信息(如商品的价格、种类、功能等)也在不断地变化，网站必须追随其变化，不断地对商品信息进行维护更新，反映商品的真实状态。

第三，为保证网站中的链接通畅，网站维护人员要经常对网站所有的网页链接进行测试，保证各链接正确无误。

(2)对网站访问量数据进行分析

通过对访问量数据的分析，可以找出网站的优势与不足，从而对网站进行相应的修改，增加网站的可读性，更好地实现网站的建设目标；还可以根据数据变化规律和趋势，随时调整网站的发展方向；另外还有助于选择更合适的网站宣传推广手段。

(3)用户信息的收集和及时反馈

通过这些平台，可以收集用户提出的各种意见和建议，可以了解用户的需求。在网站的日常维护中，对于用户的各种反馈信息都要作及时的处理，使用户在最短的时间内得到满意的答复。

(4)维护网站安全

为了维护网站的良好形象，保证网站业务系统的正常运行，保证电子商务信息的秘密不外泄，网站管理人员应该不断寻找网络中的薄弱环节和安全漏洞，及时进行修复和改进。

任务3 电子商务系统的评估

科学地评估电子商务网站，有助于促进商务网站整体水平和质量的提高，监督和改进电子商务网站经营方式，推动电子商务的健康发展。

1. 电子商务网站评估指标

电子商务网站的评估指标因各网站的目标不同而不同，有的侧重于技术指标的评估，有的侧重于信息服务评估，而有的侧重于客户满意度的评估。对于商业性电子商务网站而言，至少应该从以下几个方面进行评估。

(1)功能指标

包括网站功能的完备性、功能实现的有效性、特色产品、特色功能和特色服务等。大部分用户评估电子商务网站的主要指标都是网站的功能性，为满足用户多样化的需求，电子商务网站功能必须尽可能齐全。

(2)技术指标

包括站点速度、系统稳定性、可扩展性、安全性、链接的有效性等。

(3)界面指标

包括整体视觉效果、美工设计、页面布局、网站结构与分类深度、使用的方便性等。

(4)信息指标

包括提供信息的数量、质量及种类，信息更新频率，个性化信息服务等。

(5)客户服务指标

包括物品配送的收费和配送方式的选择性，送货准时性，顾客支持的水平和质量，个性化定制能力，网站与用户的交互性，个人隐私保护等。

(6)经营业绩指标

包括网站流量(点击率)、交易额、成本利润率，甚至股票价格等。

2. 电子商务系统的评估方法

电子商务系统的评估是一项系统工程，需要专业知识和技术作为支持，目前电子商务系统评估的主要方式有以下几种。

(1)专业评估机构进行评估

国内外的一些权威专业评估机构不但具有比较先进的评估方法和设备，而且拥有一支具有丰富评估经验的专业评估人员队伍，他们能够站在比较公正的立场来进行电子商务系统的评估，得出比较客观、公正的评估结果，但是评估费用往往比较高。

(2)权威机构网站评比活动

国际上著名的咨询调查机构，如 Media Metrix 公司(如图 3 - 17 所示)、ACNielsen 媒体研究所等，采用独立用户访问量指标来确定网站流量，并据此定期发布网站排名。国内有一

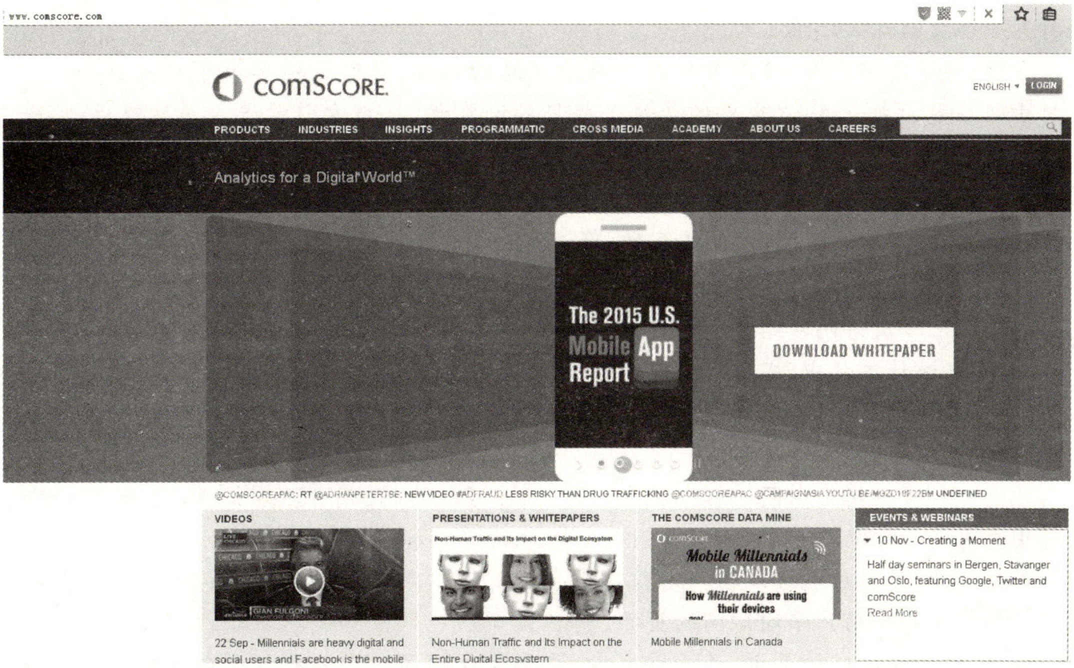

图 3 - 17　Media Metrix 公司网站

定影响的网站访问量统计机构，如中国互联网络信息中心（CNNIC）的第三方网站流量认证系统、网易中文网站排行榜等，也是采用网站流量指标排名方法。

（3）客户评估

客户评估是针对客户对企业电子商务系统的满意情况的定性评估，客户评估采取向客户发送包括所需评价项目的网上调查表，以有奖的形式收集客户的意见；然后由管理人员对获得的反馈信息进行统计分析。客户的评价一般是比较真实可信，并且也是很全面的。

项目小结

本项目介绍了电子商务系统的规划与设计，以及电子商务系统的实施与维护、评估电子商务系统的指标和方法。

电子商务系统的规划，要从战略高度对网站建设及运营进行全面的谋略和策划，而其系统的设计要根据系统规划，界定系统的外部边界，说明系统的组成及功能，描述系统外部流程并给出未来系统的结构，实时进行系统维护。科学地评价电子商务网站，有助于促进商务网站整体水平和质量的提高。只有不断改进电子商务网站经营方式，才能推动电子商务的健康发展。

知识百科

电子商务系统评估的另一个指标体系就是包括反映电子商务系统为企业带来的社会影响的社会评价。

指标1　浏览量PV

定义：页面浏览量即为PV(Page View)，是指所有用户浏览页面的总和。一个独立用户每打开一个页面就被记录1次。

分析：网站总浏览量，可以考核用户对于网站的兴趣，就像收视率对于电视剧一样。但是对于网站运营者来说，更重要的是每个栏目的浏览量，从搜索引擎进入网站以后，哪一个页面对于网站的浏览量贡献最大。在百度提供的统计工具中，可以明显地看出搜索词以及通过该搜索词浏览了网站的多少页面、占总浏览量的比值。

指标2　访客数UV(包括新访客数、新访客比例)

定义：访客数(UV)即唯一访客数，一天之内网站的独立访客数(以Cookie为依据)。一天内同一访客多次访问网站，只计算1个访客。

分析：在统计工具中，我们经常可以看到，独立访客和IP数的数据是不一样的，独立访客都多于IP数。那是因为，同一个IP地址下，可能有很多台电脑一同使用，这种情况是很常见的。

还有一种情况就是在同一台电脑上，用户清空了缓存，使用360等工具，将cookie删除，这样用户再使用该电脑进入网站，访问数UV也被重新加1。

虽然如此，访客数也可以在一定程度上表示有多少用户进入了网站；再结合总浏览量，就可以计算出每个用户平均访问的页面。

当然，对于网站统计来说，关于访客数，需要注意的另一个指标就是新访客数。新访客数可以衡量网站通过推广活动所获得的用户数量。新访客数与总访客数的比值，可以看出网站吸引新访客的能力以及如何保留旧有用户。

指标3 IP数

定义：一天之内，访问网站的不同独立IP个数加和。其中同一IP无论访问了几个页面，独立IP数均为1。

分析：这是我们最熟悉的一个概念。无论同一个IP上有多少台电脑，或者有多少用户，从某种程度上来说，独立IP的多少，是衡量网站推广活动好坏的最直接的数据。

指标4 跳出率

定义：只浏览了一个页面便离开了网站的访问次数占总的访问次数的百分比，即只浏览了一个页面的访问次数/全部的访问次数汇总。

分析：跳出率是非常重要的访客黏性指标，它显示了访客对网站的兴趣程度：跳出率越低，说明流量质量越好，访客对网站的内容越感兴趣，这些访客越可能是网站的有效用户、忠实用户。

该指标也可以衡量网络营销的效果，指出有多少访客被网络营销吸引到宣传产品页或网站上之后，又流失掉了，可以说，就是“煮熟的鸭子飞了”。比如，网站在某媒体上打广告推广，分析从这个推广来源进入的访客指标，其跳出率可以反映出选择这个媒体是否合适，广告语的撰写是否优秀，以及网站入口页的设计是否用户体验良好。

指标5 平均访问时长/访问页数

定义：每次访问在网站上的平均停留时长，即平均访问时长等于总访问时长与访问次数的比值。

分析：平均访问时间越长，则说明访客停留在网页上的时间越长。如果用户对网站的内容不感兴趣，则会较快关闭网页，那么平均访问时长就短；如果用户对网站的内容很感兴趣，在网站停留了很长时间，平均访问时长就长。

指标6 转化率(转化次数)

定义：转化率＝转化次数/访问次数。

分析：转化率即访问转化的效率，数值越高，说明访次越多，完成了网站运营者希望访客进行的操作。

网站的所有推广，最终目的都是为了转化次数的增加，绝对的IP数、访客数当然可以使转化次数增加，但是在资源相同的情况下，如何提升转化率，就变得更为重要。

单元小结

本单元共完成了3个项目的学习，学完后应该有以下收获：

- 了解电子商务系统的概念模型；
- 掌握电子商务系统的技术框架；
- 掌握电子商务系统的实施与维护；
- 掌握电子商务系统的规划与设计；
- 掌握电子商务系统的实施与维护；
- 了解电子商务系统的评估指标和方法。

习　题

一、单选题

(1)商店生成系统主要可分为三个大模块:前台商务系统、商家店面管理系统和(　　)。

A. 信息发布系统　　B. 站点后台管理系统

C. 管理员系统　　D. 基本资料输入系统

(2)以下不属于消费者在网上商店进行购物的操作的是(　　)。

A. 浏览产品　　B. 选购产品　　C. 订购产品　　D. 信息发布

(3)伴随网络消费者在网上商店进行购物的是网上商店提供的(　　)。

A. 信息发布系统　　B. 数据库系统

C. 信用卡管理系统　　D. 购物车

二、多选题

(1)网上订单的后台处理过程主要包括(　　)。

A. 订单传递　　B. 收发电子邮件　　C. 订单登录　　D. 订单处理状态追踪

(2)企业在搭建电子商务平台时,通过购买商店管理软件系统来搭建企业的网上商店平台,优点是(　　)。

A. 比较适合于大中型企业

B. 生成的商店会是具有规模效应的一组商店中的一分子

C. 不需要大力推广,简单快捷

D. 可以根据企业自己的特性搭建个性化网上商店

(3)以下属于网上购物的购物车应该具备的功能的是(　　)。

A. 自动跟踪并记录消费者在网上购物过程中所选择的商品

B. 允许购物者随时更新购物车中的商品

C. 完成对数据的校验

D. 具有良好的扩展性和接口

(4)购物车软件应该由以下哪几个模块组成?(　　)。

A. 购物车显示模块　　B. 用户交流模块

C. 确认和支付模块　　D. 订单生成模块

第4单元 电子商务模式

当互联网在商业上成功地应用，无数企业纷纷购置与互联网结合的设备和软件，许多高新技术企业投入大量资金建立网站、大做广告时，一些问题引起了从业者和研究人员的关注和反思：

(1)个人和企业如何利用互联网获得财富?采用怎样的电子商务模式才能获得成功?

(2)电子商务有哪些基本模式? 这些模式是根据什么体系来分类的?

(3)如何在基本的电子商务模式基础上创新，创造适合企业自身特殊情况的新型商务模式?

基于这些问题，本单元按以下4个项目进行：

项目1　电子商务模式的基本概念；

项目2　B2B电子商务模式；

项目3　B2C电子商务模式；

项目4　C2C及其他电子商务模式。

案例导入：携程网的网络经纪模式

携程网(http://www.ctrip.com)由携程计算机技术(上海)有限公司于1999年5月创建，并于当年10月正式开通。2000年7月，为了更好地服务于会员，并开拓经营范围，网站创办人又投资设立了上海携程商务有限公司，共同参与携程网的开发建设。

携程网首页如图4-1所示，自成立以来，不断改进自己的服务，实现快速增长，其业务范围从最初单纯提供旅游信息，转为涵盖酒店、机票、线路预订及商旅信息查询检索等。凭借一站式服务和不断变化、追求最好的精神，携程旅行网得到了广大个体和企业客户的好评。

图4-1　携程网首页

携程网自发展以来，公司的规模、交易额、毛利、会员数以及宾馆业务连年呈直线快速上升趋势。目前，携程除总部上海和北京、广州、深圳、香港等4个分公司外，在全国20多个大中城市都设有分支机构，现有员工1 000余人。同时，携程网是中国最大的旅游电子商务网站，最大的商务及度假旅行服务公司，中国最大的旅游信息发布企业。凭借稳定的业务发展和优异的盈利能力，携程网于2003年12月在美国纳斯达克成功上市。

携程网的度假超市提供近千条度假线路，覆盖海内外众多目的地，每月为万余人次提供度假服务；携程网的VIP会员还可在全国主要商旅城市的近3 000家特惠商户享受低至六折的消费优惠。携程网除了在自身网站上提供丰富的旅游资讯外，还委托出版了旅游丛书《携程走中国》，并委托发行旅游月刊杂志《携程自由行》。

携程网为客户提供全方位的商务及休闲旅行服务，包括酒店预订、机票预订、休闲度假、旅游信息和特约商户。

携程网三大核心业务主要是酒店预订、机票预订及旅游项目，涉及的客户范围较广，可包括企业旅游者、集体旅游者及个体旅游者等。此外，携程网通过广泛的合作和对传统预订、票务企业的并购活动，先后与2 000多家星级酒店签约，覆盖城市近300个，在30多个城市开通了送票服务，且与北京、大连等地的3 000多家商户建立了特约商户关系，客户源更加广泛。

另外，携程网还会在自己的主页上发布在线广告，这些广告分为义务广告和非会员式的收费广告，其中前者是在特定栏目对签约酒店、合作伙伴等进行的信息介绍，后者是针对专项进行的收费广告。收费广告又分会员网络媒体广告和传统媒体广告，网络媒体包括网站的首页、栏目主页、内容主页等主页面；传统媒体包括 21CN 旅游频道、上海热线旅游频道等。

项目 1　电子商务模式的基本概念

项目描述

自从有了分工和交易，就产生了商务模式，今天的电子商务模式是网络企业生存和发展的核心。从最基本的方面来讲，商务模式就是运行公司的方法，通过该模式的运作，公司能维持自己的生存，也就是说，能有所收益。

项目分析

研究和分析电子商务模式的概念和分类体系，有助于挖掘新的电子商务模式，为电子商务模式创新提供途径，也有助于企业制定特定的电子商务策略和实施步骤。本项目可分解为以下任务：

- 电子商务模式的基本概念；
- 电子商务模式的主要类型。

项目目标

- 了解电子商务模式的主要内容；
- 掌握电子商务模式的分类方法。

任务 1　电子商务模式的基本概念

影响一个电子商务项目绩效的首要因素是它的商业运营模式。电子商务模式是电子商务项目运行的秩序，是指电子商务项目所提供的产品、服务、信息流、收入来源以及各利益主体在电子商务项目运作过程中的关系和作用的组织方式与体系结构。它具体体现了电子商务项目现在如何获利以及在未来长时间内的计划。表 4－1 给出了一个基于互联网的企业商业模式的总体架构，由该框架可以知道，分析一个企业的电子商务模式，需要讨论以下内容：客户价值、商业范围、定价、收入来源、关联活动、实现能力、持久性。

表 4－1　电子商务模式的内涵

电子商务模式的子项内容	企业电子商务模式需要解决的问题	电子商务需要解决的问题
客户价值	企业能否为客户提供差别性的或者成本更低的产品和服务	企业为客户提供哪些差别性的产品或服务？企业能否借助电子商务为客户解决由此产生的一系列新问题？

续表

商业范围	企业需要为哪些客户提供价值？哪些产品和服务可以包含这些价值？	电子商务能够使企业接触到哪些范围内的客户？电子商务是否改变了企业原有的产品和服务的商业范围？
定价	企业如何为产品和服务的价值定价？	电子商务如何使企业提供的产品和服务的价值形成差别化而可以差别定价？
收入来源	企业的收入来自何方？哪些客户什么时候为企业提供了哪些价值付款？每个细分市场的利润率如何？哪些是企业利润的决定因素？在各种收入来源中，哪些收入是决定性的或关键性的？	电子商务如何影响企业的收入来源？在电子商务环境中，企业的收入来源发生了什么变化，是否出现了新的收入来源，或在原有收入来源中是否出现了结构性的收入转移现象？
关联活动	企业应该在什么时候进行哪些关联活动来提供价值？这些活动是如何关联的？	在电子商务环境中，企业必须推动哪些新的活动？电子商务将如何提高原有的活动操作水平？
实现	企业需要什么样的组织结构、制度机制、人力资源和环境来执行和实施这些活动？它们之间如何协调适应？	电子商务对企业的经营战略、竞争策略、组织结构、业务流程、人力资源和发展环境有什么影响？企业如何通过自我创新来适应这些变化的要求？
能力	企业拥有什么能力？需要填补哪些能力缺口？企业如何填补这些缺口？企业是否存在其他企业难以模仿的创造价值的能力？这些能力来自何处？	在电子商务环境中，企业需要哪些新的能力？电子商务活动对企业现有能力构成什么样的影响？
持久性	企业的哪些能力是其他企业难以模仿的？企业如何持续盈利并保持长久的竞争优势？	电子商务增强还是削弱了企业的持久盈利能力？企业如何利用电子商务提高持久的盈利能力？

任务2 电子商务模式的主要类型

电子商务的主要运营模式可以从不同角度进行分类，比较普遍的是按电子商务的参加主体划分，可以分为以下几类。

1. 企业与企业之间的电子商务

企业对企业的电子商务，是指在 Internet 上，采购商与供应商进行谈判、订货、签约、接收发票、付款及索赔处理、商品发送管理和运输跟踪等所有活动。企业间的电子商务模式具体包括以下功能：

①供应商管理。减少供应商数量，降低订货成本，缩短周转时间，用更少的人员完成更多的订货工作。

②库存管理。缩短“订货→运输→付款”的环节，从而降低存货成本，促进存货周转。

③销售管理。实现在线销售、订货。

④信息传递。管理交易单据，及时、安全地传递订单、发票等所有商务文档信息。

⑤支付管理。实现在线电子货币支付。

2. 企业和消费者之间的电子商务

企业和消费者之间的电子商务，可以说是通过网上商店实现网上在线商品零售和为消费者提供所需服务的商务活动。这是大众最为熟悉的一类电子商务类型，目前在 Internet 网上有很多这种电子商务类型的例子，如世界上最大的网上书店——亚马逊书店(http://www.amazon.com)等。随着 Internet 网的普遍应用，这类电子商务的发展势头十分强劲。

3. 消费者与消费者之间的电子商务

消费者与消费者之间的电子商务，又称为网上拍卖，代表形式就是网上拍卖或网上竞买。它是指网站搭建一个 24 小时的交易平台，供买卖双方在这个平台上自由交易，然后对每笔交易收取一定的手续费。参与网上拍卖或竞买的个人，只要到拍卖网站注册为会员，便可以参与网上竞价交易。其最大特点在于网站本身不参与交易，既不接触商品，也不参与货币结算；既不负责库存，也不负担运费，这样不但可以降低网站的经营风险，而且能获得较高的利润。

4. 企业与政府之间的电子商务

企业与政府之间的电子商务涵盖了政府与企业间的各项事务，包括政府采购、税收、商检、管理条例发布以及法规政策颁布等。政府一方面作为消费者，可以通过 Internet 网发布自己的采购清单，公开、透明、高效、廉洁地完成所需物品的采购任务；另一方面，政府对企业宏观调控、指导规范、监督管理的职能通过网络以电子商务方式更能充分、及时地发挥。借助于网络及其他信息技术，政府职能部门能更及时全面地获取所需信息，做出正确决策，做到快速反应，能迅速、直接地将政策法规及调控信息传达给企业，起到管理与服务的作用。在电子商务中，政府还有一个重要作用，就是对电子商务的推动、管理和规范作用。由于电子商务的开展涉及很多方面，没有相应的法规予以规范，也是难以进行的，而对于法规的制定、实施、监督及违法的制裁，政府发挥着不可替代的作用。总之，在电子商务中，政府有着两重角色：既是电子商务的使用者，进行购买活动，属商业行为；又是电子商务的宏观管理者，对电子商务起着扶持和规范的作用。对企业而言，政府既是电子商务中的消费者，又是电子商务中企业的管理者。

项目小结

本项目重点介绍了电子商务运作模式的概念及其内涵，以及主流的电子商务模式分类方法。所谓电子商务模式，是指在网络环境中，基于一定技术基础的商务运作方式和盈利模式。电子商务模式的分类方法有很多，主流的分类方式是按照参与交易双方身份的不同，对其进行分类。

知识百科

O2O 电子商务模式

O2O 电子商务即 Online 线上网店、Offline 线下消费，商家通过开网店将商家信息、商品信息等展现给消费者，消费者在线上进行筛选并支付款项，线下进行消费验证和消费体验。这样既能极大地满足消费者个性化的需求，也节省了消费者因在线支付而没有去消费的费用。商家通过网店将信息传播得更快、更远、更广，可以瞬间聚集强大的消费能力。该模式的主要特点是商家和消费者都通过O2O电子商务满足了双方的需要。美团网主页如图4-2所示。

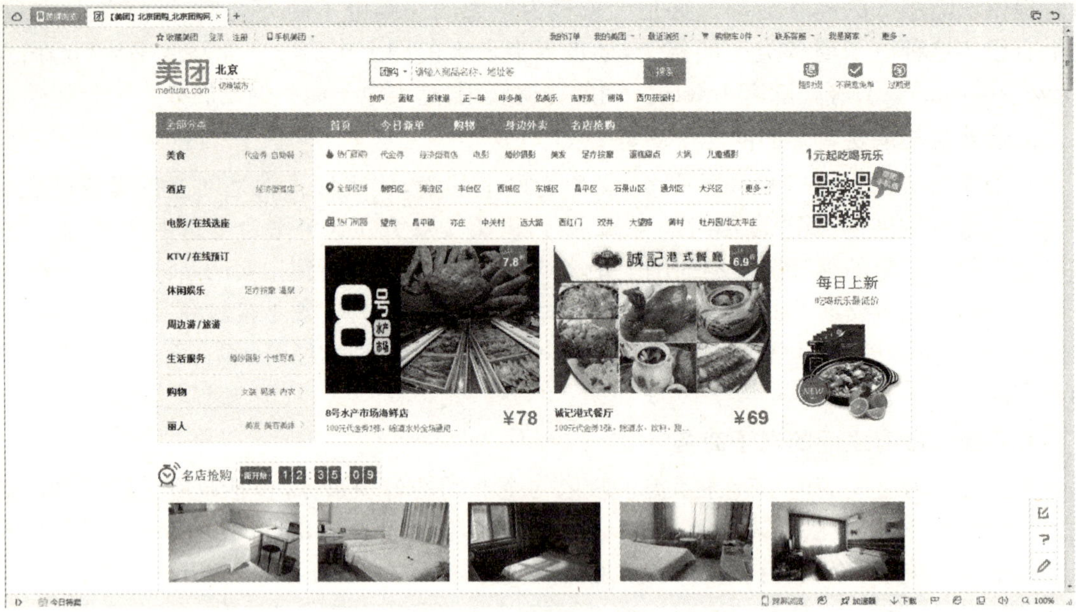

图4-2　美团网主页

其实O2O模式，早在团购网站兴起时就已经开始出现，只不过消费者更熟知团购的概念，团购商品都是临时性的促销，而在O2O网站上，只要网站与商家持续合作，那商家的商品就会一直“促销”下去。O2O的商家都是具有线下实体店的，而团购模式中的商家则不一定有。

整体来看，O2O模式运行得好，将会达成“三赢”的效果。对本地商家来说，O2O模式要求消费者网站支付，支付信息会成为商家了解消费者购物信息的渠道，方便商家对消费者购买数据的搜集，进而达成精准营销的目的，更好地维护并拓展客户。通过线上资源增加的顾客并不会给商家带来太多的成本，反而带来更多利润。此外，O2O模式在一定程度上降低了商家对店铺地理位置的依赖，减少了租金方面的支出。对消费者而言，O2O提供丰富、全面、及时的商家折扣信息，能够快捷筛选并订购适宜的商品或服务，且价格实惠。对服务提供商来说，O2O模式可带来大规模、高黏度的消费者，进而能争取到更多的商家资源。掌握庞大的消费者数据资源，且本地化程度较高的垂直网站，借助O2O模式，还能为商家提供其他增值服务。

项目2　B2B电子商务模式

项目描述

企业对消费者(B2C)，消费者对消费者(C2C)，以及企业对企业(B2B)，是电子商务三种主要的交易模式。专家认为，目前全球电子商务已经发展到第三阶段。第一阶段是企业建立自己的网站，以Yahoo为代表；第二阶段是企业开始尝试在线销售，以Amazon和eBay为代表(B2C,C2C)；第三阶段则是企业间电子商务整合，以Microsoft和Alibaba为代表(B2B)。可见B2B模式的电子商务发展颇具潜力，将成为今后电子商务发展的主流。

项目分析

B2B电子商务模式是当前电子商务模式中份额最大、最具操作性、最易成功的模式。基于互联网的B2B发展速度十分迅猛，目前应用B2B方式来进行生产经营的产业有20多个，主要包括电脑电子、金融、电信等产业。阿里巴巴、环球资源网、慧聪网、中国制造交易网等都是国内知名的B2B电子商务交易平台。本项目可分解为以下任务：

- B2B电子商务模式的特点；
- B2B电子商务模式的分类；
- B2B电子商务模式的交易流程。

项目目标

- 掌握B2B电子商务模式的范畴；
- 了解垂直型B2B与横向型B2B的区别；
- 了解B2B交易的相关过程。

任务1 B2B电子商务模式的特点

1. B2B电子商务模式概述

B2B(Business To Business)是企业与企业之间通过互联网进行产品、服务及信息的交换。目前，基于互联网的B2B的发展速度十分迅猛，据统计，2014年电子商务市场细分行业结构中，中小企业B2B电子商务占比一半，B2B电子商务合计占比超过七成，B2B电子商务仍然是电子商务的主体；网络购物交易规模市场份额达到22.9%，比2013年提升了4.2个百分点。

B2B使企业之间的交易减少了许多事务性的工作流程和管理费用，降低了企业经营成本。网络的便利及延伸性使企业扩大了活动范围，企业跨地区、跨国界发展更方便，成本更低廉。B2B不仅仅是建立一个网上的买卖者群体，它也为企业之间的战略合作提供了基础。任何一家企业，不论它具有多强的技术实力或多好的经营战略，要想单独实现B2B是完全不可能的。单打独斗的时代已经过去，企业间建立合作联盟逐渐成为发展趋势。网络使得信息通行无阻，企业之间可以通过网络在市场、产品和经营等方面进行互利互惠的合作，形成水平或垂直形式的业务整合，以更大的规模、更强的实力、更经济的运作，真正达到全球运筹管理的目标。

2. 我国目前B2B发展现状

目前，国内电子商务外贸B2B平台主要分为以下几大类。

(1)信息服务平台

信息服务平台以“电子信息”为主要服务内容，其中的代表是Global Sources和慧聪网、中国化工网、中国服装网等，靠收取会员费和广告推广费盈利。

(2)交易服务平台

交易服务平台提供“电子信息”并参与小额支付服务和速递物流，以敦煌网、全球速卖通、金银岛(大宗商品交易)为代表，靠收取交易佣金盈利。

(3)一站式外贸交易服务平台

一站式外贸平台的功能相对完善，不仅为外贸型中小企业提供“资讯服务”，还提供外贸进出口所需的所有手续：报关、报检、仓储、物流、货运保险、外汇核销、出口退税、融资贷款等。其代表“一达通”商务网(ydt35.com)是目前为止中国第一个乃至世界第一个最完善、功能最强大的电子商务外贸平台，“一达通”通过一站式服务为外贸企业，尤其是中小企业，提供海关、商检、运输、码头、保险、银行、外汇、退税、融资等所有进出口环节的服务。

(4)相关服务新类型电子商务

B2B服务网站出现，如“一大把”这种网站，通过组织企业进行SNS式的互动，把产业链上下游企业沟通联系起来，整合行业资源，其另辟蹊径的创新确实让我们在电子商务领域看到了一种新的模式和服务；再如号称比百度更懂电子商务、比阿里更懂搜索引擎的面向电子商务的精准搜索引擎“一呼百应”，其发展势头较好。以上仅仅是新类型服务网站的典型代表，随着电子商务3.0时代的到来，B2B领域新型电子商务配套服务提供商也将大量出现。

(5)小门户加联盟的整合模式

以“网盛”为代表的“小门户＋联盟”的方式不仅能实现专业的联盟，而且能整合横向资源，进军会展等业务。以铭万网为代表的网盟成立，进一步加强了买家资源的联系、整合。

任务2 B2B电子商务模式的分类

B2B网站的构建者主要分为两类：一是有经营实体依托的企业(传统企业)，它们建立企业网站主要是自用，即利用这一网站完成企业或本行业的采购、营销和企业形象的宣传等，其盈利主要来源于本企业产品的销售以及供应链管理和客户关系管理的优化整合；二是纯粹的B2B网站(网络企业)，它们本身不参与电子商务的具体交易，而是为想要参与电子商务交易，但是自身没有能力建造电子商务系统的中小型企业提供一个促成电子商务交易的平台，它们靠收取佣金盈利。

可以根据构建B2B网站的主体不同，将B2B网站划分为两种类型：企业型B2B网站、中介型B2B网站。中介型B2B网站又可以进一步划分为综合型B2B网站和垂直型B2B网站。

1. 企业型B2B网站

大型企业为了提高内部管理及外部沟通效率，降低其在采购、销售、售后服务等方面的成本，减少企业库存，一般都建立自己的B2B网站平台，帮助自身开展电子商务活动。代表性的网站有Cisco公司，如图4-3所示。

Cisco公司作为全球最大的互联网络连接设备提供商、全球电子商务的大力推荐者，早在1996年7月就实现了客户通过公司网站直接订货。通过企业间电子商务，Cisco公司极大地降低了成本，提高了竞争力，每年的在线销售可以给该公司节省数亿美元成本。

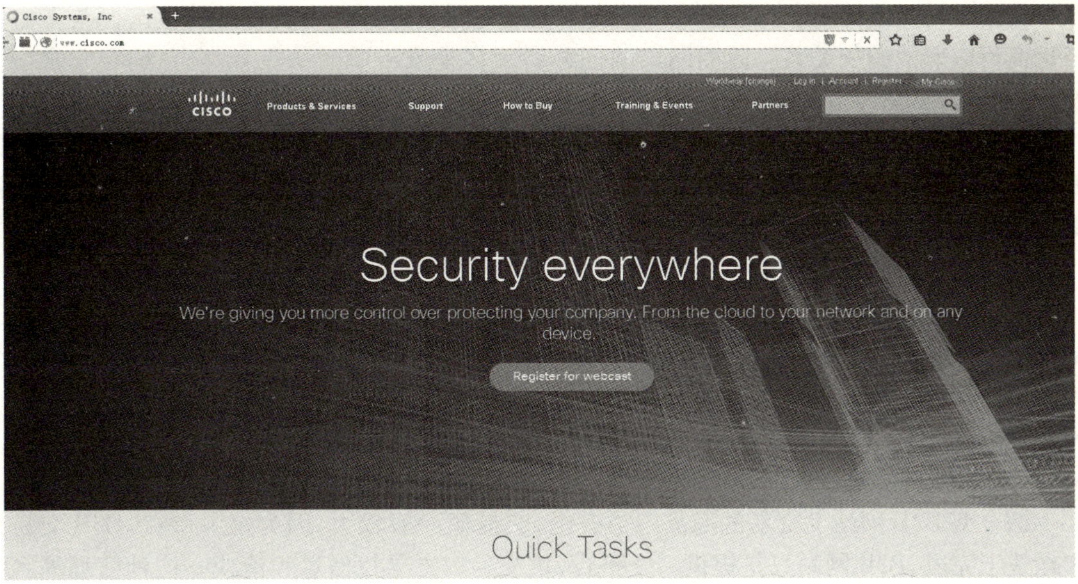

图 4-3　Cisco 公司网站主页

2. 第三方平台型 B2B 网站

(1)垂直型 B2B 网站

垂直型 B2B 网站，由网站主搭建第三方交易平台，其目的是为了服务某个特定行业的电子商务交易双方，如中国五金网(如图 4-4 所示)、中国化工网等。垂直型 B2B 可以分为两个方向，即上游和下游。生产商或商业零售商可以与上游的供应商之间形成供货关系，譬如

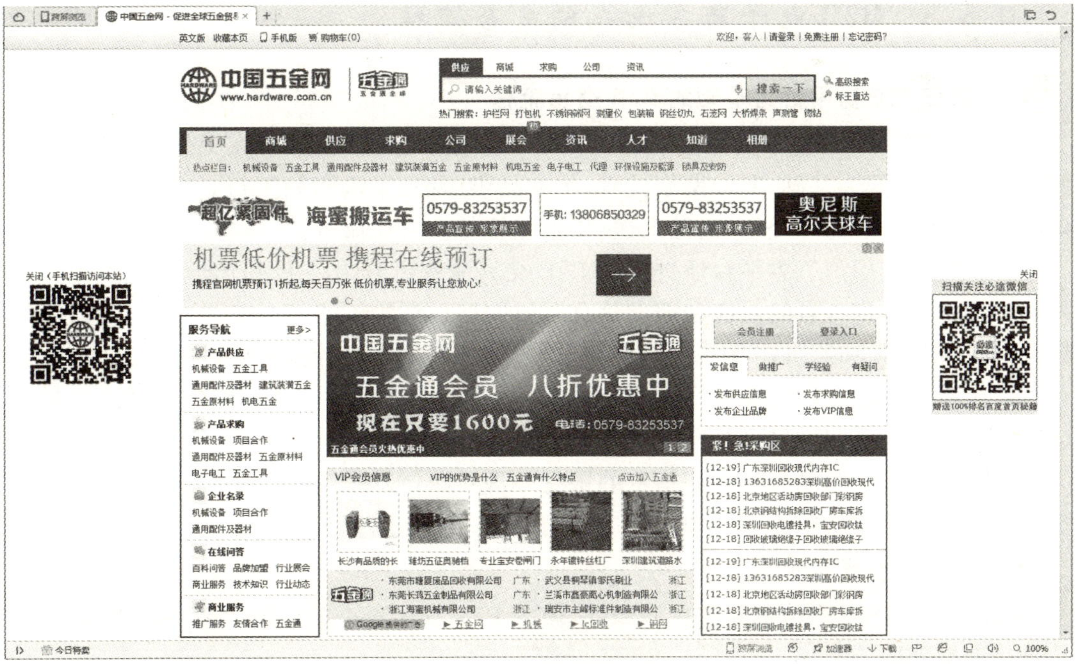

图 4-4　中国五金网首页

Dell 电脑公司与上游的芯片和主板制造商就是通过这种方式进行合作的。生产商与下游的经销商可以形成销货关系。此类网站的创办者大多是该行业的从业者,自身拥有非常丰富的行业经验,谙熟行业的细枝末节。

垂直型 B2B 网站追求的是“专”,吸引的是针对性较强的客户,这些客户是网站最有价值的财富,是真正的潜在商家,这种市场一旦形成,就会具有更大的竞争优势,所以垂直型网站更有聚集性、定向性,易于建立比较忠实的用户群,回头客较多。

(2)综合型 B2B 网站

综合型 B2B 网站,由网站主构建交易平台,将所有行业旨在采购与批发的买方和卖方集中到一个市场上,为买卖双方建起一个信息和交易的平台,买方和卖方可以在此进行信息交流、广告、拍卖、竞标、库存管理等。目前,国内主要的综合型 B2B 网站有阿里巴巴(http://www.alibaba.com.cn)、环球资源网(http://www.globalresources)和慧聪网(http://www.hc360.com)等。

综合型 B2B 网站上交易的商品门类齐全,交易额一般较大,因为这一特点,B2B 交易大多在线下完成,B2B 网站只是提供一个平台,供交易双方寻找信息和洽谈。这种信息平台型网站对企业的价值主要表现为:增加市场机会,比较供货渠道,促成项目合作,进行企业品牌宣传等。

行业垂直型 B2B 与综合型 B2B 并不完全对立,它们之间有很强的互补性,在相当长的时间里,在某些行业内会共存,谁也不会取代谁。我们看到行业垂直型 B2B 与综合型 B2B 都互有优劣,可以预见的是,这两类 B2B 一定会设法弥补其不足之处。也就是说,综合型 B2B 会朝专业化方向发展,垂直型 B2B 则会努力寻求规模化,即专业化和规模化是 B2B 发展的必经之路。

任务 3 B2B 电子商务模式的交易流程

1. 以第三方交易平台为基础的 B2B 交易流程

目前,大部分 B2B 电子商务交易都依赖第三方交易平台来完成,在交易过程中,第三方交易平台以互联网为基础,利用网络技术,将商品供应商、采购商和银行紧密地联系起来,为客户提供市场信息、商品交易、仓储配送、货款结算等全方位服务。

一般来说,利用第三方平台所进行的 B2B 交易流程可分为以下 4 个步骤:

(1)买卖双方将各自的供应和需求信息通过网络告诉给网络商品交易中心,网络商品交易中心通过信息发布服务向参与者提供大量、详细准确的交易数据和市场信息。

(2)买卖双方根据网络商品交易中心提供的信息,选择自己的贸易伙伴。网络交易中心从中撮合,促使买卖双方签订合同。

(3)买方在网络商品交易中心指定的银行办理转账付款手续。

(4)网络商品交易中心在各地的配送部门将卖方货物送交买方。

2. B2B 模式交易实例

现在以阿里巴巴全球贸易信息网为例,说明 B2B 交易每个阶段的主要工作内容。

(1)会员注册

在进行正式交易前,必须注册成为阿里巴巴网站的会员,会员注册信息如图 4 - 5 所示。

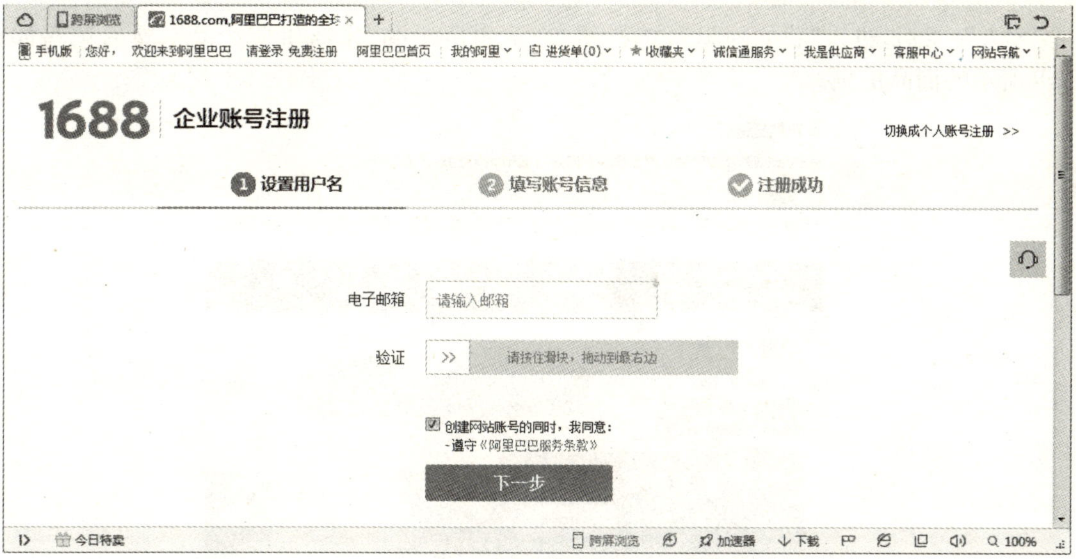

图 4－5　阿里巴巴普通会员注册所需信息

(2)实名认证

注册成功后,最好应进行实名认证,如图 4－6 所示。

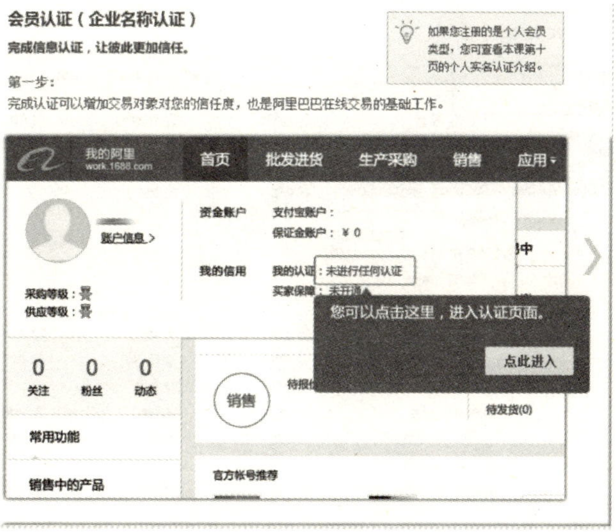

图 4－6　实名认证内容

贴心提示

发布公司信息时应注意的问题:

(1)公司名称要完整准确,一般为中文。

(2)主营产品和服务信息登记要准确详细。

(3)公司信息要定期检查,及时更改。

(3)卖方如何销售商品

卖方登录后,进入“我的阿里”,选择图 4－7 中所示的“发布供应产品”,然后填写如图 4－8 所示的商品信息。

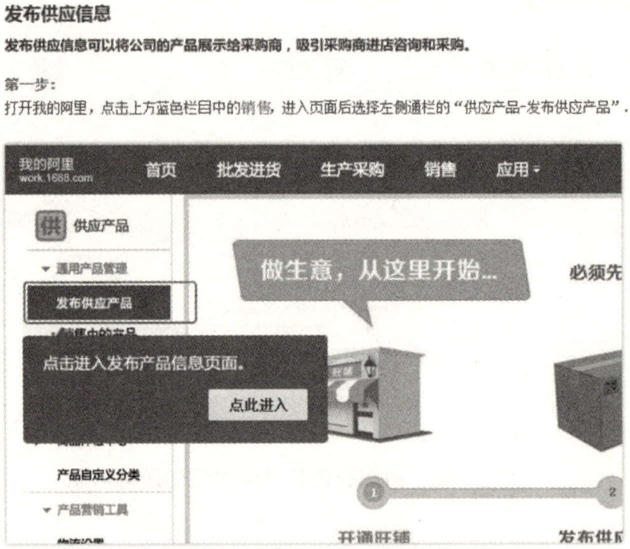

图 4－7　在“我的阿里”导航栏选择“发布供应产品”信息

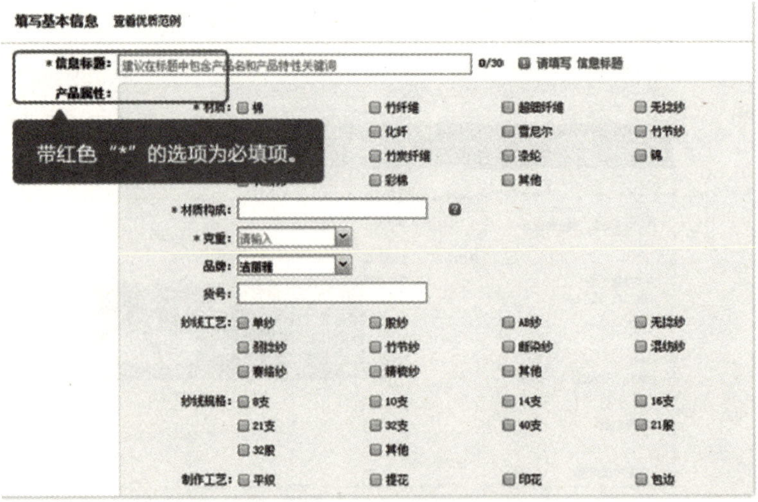

图 4－8　填写详细的商品信息

贴心提示

发布销售信息时应注意的问题:

(1)销售主题既要清晰明了,又要引人入胜。

(2)关键字是提供给买家搜索的依据,要详细、准确,并采取一定的策略来提高排名。

(3)所供应的商品信息要图文并茂,并展示样品;对商品的描述要详细。

(4)买方如何采购

作为买方,采购商品同样有两种方法:一是在阿里巴巴网站上通过搜索或按行业浏览方式寻找卖方发布的销售信息,找到后直接与卖方进行联系;二是把要采购的信息和联系方法发布在阿里巴巴网站上,供卖家搜索,等待卖家的反馈信息。

(5)交易谈判和合同签订

这一阶段主要是买卖双方对所有交易细节进行谈判,并将双方谈判的结果以文件的形式确定下来。交易谈判可以在 B2B 网站上完成,也可以借助其他电子手段实现。在阿里巴巴网站上,双方主要通过该网站免费提供的阿里旺旺软件进行网上洽谈。

项目小结

本项目重点介绍了 B2B 电子商务模式的相关概念及具体操作流程。B2B(又称 B to B),是 Business To Business 的缩写。目前企业采用的 B2B 可以分为以下两种模式:一是面向制造业或面向商业的垂直 B2B(又可以称之为行业 B2B)。垂直 B2B 可以分为两个方向,即上游和下游。生产商或商业零售商可以与上游的供应商之间形成供货关系。二是面向中间交易市场的 B2B(又可以称之为区域性 B2B)。这种交易模式是水平的 B2B,它是将各个行业中相近的交易过程集中到一个场所,为企业的采购方和供应方提供了一个交易的机会。

知识百科

我国的首份电子合同

合同,在商务合作中是最为常见的。商务合同常见形式为书面合同,但是因为其要求买卖双方必须对合同进行手写签字或盖章,这对买卖双方不谋面的电子商务的发展就有了一定程度的制约。为了适应电子商务的发展进程,人们利用计算机加密技术,研发了电子合同。这种合同与纸质合同具有同等的法律效力,并可以完成在线签约。

2006 年 2 月 23 日,中国电子商务协会理事长宋玲在北京宣布,中国第一份电子合同已经签订,并进入了应用程序。

《电子签名法》于 2004 年 8 月 28 日在第十届全国人民代表大会常务委员会第十一次会议上通过,该法规定,电子签名具有与手写签字或者盖章同等的法律效力,同时承认电子文件与书面文书具有同等效力,从而使现行的民事法律同样适用于电子文件。这一法律的出台,使电子合同终于有机会修成正果。

电子合同具有同纸面合同相同的法律效力,是纸面合同的替代者。而且电子合同还有纸面合同无法匹敌的优势,那就是能够在电脑中原样归档、检索,提供有用的数据,方便企业查找信息。另外,电子合同还可以导入企业的 ERP 系统,企业在对账、结算、资金控制方面可以获得极大的便利。

项目3 B2C电子商务模式

项目描述

B2C(Business to Customer)电子商务是以 Internet 为主要手段，由商家或企业通过网站向消费者提供商品和服务的一种商务模式。目前，在 Internet 上遍布了各种类型的 B2C 网站，提供从鲜花、书籍到计算机、汽车等各种消费品和服务。由于各种因素的制约，目前以及未来比较长的一段时间内，这种模式的电子商务还只能占比较小的比重。但是，从长远来看，企业对消费者的电子商务将取得快速发展，并将最终在电子商务领域占据重要地位。

项目分析

有一段时间，B2C 电子商务成了零售业提升业绩的“尚方宝剑”。电子商务不是神，但它确实给企业带来了更多的销售机会，能以更低的成本，在更短的时间内，通过更简洁的流程完成交易。然而电子商务并不是万能的，对于零售业主，如何选择适应自己的 B2C 经营模式十分重要。本项目可分解为以下任务：

- B2C 电子商务交易概述；
- B2C 电子商务模式的分类；
- B2C 电子商务模式的交易过程。

项目目标

- 掌握 B2C 电子商务模式的概念；
- 了解我国 B2C 的发展现状；
- 掌握 B2C 网站的经营模式。

任务1 B2C电子商务交易概述

1. 什么是 B2C

B2C 是英文 Business to Customer(商家对客户)的缩写，而其中文简称为“商对客”。目前，各类企业在互联网上纷纷建立网上虚拟商城，从事网络零售业务。由于这种模式节省了客户和企业双方的时间，也拓展了空间，大大提高了交易效率，节省了不必要的开支，因此深受广大网民的欢迎。2014 年，中国网络购物市场中 B2C 交易规模达 12 882 亿元，占整体网络购物市场交易规模的 45.8%，较 2013 年的 40.4%增长了 5.4 个百分点。从增速来看，B2C 市场增长迅猛，2014 年中国网络购物 B2C 市场增长 68.7%，远高于 C2C 市场 35.2%的增速，B2C 市场将继续成为网络购物行业的主要推动力。中国 B2C 与 C2C 电子商务市场规模如图 4－9 所示。

2. B2C 系统的构成

一个具备在线交易功能的电子商务系统和普通的企业网站相比要复杂得多，它通常会包括前台系统和后台系统两部分。前台系统就是直接面向客户的网站，用于发布商品信息，接受顾客需求反馈，大部分会包含会员注册、商品展示、商品信息查询、购物车和支付方式等

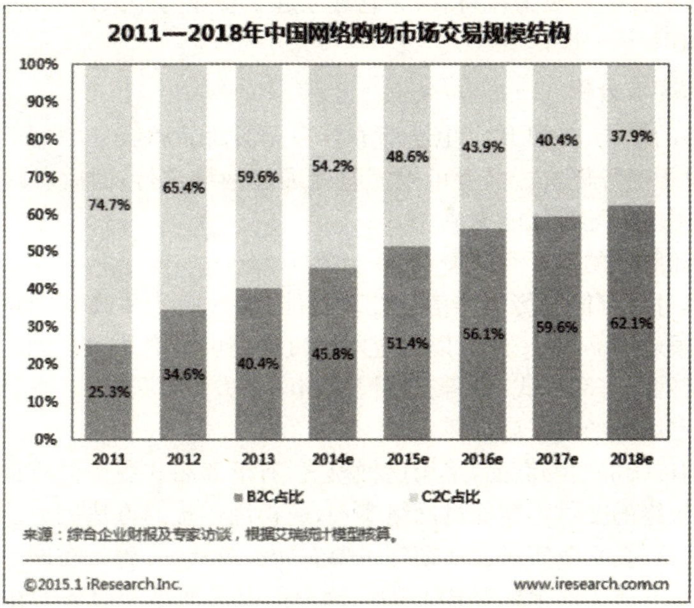

图 4－9　中国 B2C 与 C2C 电子商务市场规模

相关模块。后台系统的主要功能是受理客户订单，满足客户需求。大部分网站的后台系统会和企业已有的管理信息系统对接，以便快速进行订单处理、进销货单管理和更新财务数据，并可以和企业供应商进行电子数据交换，以便实现快速电子订货。电子商务系统的前后台是相互联系、互相支持的两个部分，它们共同构成电子商务系统的有机整体，企业在应用电子商务时，不仅要重视前台电子商务网站，更要重视后台系统的发展。

任务 2　B2C 电子商务模式的分类

我们可以从不同角度对 B2C 的商务模式进行分析和探讨。

1. 从企业和消费者买卖关系的角度分析

从企业和消费者买卖关系的角度分析，B2C 的商务模式主要分为“卖方企业—买方个人”的电子商务及“买方企业—卖方个人”的电子商务两种模式。

(1)“卖方企业—买方个人”模式

这是商家出售商品和服务给消费者个人的电子商务模式。在这种模式中，商家首先在网站上开设网上商店，公布商品的品种、规格、价格、性能等；或者提供服务种类、价格和方式，由消费者个人选购，下订单，在线或离线付款，商家负责送货上门。这种网上购物方式可以使消费者获得更多的商品信息，虽足不出户，却可货比千家，买到价格较低的商品，节省购物的时间。当然，这种电子商务模式的发展需要高效率和低成本的物流体系的配合。这种方式中，比较典型的代表就是全球知名的亚马逊网上书店(http://www.amazon.com)。

(2)“买方企业—卖方个人”模式

这是企业在网上向个人求购商品或服务的一种电子商务模式。这种模式的典型应用就是企业在网上招聘人才，如许多企业在深圳人才市场网(http://www.szhr.com.cn)招聘各类人才。在这种模式中，企业首先在网上发布需求信息，然后由个人上网洽谈。这种方式在当今人才流动量大的社会中极为流行，因为它建立起了企业与个人之间的联系平台，使得人力资源得以充分利用。

2. 根据交易的客体分析

根据交易客体的不同，可把B2C电子商务分为无形商品和服务的电子商务模式以及有形商品和服务的电子商务模式。前者可以完整地通过网络进行；而后者则不能完全在网上实现，要借助传统手段的配合才能完成。

（1）无形商品和服务的电子商务模式

计算机网络本身具有信息传输和信息处理功能，无形商品和服务（如电子信息、计算机软件、数字化视听娱乐产品等）一般可以通过网络直接提供给消费者。无形商品和服务的电子商务模式主要有网上订阅模式、广告支持模式和网上赠予模式。

（2）有形商品和服务的电子商务模式

有形商品是指传统的实物商品，采用这种模式，有形商品和服务的查询、订购、付款等活动在网上进行，但最终的交付不能通过网络实现，还得用传统的方法完成。这种电子商务模式也叫在线销售。目前，企业实现在线销售主要有两种方式：一种是在网上开设独立的虚拟商店；另一种是参与并成为网上购物中心的一部分。有形商品和服务的在线销售使企业扩大了销售渠道，增加了市场机会。与传统的店铺销售相比，即使企业的规模很小，网上销售也可将业务伸展到世界的各个角落。网上商店不需要像一般的实物商店那样保持很多的库存，如果是纯粹的虚拟商店，则可以直接向厂家或批发商订货，省去了商品存储的阶段，从而大大节省了库存成本。

任务3 B2C电子商务模式的交易过程

1. B2C模式交易流程图

B2C模式的交易过程一般分为前台消费者网上购物过程及后台网上商店或网上商场的订单处理过程。B2C网上购物的主要流程如图4-10所示。

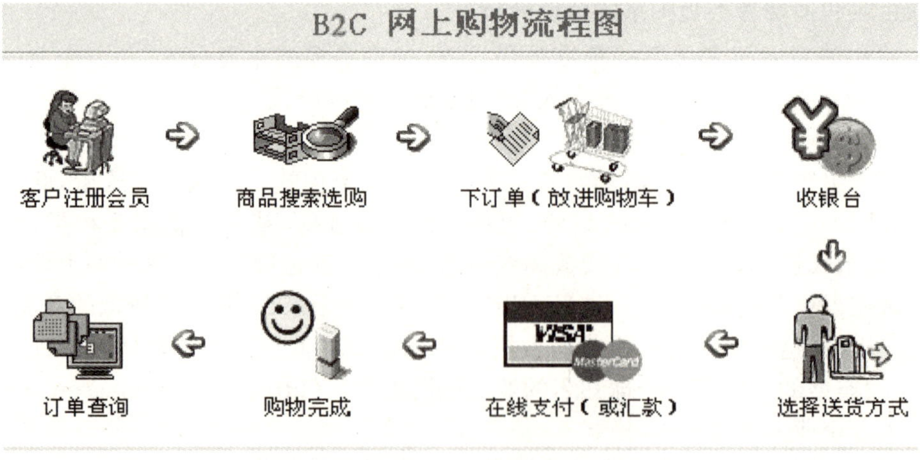

图4-10　B2C工作流程示意图

2. B2C 交易流程实例

下面以当当网上书店为例，说明 B2C 网上购物的具体操作步骤(见图 4-11)。

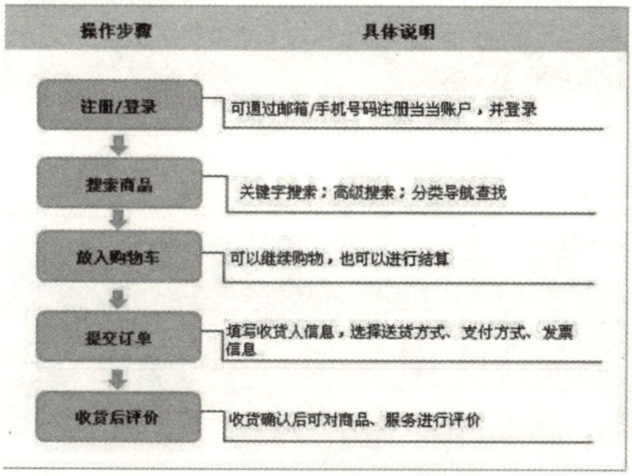

图 4-11　当当网购物流程示意图

(1)利用搜索引擎或直接输入网址(www.dangdang.com)进入当当网首页

(2)注册会员

如果是第一次购买，需要先注册成为当当网会员。会员注册有两种途径，一种是点击首页右上角的“免费注册”，填写如图 4-12 所示的表格，即完成注册过程；另一种是在进行订购过程的结账步骤时注册用户。

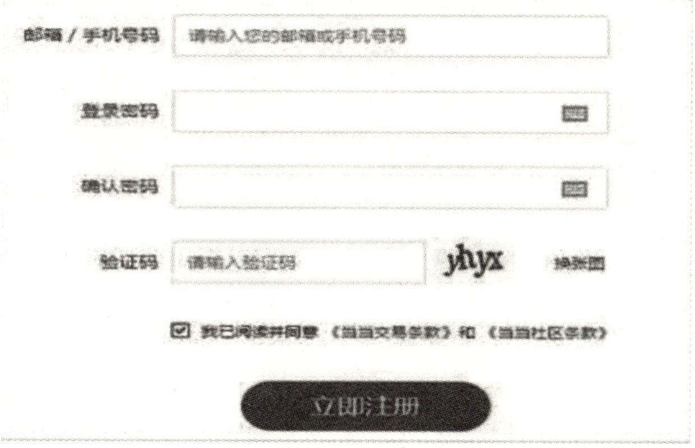

图 4-12　当当网注册表格

(3)商品选购

在如图 4-13 所示的当当网首页中，浏览或搜索所需商品，选中后点击“购买”按钮，放入如图 4-14 所示的购物车。

(4)下订单

商品选购完成后，点击购物车中的“结算”按钮，即进入下单页面。在提交订单之前，用户需认真填写三项内容，包括收货人信息、送货方式及付款信息。三项订单内容填制完成

图 4－13　当当网首页

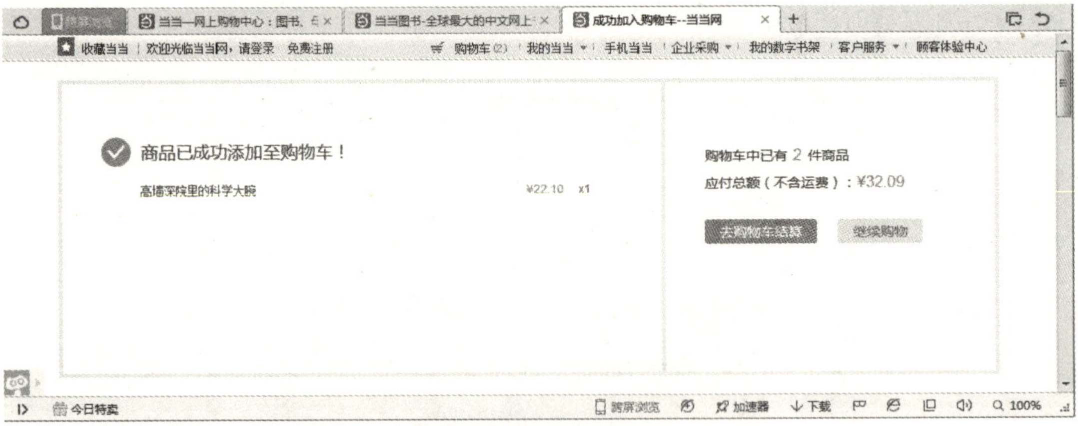

图 4－14　当当购物车

后，用户再次确认商品信息，无误后，点击提交订单。

(5)结算

订单提交后，用户根据所选择的支付方式支付货款。注意：邮局汇款、银行转账、货到付款为非在线支付，具体步骤在此省略。

项目小结

本项目重点介绍了 B2C 模式的概念、系统构成、分类方法及购物流程。

B2C(Business to Customer)电子商务是以 Internet 为主要手段，由商家或企业通过网站向消费者提供商品和服务的一种商务模式。

一个具备在线交易功能的电子商务系统通常包括前台系统和后台系统两部分。

从企业和消费者买卖关系的角度分析，B2C 的商务模式主要分为“卖方企业—买方个人”的电子商务及“买方企业—卖方个人”的电子商务两种模式。根据交易客体的不同，可把 B2C 电子商务分为无形商品和服务的电子商务模式以及有形商品和服务的电子商务模式。

知识百科

汽车 B2C 商城网站盈利模式

汽车已成为家庭的日常用品，汽车的配套设施也成为销售的热点，汽车 B2C 电子商城为行业营销的新平台，其盈利的模式是怎样的？创新的盈利模式才能在行业竞争中生存。

(1)资讯产品一体模式

网站的建设不仅仅要考虑到盈利的方向，前期更多的是要对用户体验的提高，即使是产品销售网站，也不能单纯地只销售产品，相关的行业资讯介绍可以让用户在网站停留更多的时间。同时，详细的产品介绍让用户对产品进行更多的了解，以利产生相应的订单销量。

对于这样的营销模式，网站必须能提供行业的第一手资讯，进行企业产品推广、品牌宣传、拓展市场、在线交易等。既然是 B2C 商城站点，所有的产品都要以企业为单位做展示，搜索产品时要先出现企业品牌，然后才是销售的产品，这样的过渡可以让企业建立相应的品牌营销。这种一举两得的盈利模式是新颖的，站长可运营到自己的站点中，给盈利提供更多的方向。

(2)O2O 线上线下结合模式

O2O 线上线下结合模式是新颖的电商运营模式，把线下商务的机会与互联网结合在一起。它通过建设网上商城，开展各种促销和预付款的活动，线上销售、线下服务，最终达到产品销售的目的。例如，置车网平台率先提出了汽车电子商务化理念，全面整合了生产厂家和区域经销商优势资源，结合 O2O 模式，给汽车商城网站提供新颖的盈利模式。O2O 模式可以对商家的营销效果进行直观的统计和追踪评估，规避了传统营销模式推广效果的不可预测性，进而吸引更多的商家进来，为消费者提供更多优质的产品和服务。O2O 不仅可以提供更稳定的盈利模式，也将拓宽电子商务的发展方向，由规模化走向多元化。

(3)线上批发零售产品模式

传统的企业营销有批发零售业务，电商平台同样也可以建立相应的批发零售模式。对于汽车行业来说，产品可以覆盖全国范围，主要为车主提供汽车咨询、在线销售和产品售后等服务。站长应该要让商城具备网络购物的坚实基础，让车主花最少的钱，得到性价比最高的服务，旨在打造销售、批发为一体的专业汽车用品商城。有了专业的提供线上产品的销售流量，网站的盈利才有保证。不要发生网上订单产生后，线下不能及时给予产品发货的现象，这样会导致商城信誉度低下，造成用户体验度不高，盈利点自然也就下降。

(4)广告盈利模式

广告盈利模式是网络营销盈利的最老方法，当然也是最有效果的方法。汽车商城给经销商提供一定的广告版面，发展经销商为其加盟的会员，收取一定数量的会员费，为会员提供发布报价服务。同时，整合经销商及其他方面的服务，以吸引车主，努力将车主发展为会员，按年收取车主会员费。这种盈利模式需要网站自身极具特色，或者有强大的流量支撑，不然想获取相应的盈利还是比较困难的。

项目 4　C2C 及其他电子商务模式

项目描述

C2C 模式，即消费者与消费者之间的电子商务活动，这一模式的典型应用是网上拍卖、网上二手货交易等。在电子商务活动中，网上拍卖以独特的运作方式，占据了相当的市场份额，在美国，有 35%的网上购物者通过网上拍卖购物。另外，电子商务的交易模式除了 B2B、B2C、C2C 三种主要模式之外，还有 B2G、C2G、G2G 等多种电子商务模式。

项目分析

C2C 市场不断下滑，遭遇“瓶颈”。我国 C2C 电子商务市场上竞争对手不多，按业务开展的时间早晚排序，分别是易趣、淘宝、拍拍。易趣是中国 C2C 业务的开创者，它模仿 eBay 模式，曾经辉煌过，市场份额达到 90%，并于 2002 年以高价卖给了 eBay。2003 年淘宝的诞生成为 C2C 市场的重大转折点，在与易趣的较量中，淘宝以绝对的优势胜出，稳坐行业老大的位置。此后，2006 年腾讯拍拍网的推出，给 C2C 市场上带来了不小的冲击，但是好景不长，拍拍网并没有因腾讯海量的用户资源而持续增长，市场份额自 2007 年起开始逐渐萎缩。截至 2013 年底，淘宝占据 C2C 市场 96.5%的份额，拍拍网占 3.4%，易趣网占 0.1%。本项目可分解为以下任务：

- C2C 电子商务模式概述；
- C2C 网站的经营模式；
- 其他模式的电子商务。

项目目标

- 掌握 C2C 电子商务模式的范畴；
- 了解 C2C 网站的经营模式；
- 了解其他模式的电子商务。

任务 1　C2C 电子商务模式概述

1. 依赖于电子交易平台的 C2C 电子商务模式

C2C 是消费者对消费者的交易模式，其特点类似于现实商务世界中的跳蚤市场。其构成要素，除了包括买卖双方外，还包括电子交易平台供应商，也即类似于现实中的跳蚤市场场地提供者和管理员。在 C2C 模式中，电子交易平台供应商扮演着举足轻重的作用。

首先，网络的范围如此广阔，如果没有一个知名的、受买卖双方信任的供应商提供平台，将买卖双方聚集在一起，那么双方单靠在网络上漫无目的地搜索，是很难发现彼此的，并且也会失去很多的机会。其次，电子交易平台提供商往往还扮演监督和管理的职责，负责对买卖双方的诚信进行监督和管理，负责对交易行为进行监控，最大限度地避免欺诈等行为的发生，保障买卖双方的权益。第三，电子交易平台提供商还能够为买卖双方提供技术支持服务。

人们在讨论 C2C 电子商务模式的时候，总会从商品拍卖的角度分析该模式存在的合理性和发展潜力，往往忽略了电子交易平台供应商的地位和作用。如果单纯从 C2C 模式本身来说，买卖双方只要能够进行交易，就有盈利的可能，该模式也就能够继续存在和发展；但是，这个前提是必须保证电子交易平台供应商实现盈利，否则这个模式就会失去存在发展的基础。因此，我们分析 C2C 模式，应当更加关注电子交易平台供应商的盈利模式和能力，这才是 C2C 模式的重点，也是 C2C 模式区别于其他模式的重要特点。

2. C2C 电子商务模式发展的潜力

从理论上来说，C2C 模式是最能够体现互联网的精神和优势的，数量巨大、地域不同、时间不一的买方和同样规模的卖方，通过一个平台找到合适的对家进行交易，在传统领域要实现这样大的工程几乎是不可想象的。同传统的二手市场相比，它不再受到时间和空间限制，节约了大量的市场沟通成本，其价值是显而易见的。

从实际操作来说，C2C 具有两方面可操作性。首先，C2C 能够为用户带来真正的实惠。C2C 电子商务不同于传统的消费交易方式。过去，卖方往往具有决定商品价格的绝对权力，而消费者的议价空间非常有限；拍卖网站的出现，则使得消费者也有决定产品价格的权力，并且可以通过消费者相互之间的竞价结果，让价格更有弹性。因此，通过这种网上竞拍，消费者在掌握了议价的主动权后，其获得的实惠自然不用说。其次，C2C 能够吸引用户。打折永远是吸引消费者的制胜良方。由于拍卖网站上经常有商品打折，对于注重实惠的中国消费者来说，这种网站无疑能引起消费者的关注。对于有明确目标的消费者，他们会受利益的驱动而频繁光顾 C2C；而那些没有明确目标的消费者，他们会为了享受购物过程中的乐趣而流连于 C2C。如今 C2C 网站上已经存在不少这样的用户：他们并没有什么明确的消费目标，他们花大量时间在 C2C 网站上游荡，只是为了看看有什么新奇的商品，或者有什么商品特别便宜。对于他们而言，这是一种很特别的休闲方式。因此，从吸引注意力的能力来说，C2C 是一种能吸引"眼球"的商务模式。

任务 2　C2C 网站的经营模式

C2C 网站的主要经营模式是网上拍卖，目前国内外拍卖网站采用的交易方式主要有个人竞价、集体议价、标价求购等 3 种。

个人竞价指的是各个竞买方各自对不同的拍卖物品独立出价，这是网上拍卖常见的一种交易方式，根据出价方式的不同，又被分为以下两种。

1. 英式拍卖

英式拍卖也称为增价拍卖，是传统拍卖中最常见的方式。这种拍卖方式被网络拍卖所采用，并成为网络拍卖中最基本、最常用的在线交易方式。它的规则是：后一位出价人的出价要比前一位高，竞价截止时间结束时的最高出价者可以获得竞价商品的排他购买权。买方可以通过浏览历史价格决定自己对物品的最高报价，然后提交给系统；系统会自动更新，显示所有买家的历史报价和最高报价。

2. 荷兰式拍卖

荷兰式拍卖是一种公开的减价拍卖。网络荷兰式拍卖，一般是针对一个卖家有大量相同的物品要出售的情况产生的，它采用的是逆向竞价形式。网络荷兰式拍卖和传统的荷兰式拍卖有些不同，不存在价格下降的情况，一般是竞价截止时间结束时，出价最高者获得他所需要的商品数量；如果物品还有剩余，就由出价第二高的人购买。

集体议价是一种不同于传统拍卖的网络议价类型，提供集体议价的网站会将物品的基础价格公布，由众多买家构成一个庞大的购物集团，买家人数越多，价格越低。集体议价实质上更像是网站替一批不认识的人去批量购买他们想要的商品。

标价求购又被称为一口价交易，指在交易前，卖方预先确定一个固定的价格，让买方没有讨价还价的余地。交易完成后，买方根据卖方预先设定好的价格进行付款。

任务3　其他模式的电子商务

前面所探讨的是电子商务交易中最基本的三种交易模式，随着电子商务的不断发展，其交易模式也在不断发生变化，在三种基本交易模式的基础上，又产生很多新的交易模式，下面主要介绍B2G、C2G、G2G三种电子商务模式，这三种模式都涉及了政府，因而这三种模式都属于电子政务的应用。

1. B2G 模式

B2G模式也称为B2A模式，是指企业和政府机构之间的电子商务活动。企业与政府之间的电子商务涵盖了政府与企业间的各项事务，包括政府采购、税收、商检、管理条例发布，以及法规政策颁布等。政府一方面作为消费者，可以通过Internet网发布自己的采购清单，公开、透明、高效、廉洁地完成所需物品的采购；另一方面，政府对企业宏观调控、指导规范、监督管理的职能通过网络以电子商务方式更能充分、及时地发挥。借助于网络及其他信息技术，政府职能部门能更及时全面地获取所需信息，做出正确决策，做到快速反应，能迅速、直接地将政策法规及调控信息传达给企业，起到管理与服务的作用。在电子商务中，政府还有一个重要作用，就是对电子商务的推动、管理和规范作用。

2. C2G 模式

C2G模式的电子商务是指消费者对政府机构的电子商务，这类电子商务活动目前在我国还没有真正成型，但应用前景广阔。随着我国社会保障体制的逐步完善和个人税收制度的改革，政府机构和个人之间的经济往来会增加，如居民登记、统计和户籍管理，征收个人所得税和其他契税，发放养老保险金和其他社会福利等。为了提高政府机构的办事效率，增加国民福利，使国家相关政策更加透明，必然要将这些经济事务电子化、网络化处理。

3. G2G 模式

G2G模式的电子商务是政府间的电子政务，指在现代计算机、网络通信等技术支撑下，政府机构日常办公、信息收集与发布、公共管理等事务在数字化、网络化的环境下进行的国家行政管理形式。它包含多方面的内容，如政府办公自动化、政府部门间的信息共建共享、政府实时信息发布、各级政府间的远程视频会议、市民网上查询政府信息、电子化民意调查和社会经济统计等。在政府内部，各级领导可以在网上及时了解、指导和监督各部门的工作，并向各部门做出各项指示。这将带来办公模式与行政观念上的一次革命。在政府内部，各部门之间可以通过网络实现信息资源的共建共享联系，既提高办事效率、质量和标准，又节省政府开支，起到反腐倡廉的作用。

项目小结

本项目重点介绍了 C2C 模式电子商务的特点及发展现状，同时介绍了除 B2B、B2C、C2C 三种模式之外的其他电子商务模式。

C2C 是电子商务的专业用语，是个人与个人之间的电子商务。因为英文中“2”的发音同 to，所以 C to C 简写为 C2C。C 指的是消费者。在 C2C 模式中，电子交易平台供应商扮演着举足轻重的作用。

C2C 网站的主要经营模式是网上拍卖，目前国内外拍卖网站采用的交易方式主要有个人竞价、集体议价和标价求购等几种。

在政府参与的情况下，电子商务模式又延伸出 B2G、C2G、G2G 三种模式，其中字母 G 指的是政府。

知识百科

个人在淘宝网上开店的流程

进入淘宝卖家帮助页面：http://www.taobao.com/help/sell_step1_01.html，如图 4－15 所示。

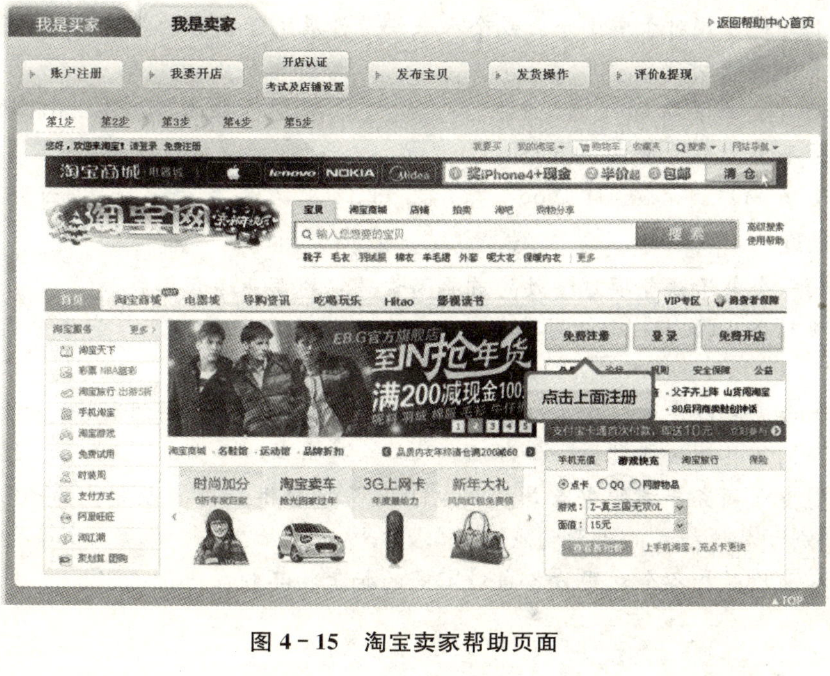

图 4－15　淘宝卖家帮助页面

1. 账户注册
2. 我要开店:注册支付宝→支付宝实名认证→上传身份信息
3. 开店考试:考试→填写店铺信息
4. 发布商品
5. 发货操作
6. 评价及提现

单元小结

本单元共完成了4个项目的学习,学完后应该有以下收获:

- 掌握各种模式电子商务交易的具体流程;
- 能够区分经营方式不同的各类电子商务站点属于哪种模式;
- 了解我国目前电子商务的经营现状及存在的问题。

习　　题

一、单选题

(1)在电子商务分类中,B2B是指(　　)。

A. 消费者一消费者电子商务　　B. 企业一企业电子商务
C. 企业一消费者电子商务　　D. 企业内部电子商务

(2)消费者与消费者之间的电子商务,即(　　)电子商务。

A. B2C　　B. B2B　　C. G2G　　D. C2C

(3)下列属于比较典型的B2C网站的是(　　)。

A. 当当网　　B. eBay　　C. 慧聪网　　D. 一拍网

(4)以下哪种方式对于中小企业或个人来讲是开展电子商务的最佳选择?(　　)

A. 使用第三方平台　　B. 单纯E-mail营销
C. 自建企业网站　　D. 购进专业的My Alibaba软件

(5)以下不属于B2C网站的是(　　)。

A. 京东商城　　B. 1688　　C. 亚马逊　　D. 当当书店

二、判断题

(1)影响一个电子商务项目绩效的首要因素是它的商业运营模式。(　　)

(2)企业对企业(B2B)、企业对消费者(B2C)和企业对政府(B2G)是电子商务三种主要的交易模式。(　　)

(3)电子合同可以在电脑中原样归档和检索,并能够提供有用的数据,方便企业查找信息,但电子合同不具备法律效力。(　　)

(4)C2C电子商务模式的重点是关注电子交易平台供应商的盈利能力,这是C2C电子商务模式区别于其他模式的重要特点。(　　)

(5)个人竞价是指各个竞买方各自对不同的拍卖物品独立出价。(　　)

第5单元

网络营销

网络营销是电子商务的核心内容，企业在实现电子商务应用时所做的很多工作，譬如网站建设、电子支付系统建设等，其目的都是服务于网络营销，使其最终为企业带来更高的效益。在电子商务环境下，时间、空间概念及市场性质、消费者行为都发生了巨大的改变，适应这种变化、调整企业的营销策略，是当今企业面临的重大挑战。本单元按以下3个项目进行：

项目1　传统营销与网络营销；

项目2　网络营销战略与规化；

项目3　网络广告。

案例导入:百度的广告运营模式

百度的主页如图 5-1 所示,为很多中国网民所熟悉。作为全球最大的中文搜索引擎,百度在中国的搜索份额超过 70%,很多人习惯将百度主页设置为自己的浏览器主页。“万事不决问度娘”,成为一句网络流行语。

图 5-1　百度网站主页

1999 年底,身在美国硅谷的李彦宏看到了中国互联网及中文搜索引擎服务的巨大发展潜力,抱着技术改变世界的梦想,毅然辞掉硅谷的高薪工作,携搜索引擎专利技术,与徐勇一同回国,于 2000 年 1 月 1 日在中关村创建了百度公司。从最初的不足 10 人发展至今,员工超过 17 000 人。

百度 10 年来的飞速发展,与它独特的经营、营销模式是分不开的。百度作为一个企业,需要面对两种极为重要的客户:一种是普通的百度用户,即使用百度进行信息检索的一般网民;另一种是与百度有直接经济交易的商业顾客。对于前者,百度向他们提供信息检索服务,赚取的并非直接的经济收入,而是点击率;对于后者,百度向他们提供技术支持或广告宣传,并取得实质的经济收入,这是百度得以持续扩大经营的资金来源。

百度目前最主要的收入来源是它所提供的搜索推广服务。所谓搜索推广,主要是指关键词广告,它是按照质量度和出价的高低,对购买了同一检索关键词的网站进行排名,当用户提供相应关键词进行检索时,质量度和出价较高的网站就会出现在检索结果页面较前位置的一种推广方式,如图 5-2 所示。搜索推广的广告是按照点击率收费,企业可灵活控制网络推广投入,获得较大回报。这种推广方式主要出现在搜索页面的上下和右边,以文字与链接的方式存在。

另外,百度还设置了品牌专区的推广方式,如图 5-3 所示。百度品牌专区,位于搜索结果首页最上方,是为品牌量身定制的专属咨询发布平台,是为提升网民品牌搜索体验而整合

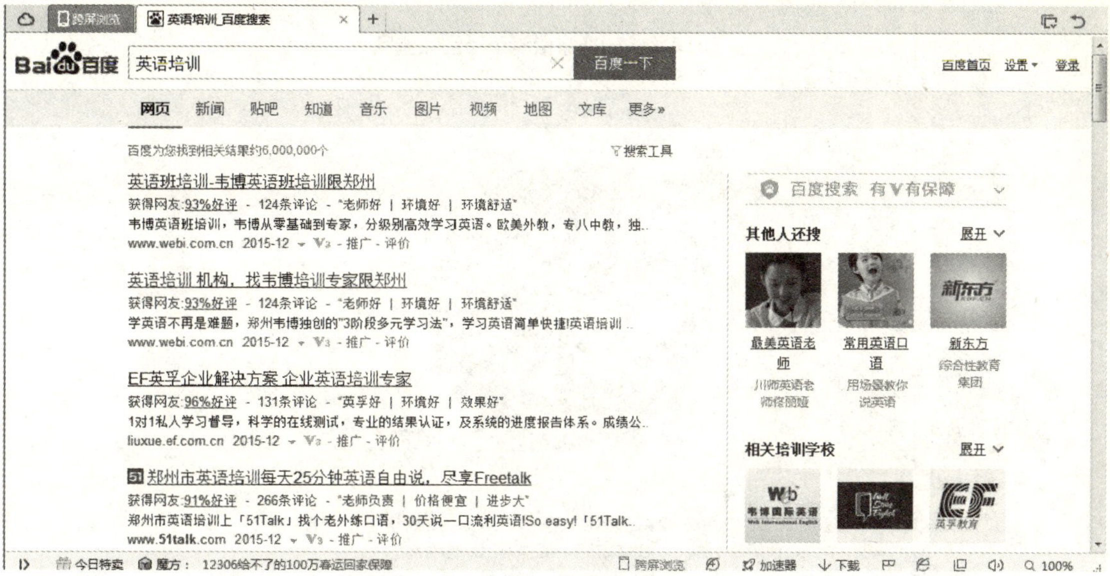

图 5-2　百度的关键词广告服务

文字、图片、视频等多种展现结果的创新搜索模式，它打通了线上线下传播通路，极大地提升了品牌推广效能。

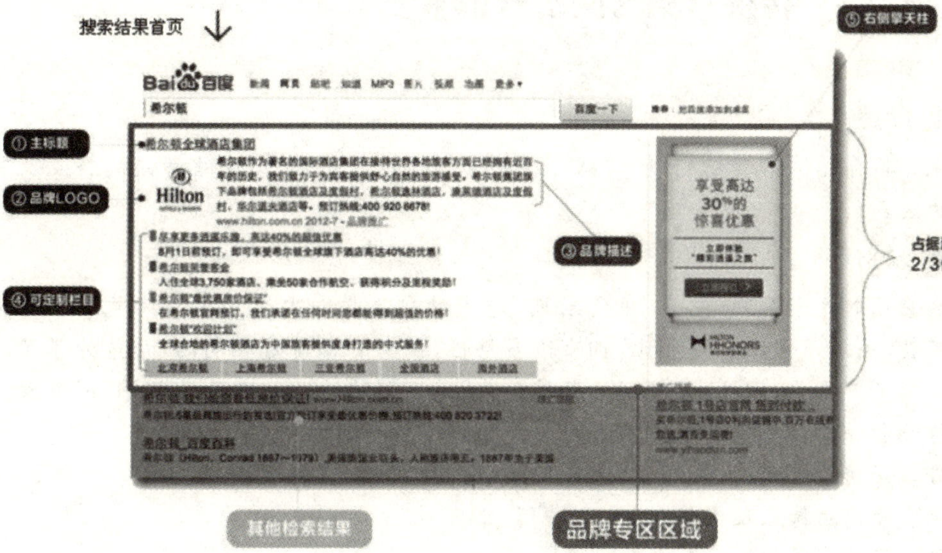

图 5-3　百度品牌专区广告

在如图 5-4 所示的这份由艾瑞咨询网所做的 2014 年中国网络广告市场核心媒体市场份额中，百度以 81.8%的市场占有率高居中国主流网站之首，证明了其在网络推广市场中的绝对实力。

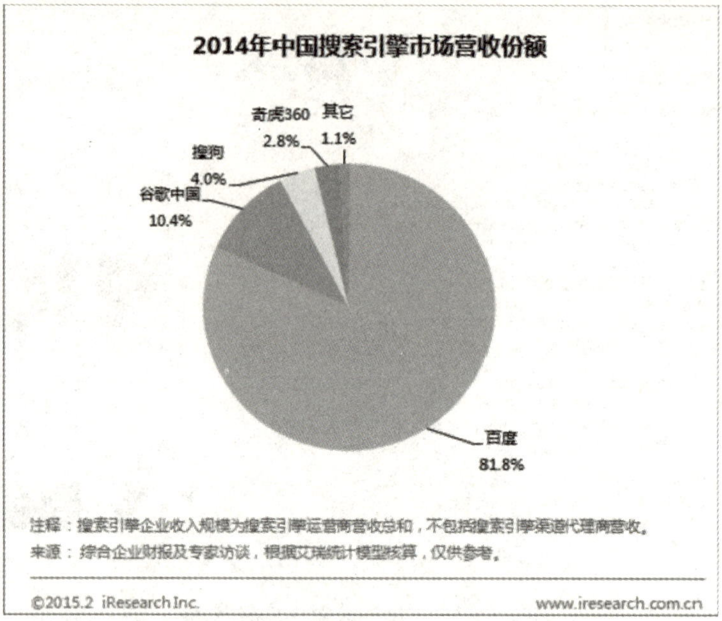

图 5-4 百度在中国网络广告市场的占有率

项目 1 传统营销与网络营销

项目描述

本项目将介绍网络营销的概念，从传统的营销理论入手，介绍网络营销的特点及其与传统营销的区别。

项目分析

网络营销起源于 20 世纪 90 年代末期，是一种在互联网飞速发展的环境中孕育出的新型营销模式，虽然与传统营销相比，拥有很多特性，但两者本质是相同的，都是为了了解顾客的需要并满足其需要，因此，了解网络营销，必须以理解传统营销理论为基础，网络营销不可能脱离传统营销而独立存在。本项目可分解为以下任务：

- 网络营销的概念；
- 网络营销的特点及优势；
- 网络营销的现状及发展趋势。

项目目标

- 掌握网络营销与传统营销的异同；
- 理解网络营销的基本概念；
- 了解网络营销的发展状况。

任务 1　网络营销的概念

1. 什么是营销

自从人类社会有商品交换以来，就存在营销活动。所谓营销，营销专家菲利普·科特勒认为："就是个人和集体通过创造并同别人交换产品和价值，以获得其所需之物的一种社会过程。"事实上，营销是为个人和组织的交易活动而规划和实施创意、产品、服务观念、定价、促销和分销的过程，通俗地说，就是企业和顾客之间的交流。企业通过交流影响顾客，让顾客产生购买企业的产品和服务的欲望，促进企业的销售。为了达到这一目的，企业必须不断地改进产品、服务和企业形象，提高产品价值，不断降低生产与销售成本，节约消费者购买商品与服务的时间、精力与费用，因此，营销过程是一个涉及企业科研开发、生产销售和人财物管理的系统工程。

2. 网络营销的定义

网络营销是指通过互联网，利用电子信息手段，进行经营销售活动。网络营销是企业整体战略的组成部分，是为了实现企业总体经营目标，营造网上经营环境，实施各种营销策略，以实现最大限度地满足顾客需求，达到开拓市场、增加盈利能力，实现企业市场目标的过程。

网络营销的定义包含以下几方面的含义。

(1)网络营销必须有现代信息技术作支撑

网络广告的传播冲破了时间和空间的限制，通过互联网广告信息，全天候 24 小时不间断地传播到世界各地，但这并不是网络广告真正的魅力所在，未来各种先进技术手段的不断应用，将会给网络广告带来更宽广的发展空间。

(2)网络营销必须是一个完整的业务流程

很多中小型企业错误地认为，网络营销就是在互联网上构架一个网站，而网站建成后缺乏后续的维护和整体的规划，这种做法是错误的。网络营销应该能够实现从搜索到讨价还价，到签订合同、付款、提货、售后服务等，都通过网络完成。网络营销这一完整的过程，大大节约了交易成本，提高了交易效率，每一个环节都是电子商务营销必不可少的要件。

(3)网络营销可以实现高效的互动

因为互联网技术具有高效传递信息的特点，应用互联网技术的网络营销在信息传递方面与传统营销最大的区别就是其信息的双向传递。即生产商在向消费者提供产品和服务的同时，消费者也能通过网络反映产品和服务的质量，提出自己对产品的意见，甚至参与产品的设计和生产活动。

(4)网络营销降低沟通成本，增加产品价值

在电子商务飞速发展的今天，有些企业认为网络营销是一种潮流，容易出现为了网络营销而网络营销的现象，企业投入大量的资金在网站构架、网络广告和网络推广上，但是收效甚微，反而增加了销售成本。真正的网络营销应该能够做到节约企业开支，提高企业效益，特别在服务领域，还应使服务产品增值。如让顾客与企业的服务代表保持联系，不仅提高了信息反馈能力，而且可以让顾客跟踪订单的执行情况，这样做，延伸了服务内容，提高了服务的含金量。

贴心提示

一般把1996年界定为中国网络营销的起始点，原因是在1996年5月，有媒体报道：山东临县淋洗村的村支书将自己村子里产的大蒜挂在互联网上销售。这是中国第一次有媒体记载的网络营销。

任务2 网络营销的特点及优势

1. 网络营销的特点

谈到网络营销的特点，要先从传统的营销组合理论入手。营销组合实际上有几十个要素，杰罗姆·麦卡锡于1960年在《基础营销》一书中，将这些要素概括为4类，即4PS，分别是产品(Product)、价格(Price)、分销(Place)、促销(Promotion)。随着营销理论和实践的不断发展，4PS营销组合又演化为6PS、10PS、11PS。1986年，菲利普·科勒提出了大营销的6PS组合理论，即在原来4PS的基础上增加了政治权利(Policy Power)和公共关系(Public Relation)两类。除了上面提到的6PS之外，他还提出了战略4PS的概念，即调研、划分、优先、定位。

市场营销策略组合作为现代市场营销理论中的一个重要概念，在其发展过程中，虽然要素的数量有增加的趋势，但传统的4PS理论仍然是基础。网络营销作为营销的一种，继承了传统营销的各种组合方式，同时也具备了自己的特色。网络营销的4PS和传统营销相比，有以下特点。

(1)网络营销中的产品策略

网络营销中的产品(Product)策略是将真实生活中的产品和虚拟产品策略相结合。虽然从理论上说，任何形态的产品都适合网络营销，但实际情况并非如此。在选择进行网络营销的产品时，要考虑到网络超越时空和地域束缚的特点。对于实物产品，在交易过程中，只有信息流、资金流能通过虚拟网络实现，而物流则必须通过现实物流配送体系来实现。对于虚拟产品，如图5-5所示的游戏币、点卡等，则都可以通过电子信息的方式传输，所以虚拟产品十分适合网络销售。产品策略要尽量迎合互联网用户的特点，如较年轻，收入水平和教育水平较高，喜欢新事物，钟情于高新技术产品等。

图5-5 淘宝上热销的虚拟产品

(2)网络营销中的价格策略

传统营销中的价格(Price)策略是依据产品成本、需求状况和竞争状况来确定的。网络营销由于减少了中间环节，所以在价格策略方面具有自己的特点和优势，如表 5－1 所示。

表 5－1　网络营销中的价格策略

网络营销价格策略	内　　容
消费者定价策略	消费者定价是网络营销中价格策略的一个特点。因为网络营销具有互动性，卖方提供产品，卖方在线给出自己心目中的价格，买方比较所有出价信息后达到一种均衡，最终实现交易
低价格策略	低价格策略的基础是减少大量的中间营销环节和人力、物力，产品由企业直接送达消费者。该策略可以分为直接低价策略和高折扣策略
迎合定价策略	通过网络技术收集客户的购买习惯、偏好、消费能力等方面的详细数据，为目标客户定制服务。如在客户浏览某产品时，为客户推荐该类中能够迎合客户需求的产品，并为客户报价
会员制定价策略	根据会员的消费记录、信誉、偏好和购买数量等，给予相应的折扣，培养品牌忠诚度
定制产品定价策略	多体现在虚拟产品上。企业为其提供的信息产品的不同部分或是组件定制不同的价格，消费者按照自己的需求购买信息产品的不同部分或组件，并以不同的价格支付
网络竞价策略	网上拍卖，分竞价拍卖和集体议价(团购)

(3)网络营销中的分销策略

分销渠道是指产品由生产领域向消费领域转移过程中所经过的所有环节和中介机构。合理的分销渠道，一方面可以最有效地把产品及时提供给消费者，满足用户的需要；另一方面也有利于扩大销售，加速物资和资金的流转速度，降低营销费用。网络虚拟市场作为一种新型的市场形式，同样存在一个分销渠道的选择问题。对于从事网络营销的企业来说，熟悉网络分销渠道的结构，分析、研究不同网络分销渠道的特点，合理地选择网络分销渠道，不仅有利于企业的产品顺利完成从生产领域到消费领域的转移，促进产品销售，而且有利于企业获得整体网络营销上的成功。

相对于传统的营销渠道，网络营销渠道也可分为直接分销渠道和间接分销渠道，但其结构要简单得多。

①直接渠道。

在网络营销的直接渠道中，生产商直接和消费者进行交易，不存在任何中间环节。这里的消费者可以是指个人消费者，也可以是指进行生产性消费或者集团性消费的企业和商家。

生产厂家通过网络直接分销渠道销售产品，没有任何形式的网络中介商介入其中的销售方式，称为网络直销。网络直销有许多优点，如：企业可以直接从市场上收集到真实的第一手资料，合理地安排生产；企业能够以较低的价格销售自己的产品，消费者也能够买到大大低于实体市场价格的产品；营销人员可以利用网络工具，如电子邮件、公告牌等，随时根据用户的愿望和需要开展各种形式的促销活动，迅速扩大产品的市场占有率；企业能够通过网络及时了解到用户对产品的意见和建议，并针对这些意见和建议提供技术服务，解决疑难问题，提高产品质量，改善经营管理。

网络直销也存在其自身的缺点，具体是：过多过滥的企业网站，使用户处于无所适从的尴尬境地。面对大量分散的企业域名，网络访问者很难有耐心一个个去访问企业主页，特别是对于一些不知名的中小企业，大部分网络漫游者不愿意在此浪费时间。据了解，在我国目前建立的数千个企业网站中，除个别行业和部分特殊企业外，大部分网站访问者寥寥，营销收效不大。

②有中介商介入的间接渠道。

为了克服网络直销的缺点，网络中介机构应运而生。这类机构的基本功能是连接网络上推销商品或服务的卖方和在网络上寻找商品或服务的买方，成为连接买卖双方的枢纽，使得网络间接销售具有可能性。

根据中介商的不同，网络营销的间接渠道分为两种：一种是以商品或服务经销商为中介的网络营销间接渠道，中介商起着将产品由生产领域向消费领域转移的作用；另一种是以网络信息中介商为中介的网络营销间接渠道，中介商本身不经营任何商品和服务，仅仅凭借其掌握的大量相关信息来沟通买方和卖方之间的交易，最终交易的完成和商品的实体流转则是供应方和需求方之间的事。

网络中介机构的存在简化了市场交易过程。利用网络中介商的目的就在于他们能够更加有效地推动商品广泛地进入目标市场。从整个社会的角度来看，网络中介机构凭借自己的各种关系、经验、专业知识、活动规模以及掌握的大量信息，在把商品由生产者推向消费者方面，将比生产企业自己推销更简化，也更加经济。

③直接渠道与间接渠道相结合。

企业在进行网络分销决策时，既可以使用网络直接分销渠道，也可以使用网络间接分销渠道，还可以同时使用网络直接分销渠道和网络间接分销渠道。

企业在 Internet 上建立网站，一方面为自己打开了一个对外开放的窗口，另一方面也建立了自己的网络直销渠道。只要企业能够坚持不懈地对网站进行必要的投入，把网站建设并维护好，随着时间的推移，企业的老客户会逐渐认识并利用它，新客户也会不断加盟。而且，一旦企业的网页与信息服务商链接，其宣传作用便不可估量，这种优势是任何传统的广告宣传都不能比拟的。

对于中小企业来讲，网上建站更具有优势。因为，一方面，在网络上所有企业都是平等的，只要网页制作精美，信息经常更换，一定会有越来越多的顾客光顾。另一方面，自己建立网站推销商品的过程非常简单。最简单的网上销售形式是在企业网络的产品页面上附有订单，浏览者如对产品满意，即可直接在页面上下订单，然后付款、交货，完成整个销售过程。

企业在自己建立网站推销商品和服务的同时，也可以积极利用网络间接渠道销售自己的产品和服务。通过网络中介商的信息服务、广告服务和撮合服务优势，扩大企业的影响，开拓企业产品的销售领域，降低销售成本。因此，对于从事网络营销活动的企业来说，必须熟悉和研究国内外电子商务交易中介商的类型、业务性质、功能、特点及其他有关情况，以便能够正确地选择中介商，顺利地完成商品从生产到消费的整个转移过程。

(4)网络营销中的促销策略

网络营销的促销(Promotion)策略主要包括网络广告、价格折扣、有奖销售等，此外还包括利用网络营销提高企业网站访问量、培养客户忠诚度、将网络文化与产品广告相融合、借助网络文化的特点来吸引消费者等。

2. 网络营销的优势

(1)实现互动营销

网络是一个互动信息传输通道,突破了传统营销方式的单向性。企业能够将单方面主动传播和实施变为在网络上与顾客互动的沟通和交流,使销售更加有效。商场在网络上发布产品信息,发布网络广告宣传,顾客在任何一台能够上网的电脑上均可咨询,实现互动沟通,在线完成销售交易。如图 5-6 所示,以经营女士背包为主要业务的麦包包网站在主页上设置了留言板,可以随时得到顾客的意见反馈,掌握客户动态。

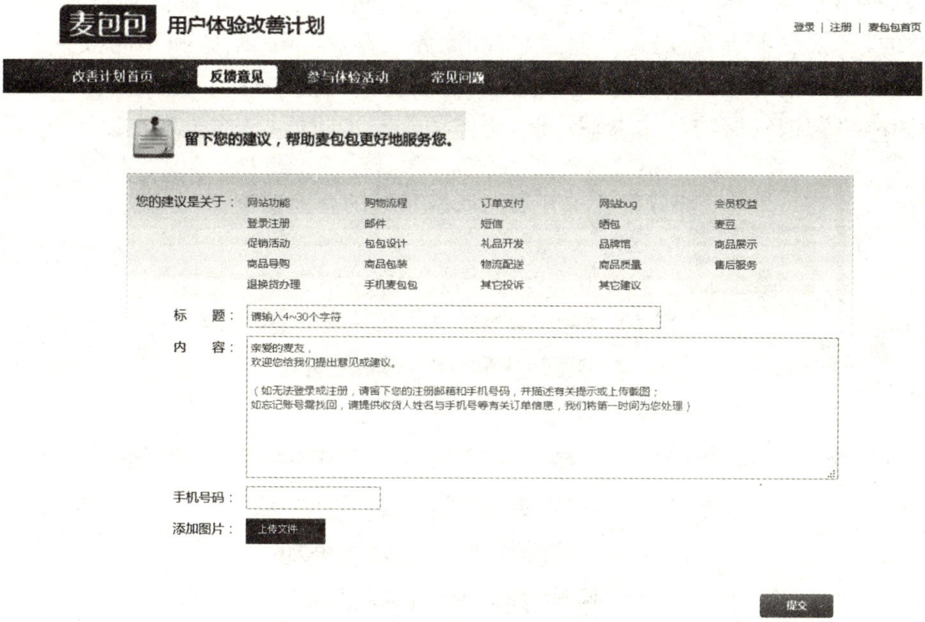

图 5-6　麦包包的留言板

(2)提高营销效率,节约营销成本

传统的营销需要企业消耗大量的人、财、物力去构筑销售网点。网络营销在这方面就显示出它的优越性。在 Internet 上,用户与企业是一对一的关系,所以网络营销采取的是面对面的销售,同时由于减少了营销中的环节,节约了时间,使得销售过程中的时间成本也大幅度降低,这样就使企业有效降低了销售成本,使产品具有强大的价格优势。Internet 上的用户可以很方便地与企业进行沟通,企业可以免除邮寄样品和产品新闻发布会,节省通信成本和人工成本。

(3)突破时空限制,创造更多营销机会

网络营销利用第五大媒体网络,突破了前四大媒体(报纸、杂志、广播、电视)在传播信息时的时间与空间限制。比如,网上商店能够为顾客提供全天 24 小时的购物服务,没有时间限制,这是一般传统销售做不到的。在传统方式下,由于地域、交通的制约,企业的商圈被局限在某一范围内;而网上面对的是所有网络用户,传统企业实现网络营销后,其商圈可拓宽到全国甚至全球范围。因此,在 Internet 时代的企业,可以利用网络实现全球营销,展示企业形象,介绍企业产品,发布供求信息和寻找合作伙伴,还可以通过与客户互动的访问进行产品测试和使用调查，以期达到更好的营销效果。客户可以通过网络主动搜索促销信息，企业也可以使广告更集中于目标客户，这些都使得在 Internet 上的营销更具魅力。

任务3 网络营销的现状及发展趋势

1. 我国网络营销的现状

在我国，网络营销起步较晚，发展不均衡。如图 5-7 所示，国家信息中心有关统计数字表明：截至 2014 年 12 月，全国利用互联网开展营销推广活动的企业比例为 24.2%。2014 年部分行业中，信息传输、计算机服务和软件业开展网络营销的企业比例最高，达 35.9%。值得注意的是，批发零售业、房地产业、租赁和商务服务业、居民服务和其他服务业等第三产业，开展互联网营销的比例并不高，与制造业、建筑业相比基本持平，甚至更低。与发达国家相比，我国网络营销发展的总体水平较低，仍停留在起步阶段，具体表现在以下几方面。

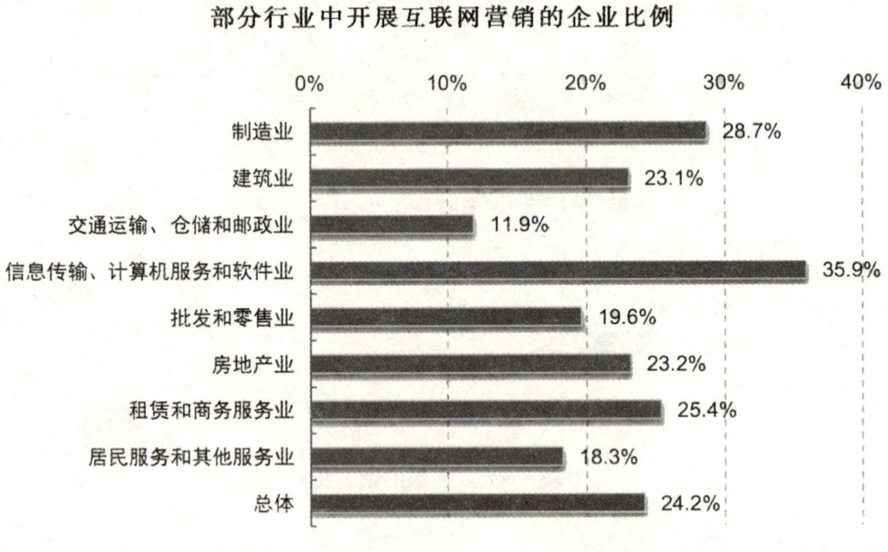

图 5-7　2014 年部分行业开展互联网营销情况

①网络营销的发展是一个系统工程，涉及基础设施建设、网络管理、金融结算、网上税收、法律法规的制定等众多方面。

②对网络营销认识不清，网络竞争意识不强。绝大部分企业还只是把竞争焦点定位于实体市场。

③上网企业数量分布不均衡。目前，国内企业上网总体上雷声大，雨点小，情况并不乐观，大多数已经上网的企业往往只做了一个毫无个性的网页，只有少部分企业有自己的网站。即使是已经上网的企业，其内容也非常单薄，内容更新率也低。

④网络营销产品少、范围不广。目前，我国企业网上营销的产品和提供的服务主要集中于 IT、金融及相关行业。

⑤网络营销总体策略水平不高。对网络营销这一新型营销方式的营销策略缺乏系统研究，还处于实践摸索阶段，没有形成一套适合我国国情的网络营销策略。不少企业在网络营

销的操作和实施中，往往还是沿用过去传统的实体市场营销模式。

2. 网络营销的发展趋势

网络营销的发展趋势是与互联网的发展和网民的增加同步的。1997 年，我国进行第一次网络普查时，网民只有 62 万。截至 2015 年 6 月底，我国网民规模达 6.68 亿人，互联网普及率持续上升，增至 48.8%。其中，网络购物的用户规模达到 3.74 亿，网民的增加，网上交易额的迅速膨胀，为网络营销提供了诱人的前景。网络营销正朝着以下几个方向发展。

(1)网络营销的技术更趋成熟

它包括两个方面：一是网络技术进一步成熟，互联网正由 web2.0 时代迈入 web3.0 时代，网络技术的先进性和高速度为消费者上网购物节约了大量的时间，进一步激起了网民网上购物的热情。二是网络营销技术的进一步成熟。不仅网络营销理论在经过这些年的发展以后进一步完善，网络营销的技巧也更加娴熟，微博、微信营销，精准营销，搜索引擎营销等新技巧层出不穷。

(2)全球市场一体化速度进一步加快

互联网覆盖全球市场目前已经实现，但这只是初步成果。随着经济全球化的发展，各国经济日益融为一体。特别是世贸组织对网络贸易征收关税问题的解决，使网络营销在国际更加方便。

(3)网络营销的成本进一步下降

根据网络的价值以用户数量的平方速度增长的梅卡夫法则，每增加一个投入单位，不仅能得到投入者应得的报酬，而且能得到超过该投入以外的收益，网络信息价值呈累积增值和传递的效应。网民的增加，网上信息量的增长，使用网上信息的成本也在进一步下降；成本的下降又反过来刺激人们上网，而上网人数的增长，又进一步降低了网络营销的成本。

贴心提示

我国目前网络营销人力资源市场陷入一种人才困局，一方面是各大公司求贤若渴；一方面是求职者迷茫、四处无望，其原因是网络营销领域对人才的要求十分苛刻，不仅要求对互联网知识的全面掌握，更需要熟悉客户需求和项目作业规范的人才，而网络营销从兴起到如今的高速发展也不过短短的几年，这类人才成为当下猎头重点锁定的对象，部分公司甚至不惜重金四处网罗人才。

项目小结

本项目介绍了网络营销的概念、特点及发展前景，使大家对网络营销有一个大概的认识。网络营销是指通过互联网，利用电子信息手段，进行经营销售活动。相对于传统营销的 4PS 策略，网络营销具有自己独特的产品、价格、渠道和促销策略。

我国的网络营销起步虽然较晚，但是具有巨大的发展潜力。

知识百科

传统企业向网络营销转型的 6 个要点

网络营销是传统企业向“互联网＋”时代转型的一个必要过程，无论是传统网站营销还是现代大数据营销，甚至是现在社会化媒体营销，都离不开搜索引擎优化。那么搜索引擎优化到底包括哪些环节呢？

(1)关键词分析(也叫关键词定位)

这是进行搜索引擎优化最重要的一环，关键词分析包括：关键词关注量分析、竞争对手分析、关键词与网站相关性分析、关键词布置及关键词排名预测。

(2)网站架构分析

网站架构符合搜索引擎的“爬虫”喜好，则有利于搜索引擎优化。网站架构分析包括：剔除网站架构不良设计，实现树状目录结构，网站导航与链接优化。

(3)网站目录和页面优化

搜索引擎优化不单是让网站首页在搜索引擎有好的排名，更重要的是让网站的每个页面都带来流量。

(4)内容发布和链接布置

搜索引擎喜欢有规律的网站内容更新，所以合理安排网站内容发布日程是搜索引擎优化的重要技巧之一。链接布置则把整个网站有机地串联起来，让搜索引擎明白每个网页的重要性和关键词，实施的参考是第一点的关键词布置。友情链接“战役”也是这个时候展开。

(5)与搜索引擎对话

在搜索引擎看搜索引擎优化的效果，通过 site：你的域名，知道站点的收录和更新情况。如要更好地实现与搜索引擎对话，建议采用百度网站管理员工具。

(6)网站流量分析

网站流量分析从搜索引擎优化结果上指导下一步的优化策略，同时对网站的用户体验优化也有指导意义。流量分析工具建议采用百度流量分析或是站长工具。

搜索引擎优化是这 6 个环节循环进行的过程，只有不断地进行以上 6 个环节，才能保证站点在搜索引擎有良好的表现。

项目 2　网络营销战略与规划

项目描述

在市场经济条件下，特别是信息经济条件下，企业的市场营销活动进入了战略性管理和经营时代。企业的市场营销正经历着以企业生产为中心、以生产者为主导、以对策性管理为特点的传统营销向以市场为导向、以消费者为主导、以战略性管理为特点的现代营销的演变。人们越来越清晰地意识到战略规划对企业成功的重要意义。根据这种变化，本项目着重介绍网络营销战略理论和战略规划的制定等知识。

项目分析

网络营销战略规划是企业推行网络营销的核心内容，网络营销战略规划是否合理，决定着企业网络营销的成败。对网络营销战略的学习和讨论集中在网络营销战略的特点、作用及其具体步骤上。本项目可分解为以下任务：

- 网络营销战略的概念；
- 网络营销战略规划。

项目目标

- 掌握网络营销的概念和特点；
- 掌握网络营销战略实施的详细过程；
- 了解电子商务环境下企业制定营销战略应该注意的问题。

任务 1　网络营销战略的概念

1. 网络营销战略的概念

网络营销战略是企业以互联网为课题，利用现代信息网络资源，以新的方式、方法和理念实行营销的活动，它能更有效地促进个人和组织交易活动的实现。

“战略”一词来源于英文 strategy，也可译为策略。“战略”在《辞海》中的定义是泛指重大的、带有全局性和决策性的计谋。现代社会常把战略引用于政治和经济等领域，如有政治战略、经济战略和社会发展战略等。把战略思想应用到企业网络营销管理中，就形成了电子商务营销战略。

网络营销战略是指以信息沟通的电子化为基础，以市场信息的有效获取为主要内容，以电子促销作为传统营销手段的重要补充和发展，以贸易网络电子化，即电子沟通（E-communication）、电子调研（E-research）、电子行销（E-marketing）和电子贸易（E-trade）为其表现的营销谋略。这四项内容被称为网络营销的 4E 战略。

电子商务营销的 4E 战略为企业开展电子商务营销提出了一套比较完整的理论，给企业，尤其是那些面向全球的企业开展电子商务营销提供了非常重要的、现实的指导。其作用具体体现在以下几个方面。

（1）电子沟通的作用

现代信息技术和通信技术的兴起和发展使传统信息沟通方式面临着很大的挑战，企业商务活动的效率、方式乃至内容都发生了非常显著的变化，尤其是随着互联网的兴起和普及，企业之间相互沟通的时间缩短和空间缩小，企业商务沟通的成本也大大降低。同时，伴随信息技术和通信技术的快速发展所产生的新的电子沟通工具和手段，也正向着交互式、无线化、数字式和多媒体方向发展，这些变化意味着更加充分、深入、自由的低成本信息沟通成为现实，并且即将对传统商务活动的运作方式和运作过程产生根本性的变革。

（2）电子调研的作用

利用最新的电子技术手段，不仅可以从 Internet 上免费获取相关信息，更主要的是，通过与国际计算机情报数据库联机，建立与企业专业特性相符的电子信息资源组合系统。中技公司从 1988 年开始，致力于国际商务专业电子信息资源科学研究和实践活动，目前已经掌握世界上约 70%的电子信息资源，其中包括世界 3 000 多万条企业和产品信息，近 20 万种商品信息，以及 60 多个国家和国际组织的 1 000 多万项专利信息等。这些情报的获取，在增加贸易机会、扩大贸易渠道、减少贸易风险等方面，为公司贸易业务的开展做出了巨大的贡献。

如何获得全面、准确、及时的电子信息资源和利用电子信息服务，是企业国际商务发展电子信息化战略的核心内容,也是中国企业最薄弱的环节。中国企业国际商务信息需求内容的相当一部分都可以利用电子信息技术从互联网上获得,但是,企业在利用电子信息资源和信息服务的意识、手段、方法、素质和效果控制能力等诸多方面均极为薄弱,不知道怎么获得电子信息资源和信息服务,更不知道如何利用信息资源在国际商务活动中起到创造和控制效果。电子调研是一门技术性极强的经验科学,不同企业由于专业背景不同,电子调研的策略和内容会有所不同。

(3)电子行销的作用

企业电子行销战略是开展商务营销活动的有效新战略,在企业商务发展中,必须重视和研究有效地开展电子行销战略的方法、技巧和规律等,加大应用力度。值得一提的是,互联网的发展对于企业打破信息封闭、改变信息单向流动是机遇,是企业快速实现参与市场竞争的捷径,并且一旦产生效果,它的投入和产出比是传统商务方法根本无法比拟的。

(4)电子贸易的作用

电子贸易是人类贸易方式的大变革,但它的发展受到许多环境因素的制约和影响。企业在商务活动中实施这一战略时,要密切注意电子商务发展的最新动向,先从电子调研和电子行销开始,待条件成熟时,再发展到包括网上支付等环节在内的虚拟的购物交易。但要注意研究电子贸易战略的适用产品和它的经营性质。

4E 战略是企业实现网络营销战略的快速、通用的解决方案,4E 战略的应用结果会为企业在国际市场竞争中创造更强大的信息资源竞争优势,并在商务活动中得到更多的信息回报。

2. 常用的网络营销战略

(1)软营销战略

网络营销有时候又被称为"软营销",这是相对于传统工业经济时代以大规模生产为主要特征的"强势营销"所提出的新概念。软营销强调企业在进行市场营销活动时,必须尊重消费者的感受和体验,让消费者自愿、主动地接受企业的营销活动。

在传统营销活动中,最能够体现强势营销特点的是传统广告和人员推销这两种促销手段。在传统广告中,消费者常常是被迫、被动地接收广告信息内容的"轮番轰炸",这些广告企图以一种"灌输"的方式在消费者心中留下深刻的印象,但消费者是否愿意接收、是否真正需要则根本不作考虑;人员推销也是如此。

互联网的情况则不同。在网上,信息交流是自由、平等、开放和交互的,强调的是互相尊重和沟通,网上使用者比较注重个人体验和隐私保护,因此,企业采用传统的强势营销手段在互联网上展开营销活动时,反而会适得其反,容易引起消费者的反感。假如网络营销允许类似传统营销的强势广告,那么你每天打开 E-mail 信箱时,可能会发现一大堆垃圾广告;或者是你正在工作时,计算机屏幕上突然出现一个商业广告,毫无疑问,这会给你带来麻烦。网络的"双刃性"特点决定了在网上提供信息必须遵循一定的规则,这就是"网络礼仪"(Netiquette)。"网络礼仪"是网上一切行为都必须遵守的规则,网络营销也不例外。

软营销和强势营销的一个根本区别就在于消费者是软营销的主动方,而强势营销的主动方是企业。个性化消费需求的回归,使消费者在心理上要求自己成为主动方;而网络的互动性又使消费者有条件成为主动方。消费者不欢迎不请自来的广告,他们会在个人需求的驱动下,自己到网上寻找需要的相关信息和广告。网络软营销正好是从消费者的体验和需求出发，来吸引消费者关注企业，从而达到营销的效果。

(2)定制营销

在网络环境下，定制营销、提升顾客满意度，是巩固顾客群、扩大网上销售的重要战略手段。所谓定制营销，是指利用网络优势，一对一地向顾客提供独特化、个性化的产品或服务。在美国，电子邮报已推出一种新型报纸，即一个人看的报纸，如《华尔街日报》的个人版，读者每天早晨一打开计算机，即可读到一份专为自己设计的报纸，其内容基本上是读者需要并感兴趣的。这项服务，在美国本土每天只需要 15 美元左右。

因为网络沟通具有互动性，企业因此能更准确地掌握顾客的需求和反应，为顾客提供更个性化的产品。以电子商场为例，商家通过数据库可以全面了解网络顾客的生日、对产品的偏好习惯等，这样便于在适当的时间，利用电子邮件向目标客户推荐相关产品或服务，这就是我们常说的数据库营销的方式。

定制营销并不只适应高度技术化和信息化的企业，它同企业的规模、技术化并无直接的联系，它有着更大更广的适应范围。大到汽车家电，小到冰淇淋，层出不穷的产品和服务，都可以运用定制营销，把消费者照顾得妥妥帖帖、舒舒服服。

定制营销是社会化大生产发展到一定阶段、在市场逐渐趋于饱和的情况下产生的，它仍然以大规模生产作为基础，追求企业的规模效益。与此同时，企业借助产品设计和生产过程的重新组合，来更好地适应消费者的需求变化。企业在采取定制营销时，通常以顾客数据库作为营销工具。企业将自己与顾客发生的每一次联系都记录下来，包括顾客购买的数量、价格、采购的条件、特定的需求、业余爱好、家庭成员的名字和生日等信息。这样，企业知道自己的新产品开发出来之后会有哪些顾客购买，自己的老顾客目前会有哪些新的需求，从而更好地维系老顾客，与顾客建立紧密的联系。要做到比用户自己更了解用户，企业就必须在做到产品细分的同时，做好对用户的细分。只有对用户有深度认识，才能更精确地把握机会，更科学地配置企业资源。企业在进行目标市场营销时，通常按照一定的变量进行细分，如地理变量、人口变量、心理变量和行为变量等，然后针对特定的子市场，展开相应的营销活动。而在定制营销中，企业无须运用市场细分技术，因为这时候细分已经达到了极限，每一个顾客都是一个子市场，企业要根据每个人的需要确定自己的营销组合。

定制营销使人们更多地参与到生产或挑选完全符合自己意愿的产品和服务中。企业在进行定制营销时，为确保顾客的满意度，必须要顾客参与。在这种营销方式下，顾客直接向企业提出自己的要求，并同技术人员一起合作，事先设计好最终产品的蓝图。当顾客得到最终产品时，也可以直接向企业反映自己的满意程度。这样，企业可以及时地收集反馈信息，进一步调整自己的营销组合。中国企业要靠创新和速度解决企业和用户的关系，以及企业和竞争对手的关系。

有“中国服装界戴尔”之称的定制营销专家、仕奇职业装 CEO 姚少文认为，国内很多企业正在开展定制业务，但定制的产品开发、生产流程、营销模式并没有同零售体系分离，不适应定制营销的需求。现在的竞争是“快鱼吃慢鱼”，相对于海尔 17 小时根据客户要求开发个性化冰箱的效率，服装企业落后很多。图 5 - 8 所示为仕奇服饰企业网站，作为大的品牌公司，必须处理好工业化大生产和市场需求的快捷服务及多变要求，否则会蜕变成“服装恐龙”！现代的定制营销与以往的手工定做不同。出现在市场早期的定制营销，并非真正意义上的营销概念，而是一种低层次、不得已的存在形式。我们正在经历的定制营销新时代，是在充分了解消费者需求差异、消费潜力、购买习惯和态度等因素的情况下，根据不同的标准，将消费者分为若干大类，为每一个目标市场提供适销对路的产品和服务项目。同时，运用先进的营销策划和网络等高新技术，促使营销活动顺利完成。

图 5-8　仕奇服饰企业网站

贴心提示

订制个性家居——尚品宅配

尚品宅配是一家集云计算、个性化定制、免费设计等让人感到不可思议的特点于一身的家居企业。它的商业模式，不仅受到业界的疯狂学习和模仿，而且被互联网大佬阿里巴巴的高管推崇为“C2B模式样板”！它的个性化订制如今无疑成为行业标杆，当客户想装饰自己的家时，尚品宅配会派出专门的设计师上门测量勘察，再设计出一套符合客户住宅的家居摆设方案。如果您想获得一次个性化的家具设计体验，那么尚品宅配绝对可以满足你。

订制专属自己的那一瓶——可口可乐

在网络上越来越多流行语的时候，可口可乐抓住了这个机遇，把网络流行语与可口可乐瓶身设计完美结合在一起。昵称瓶在每瓶可口可乐瓶子上都写着不同的昵称，这些昵称有纯爷们、型男、月光族、氧气美女、高富帅、粉丝、女神、表情帝，等等。这种独特的方式迎合了流行的网络文化，也抓住了人们心底里那彰显个性的需求，于是很多喜欢可口可乐的人都开始去寻找专属于自己的可乐，甚至那些平时对喝哪个牌子的可乐无所谓的人，也会更多地偏向于选择可口可乐。

(3)互动式营销

互联网的最大特点就是能实现信息快速、双向的传递，这种双向的信息传递便于企业实现互动式的营销战略，这种互动式营销战略主要体现在以下两个方面。

一方面，企业可以通过网络实现其顾客关系的再造。迈克尔·戴尔被人们称为赚钱的天才，有人曾经问过戴尔这样一个问题：在运作公司的整个过程中，什么是最有价值的？戴尔脱口而出："客户。"

在网络环境下，企业成功的关键要素已不再是企业规模的大小、资金的雄厚等因素。从某种意义上来说，企业无论大小，都站在同一起跑线上，都是通过网页向人们展示自己。而消费者则比过去更具主动权，面对为数众多的企业网址，他们可以自由地选择。因此，如何跨越地域、文化、时空的差距，再造客户关系，发掘网络顾客，吸引和留住顾客，了解顾客的愿望及利用个人互动服务与顾客维持关系，即企业如何建立自己的顾客网络，如何巩固自己的顾客网络，就成为网络营销是否成功的关键。

另一方面，企业可以通过网络建立网上营销伙伴。由于网络具有自由性和开放性，网络时代的市场竞争是透明的，网络营销争取顾客的关键在于如何适时获取、分析、运用来自网上的信息。如何运用网络组成合作联盟，并以网络合作伙伴的规模资源创造竞争优势。

贴心提示

微信为盲胞读书

微信推出了"为盲胞读书"的公益活动，人们只需关注微信公众号"为盲胞读书"，就可根据自己被分配到的文章段落，为盲胞贡献出一段声音。而那些贡献出来的声音将通过智能筛选，把最适合的声音收录库中。活动上线后，关注度与好评度直线上升，平均每天收到 15 000 条语音捐献。为号召更多的人加入活动，微信还邀请了高圆圆、胡歌、倪妮等明星来领读书本。

在每年的 10 月 15 日国际盲人日之时，微信将录制好的有声读物"悦读盒子"送到有视力障碍的孩子身边，希望这些阅读困难的孩子，能够通过聆听读物使精神世界变得更为饱满、丰富。

点评：不一样的微信功能，不一样的公益捐献。微信的"为盲胞读书"是一场双赢的活动：既调动起人们的同情心，完成人们的自我实现感；又能够让有视觉障碍的人群"阅读"到更多的书本。

任务 2　网络营销战略规划

1. 网络营销战略规划的内容

网络营销战略规划指的是企业以市场需求为导向，在激烈的市场竞争中，为了占有市场，对企业网络营销的任务、目标及实现目标的方案、重点和措施做出总体的、长远的谋划，并付诸实施与控制的过程。在企业网络营销活动过程中，希望实现的目标往往不止一个，但企业必须依据内部条件和外部环境，确定一个一定时期内最为合理的目标，这是网络营销战略规划的第一层含义。实现一个既定的目标，往往不止一种途径或一种方案，但其中必有一种方案被企业认为是最适宜、最可行的，谋划、选择和确定一个最为合理、可行，最能快速高效实现其预期目标的方案，这是网络营销战略规划的第二层含义。

企业在制定网络营销战略规划时，应该关注以下几个方面。

（1）网络营销目标

网络营销管理与传统营销管理一样，首先要设置明确的营销目标。只有确定了明确的营销目标，才能对网络营销的效果做出及时的评价。企业应防止没有目标、一窝蜂地挤进网络，而这也是目前上网企业常犯的错误。通常情况下，企业的网络营销目标大概包括：向潜在消费者提供商品信息，使之成为购买者；提高品牌知名度；建立忠实客户群；支持其他营销活动，以减少营销费用等。企业可根据自身特点，设定相应的、适合的明确目标。

(2)网络营销的管理部门

网络营销即涉及营销部门，又涉及信息技术(IT)部门，所以公司应明确规定网络营销的负责部门。大多数公司的网络营销由营销部门负责，因为营销部门对整个公司的状况、产品和市场比较了解；但要注意，营销部门应和 IT 部门通力合作，对新技术的优点、缺点和用途应有概括的了解，IT 部门应积极参与营销规划与开发的过程，保证能用最新的技术手段，更好地实现营销目标。

(3)网络服务商的选择

企业选择网络服务商时，应遵循的第一个准则是听取客户的意见，了解客户对网络服务商的评价。第二个准则是了解网络服务商的经营情况，如访问该公司的主页及其客户的主页，以获取该公司服务质量和功能的第一手资料。评估和比较网络服务商时，应考虑提供的服务、站点特性、费用、设备及性能和公司业务背景等因素。

(4)关注网上销售对其他销售渠道的影响

据有关研究机构调查，1997 年，美国的消费者用于购买网上服务和产品的总价值为 32 亿，但消费者上网寻找信息后再离线购买的达 42 亿。这一调查表明，成功的网上营销不仅会增加网上销售，而且会促进其他销售渠道的销售，当然也不能排除影响其他销售渠道销量的可能。因此，企业应通过市场调研进行统计分析，判断网上营销对其他销售渠道的影响，在制定规划时考虑到两者之间的关系，使网上销售规划与企业整个营销规划协调一致。

2. 网络营销战略规划的实施过程

一般来说，企业网络营销战略规划的实施过程分为以下几个基本步骤。

(1)确定合理的目标，明确既定网络营销的任务

网络营销必须首先确定营销目标，只有确定了明确的营销目标，才能有计划、有组织地实施，并且对营销活动做出正确的评价。由于网上购物涉及电子支付、交易安全、退货处理、民事诉讼、商业信誉、法律法规，以及人们的信息化、数字化观念等一系列问题，许多企业设置网站的目的往往不是为了通过网络销售商品，而是着眼于网络营销产生的其他效应，所以在进行网络营销战略规划之前，一定要明确网络营销的目的。

(2)广泛听取各部门意见

企业中的各部门乃至每个员工，都会对网络营销业务有一些想法，广泛听取各部门的意见，是制定网络营销战略规划的重要一步。

(3)确定营销预算

网络营销成本相对传统营销要低一点，但是后续投入并不低。虽然只要花 100 美元购买一个软件，就可以建立一个网站，但还应该将人力资源费用(如网站设计费用、维修网站费用)也计算进去。Forrester Research 在对 50 个面向消费者的网站进行采访后，得出了下列结论：建立促销网站(促销一个企业产品或服务的网站)所需费用为 304 000 美元，所用时间为 2 个月；建立实体网站(门户型网站，包含大量咨询信息)所需费用为 1 312 000 美元，所用

时间为 6 个月；建立交易平台网站（支持网上商店、网上银行和给顾客提供服务的网站）所需费用为 3 368 000 美元，所用时间为 4 个月。

（4）确定营销任务

营销任务主要包括分配营销任务、依据营销任务规划营销活动内容、创造能全面反映营销活动的网页和链接等。

（5）改进和提高企业网页水平

一个好的企业网页，能够更好地展示企业的商品及形象，网页设计应该营造出一种使消费者身临其境的商业氛围，网页内容的制作应由纯粹的艺术创意转向科学的信息分类、索引，做到简便、灵活、快捷、双向互动，信息查询要服务于网络的潜在访问者。一定要避免自己的企业主页成为中看不中用的花瓶式网站，或者万年不更新的古董式网站。

（6）反馈信息的管理

网络具有双向互动的特点，决定了网上企业随时都会收到大量的反馈信息，企业应设专门的部门或专人对这些信息进行管理。对访问者提出的各类问题，有关部门应尽快、尽可能详细地给予答复。对一些普遍性的常识问题，可通过预先设置自动应答器，给出预备的答案，或者让访问者查询企业的 FAQS；对一些不能即时答复的问题，企业应承诺答复时间限制，一般应在 24 小时之内。

贴心提示

FAQS 是“frequently asked questions”的缩写，意思是“经常被提出的问题”。包括的问题一般有：注册、购物、配送、支付、安全、增值服务等。

项目小结

本项目重点介绍了网络营销战略的定义及其具体的实施过程。企业的网络营销战略目标应该分为四个部分：让客户找到自己的产品、让客户了解自己的产品、让客户信任企业、让客户购物。确定了企业的战略目标，配合相应的营销战术，使用合理的网络技术作为武器，聘用对口的网络营销人才，这四个方面做到有效的结合，企业才能在网络营销这场新时代的商业战争中立于不败之地。

知识百科

一“名”惊人——网站的命名战略

王志东的四通利方在和姜丰年的华渊合并时，姜问王：“合并后的网站叫什么名字？”其实，姜丰年的策划人已根据华渊的英文名称“sina”取名为“赛诺王”，并已设计了宣传品。王志东当时没有回答，第二天告诉姜一个名称“新浪”。新浪，象征着他们公司将在互联网上掀起一阵新的浪潮，是很响亮的一个名字。新浪网由此降生，并演绎出全球最大华人网站的创意故事。名字是一个企业和一种品牌的旗帜，建立网站或推销一种新产品，都必须起一个响亮的名字，如今著名的网站背后，都有一个有趣的命名故事。

1995 年的一个夜晚，雅虎的创始人杨致远和他的好友费罗，在一间破旧的活动房里翻阅着韦氏词典，绞尽脑汁，想为他们创造的搜索引擎取一个好名字，但花了好长时间，除了确定“Ya”作为名字的字首外，其他则毫无进展。以“Ya”为字首的字在英文中通常都是复合词，代表“另一种”的意思。“YACC”是一个不错的名字，但是已经有人捷足先登了。终于，他们想到了：为何不叫“Yahoo”？在字典里，Yahoo一字可以追溯到英国作家斯威夫特的小说《格列佛游记》，小说中有一个马的王国，在这个王国里，他们饲养着一种粗俗、低级的人形动物，他具有人的种种恶习，这种人形动物就叫Yahoo，所以Yahoo平时有“野人”“乡巴佬”之意。这个词似乎不太文雅，但仔细一琢磨，反其意而用之，在强调平等的互联网新世界上，大家都是未开化的“野人”“乡巴佬”。他们还在Yahoo后面加上惊叹号，以表示在网络上发现同类的兴奋。最终，公司的名称确定为“Yahoo!”。从其名称可以看出雅虎的活力十足和昂扬朝气。一直到今天，杨致远和大卫·费罗的名片上仍然列着“Chief Yahoo!”(雅虎酋长)的称号。

作为全球最大的B2B网站，阿里巴巴这个名字的诞生也颇费了一番功夫。最初创立阿里巴巴的时候，虽然创业资本很少，但马云还是将未来的公司定位为全球公司，因而名字也应该是响亮的、国际化的。为了注册一个好名字，马云思索了很久。直到有一次在美国一家餐厅吃饭时，他突发奇想，找来了餐厅服务员，问他是否知道“阿里巴巴”这个名字。服务员回答说知道，并且还跟马云说阿里巴巴打开宝藏的咒语是“芝麻开门”。之后，马云又在各地反复地询问他人，经过这个测试，马云发现阿里巴巴的故事被全世界的人所熟知，并且不论语种，发音也近乎一致：“从我外婆到我儿子，他们都读阿里巴巴。”就这样，一锤定音，马云将“阿里巴巴”确定为公司的名字。

项目3　网络广告

项目描述

推销商品离不开广告。广告作为一种有偿的信息传播方式，与媒体的发展紧密相连。而网络作为广播、报纸、杂志和电视之外的“第五媒体”，其发展态势迅猛，网络广告的威力不容小觑，它是网络营销必不可少的渠道之一。本项目从网络广告的特点入手，介绍几种常见的网络广告形式。

项目分析

网络广告的兴起和发展，是与互联网的兴起和发展相伴随的。而从根本上看，是由于网络广告有着自己独特的优势。它可以通过互联网平台进入更广阔的传播时空，也可以更紧密地锁定自己的目标群体。得益于网络技术的发展，网络广告的形式变得多种多样，而网络广告的投放形式也成为各个商家必须掌握的一项技术。本项目可分解为以下任务：

- 网络广告的特点；
- 网络广告的形式。

项目目标

- 了解网络广告与传统广告相比，优势在哪里；
- 了解现阶段主流网络广告的类型。

任务1 网络广告的特点

1. 网络广告的概念

所谓网络广告，是指确定的广告主以付费方式，运用互联网这种媒体来说服公众的信息传播活动。网民们经常会在网上见到各种各样的图标，其中有静态的，也有动态的，而比较多的是以动态的文字或图片的形式出现。他们有的在固定的位置像放电影似的不停地显现或不停地闪现；有的则在页面上不同的地方飘来飘去。网络广告的设计和制作往往很精美，色彩亮丽，富有强烈的视觉吸引力，通常会诱导浏览者把鼠标放在上面点击；当浏览者有意或无意地点击它们时，这些图标会引导点击者进入一个新的信息天地，这样就达到了宣传网址或发布广告信息的目的。这就是网络广告，网络广告的英文为“Web Advertisement”，它是互联网时代广告的一种新形式或一个分支，是广告业在计算机领域的拓展。

追本溯源，网络广告发源于美国。1994年10月27日是网络广告史上的里程碑，美国著名的Hotwired杂志推出了网络版的Hotwired，并首次在网站上推出了网络广告，这立即吸引了AT&T等14个客户在其主页上发布广告，这标志着网络广告的正式诞生。更值得一提的是，当时的网络广告点击率高达40%。

中国第一个商业性的网络广告出现在1997年3月，传播网站是Chinabyte，表现形式为468×60像素的动画旗帜广告。Intel和IBM是国内最早在互联网上投放广告的广告主。我国网络广告一直到1999年初才稍具规模。历经多年的发展，网络广告行业经过数次洗礼，已经慢慢走向成熟。

2. 网络广告的特点

网络与电视、报刊、广播三大传统媒体或各类户外媒体、直邮、黄页相比，网络媒体集以上各种媒体之大成，具有得天独厚的优势。随着网络的高速发展及完善，它日益融入现代工作和生活中，对于现代营销来说，网络媒体是重要的媒体战略组成部分。网络广告的特点主要集中在以下几点。

(1)受众广、交互性强、针对性强

网络广告不受时空限制，传播范围极其广泛。通过国际互联网络，24小时不间断地把广告信息传播到世界各地，只要具备上网条件，任何人在任何地点都可以随时随意浏览广告信息。相对于传统媒体，它具有更为广泛的潜在受众。另外，交互性是互联网络媒体的最大优势，它不同于其他媒体的信息单向传播，而是信息互动传播。在网络上，当受众获取他们认为有用的信息时，厂商也可以随时得到宝贵的信息反馈。而且，网络广告目标群确定，由于点阅信息者即为感兴趣者，所以可以直接命中目标受众，并可以为不同的受众推出不同的广告内容。

(2)受众数量统计精确，实施成本低

传统广告具体的广告效果很难进行精确的统计，而在Internet上可通过权威、公正的访客流量统计系统，精确统计出每个广告的受众数，以及这些受众查阅的时间和地域分布。这样，借助分析工具，成效易体现，客户群体清晰易辨，广告行为收益也能准确计量，有助于客商正确评估广告效果，制定广告投放策略。作为新兴的媒体，网络媒体的收费也远低于传统媒体，若能直接利用网络广告进行产品销售，则可节省更多销售成本。

(3)感官性强,形式灵活

传统媒体是二维的,而网络广告则是多维的,它能将文字、图像和声音有机地组合在一起,传递多感官的信息,广告受众可以对自己感兴趣的产品信息进行更详细的了解,能亲身体验产品、服务与品牌。这种图文声像相结合的广告形式,将大大增强网络广告的实效。

(4)广告制作速度快、周期短

网络广告制作速度快,即使在较短的周期进行投放,也可以根据客户的需求,很快完成制作;而传统广告制作成本高,投放周期固定。另外,在传统媒体上,广告发布后很难更改,即使可以改动,往往必须付出很大的经济代价。而在互联网上做广告,能够按照客户需要及时变更广告内容,这样,经营决策的变化就能及时实施和推广。

但是与传统广告相比,网络广告也具有一些缺陷,比如由于网络广告投放的监管滞后,进入门槛低,这就导致互联网上充斥着大量可信度较低的虚假广告;强迫性网络广告越来越多,浏览一个干净的网页越来越难;网络广告专业人员缺失等,这些问题都是网络广告在以后的发展中亟待改进的地方。

任务2 网络广告的形式

1. 网络广告的常见形式

网络广告的形式多种多样,并且可以相互结合,有效提升企业的品牌形象。海尔主页如图5-9所示,就是把主页广告和按钮广告、旗帜广告及动画技术结合起来,形式灵活、内容多样,具有很强的吸引力。

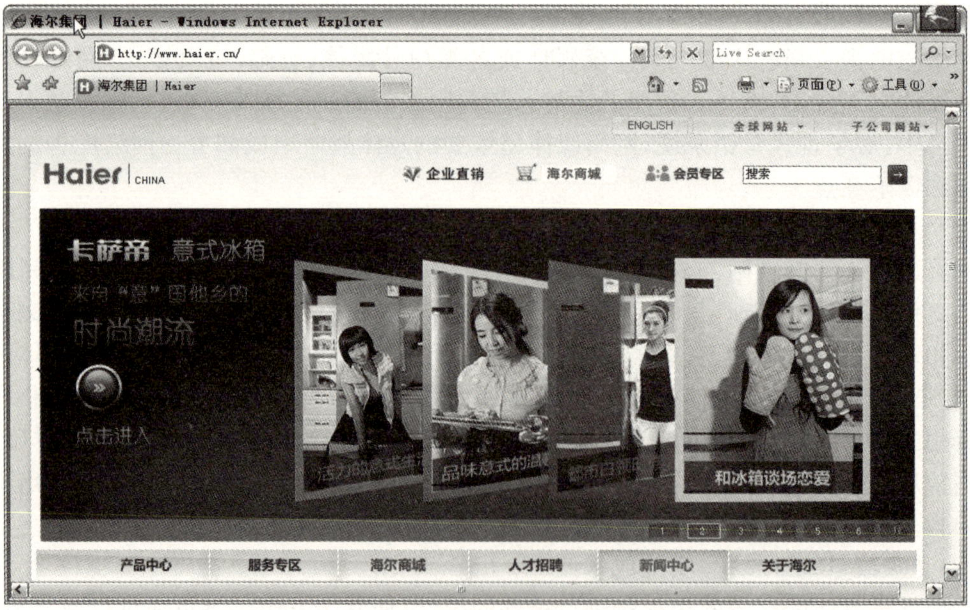

图5-9 海尔公司主页

下面介绍几种常见的网络广告形式。

(1)公司主页或主页型广告

在网络时代,各个公司建立自己的主页势在必行,它不但可以树立企业形象,还可以很好地宣传产品信息，与客户亲密互动。企业主页本身就是一种网络广告，它像企业的名称、商标、地址和电话号码一样，成为企业必不可少的标识。

(2)图形广告

图形广告应用很多，如图 5－10 所示。这是网络广告最早和常见的形式，包括通栏广告、文字链接广告、矩形广告、对联广告和按钮广告等。

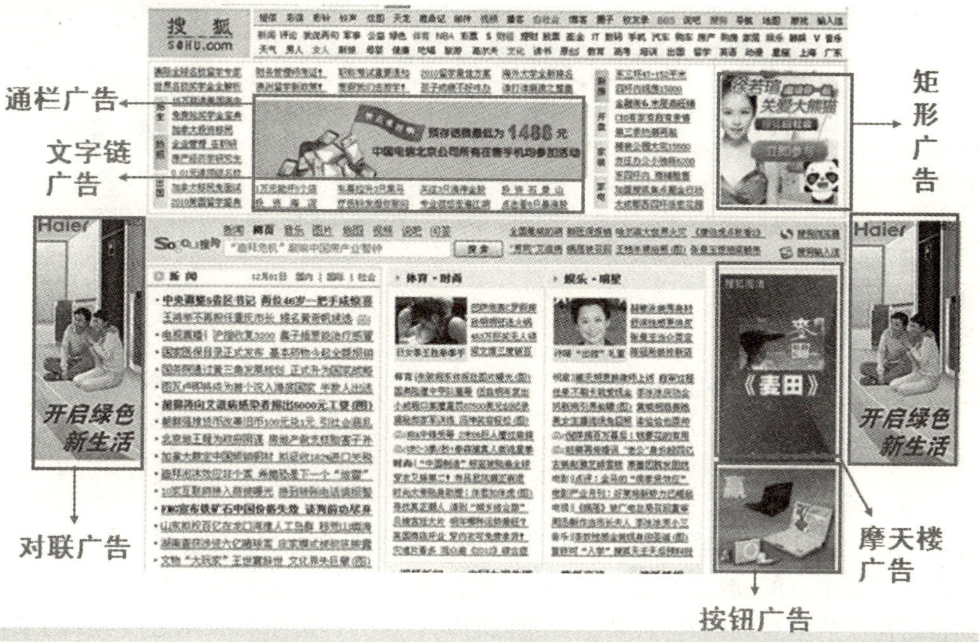

图 5－10　图形广告

贴心·提示

报眼广告：报眼，即横排版报纸报头一侧的版面。版面面积不大，但位置十分显著、重要，引人注目。如果是新闻版，多用来刊登简短而重要的消息，或内容提要。由于报眼广告版面面积小，容不下更多的图片，所以广告文案写作占据核心地位，具有举足轻重的作用。

(3)虚拟社区、公告栏、新闻组广告

虚拟社区、公告栏和新闻组是目前网络上比较流行的组织，任何用户只要通过注册，都可以成为其成员。有时候甚至无需注册，仅以过客身份就可以留言、发布信息等。广告主可以在虚拟社区、广告栏和新闻组上发布产品和企业广告，起到口碑宣传的效果。但是，每一个虚拟社区、公告栏和新闻组都有自己关注的焦点和独特的网络礼仪，广告主一定要考虑到受众的需求，不能盲目发布广告，否则只能适得其反，引起该组织成员的反感。例如，某著名网络社区包含很多子论坛，如汽车时代、手机数码、饮食男女、时尚资讯、亲子中心等，如果要发布新车广告、介绍新车性能特点等，到“汽车时代”子论坛应该能引起网友的兴趣，得到比较好的营销效果；如果仅是为了广告而广告，盲目在“亲子中心”论坛发布汽车广告，一定会应者寥寥。图 5－11 所示为虚拟社区广告。

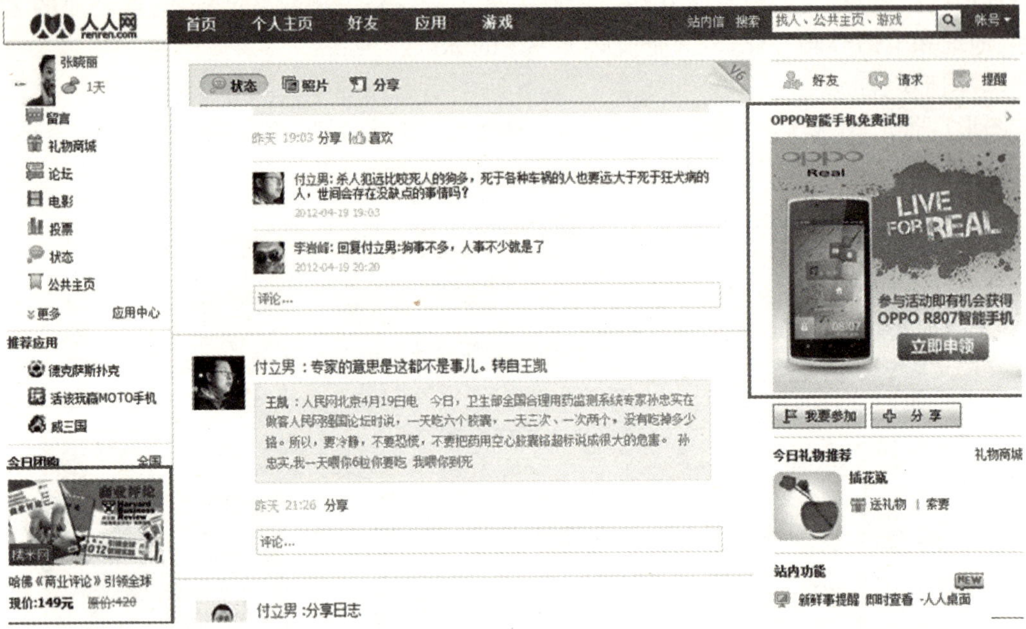

图 5-11 虚拟社区广告

(4)搜索引擎广告

时至今日，互联网的迅速发展已使它成为一个全球性、“巨无霸”式的分布式信息库。终端用户在享受着丰富的、取之不尽的资源的同时，也被淹没在这个庞大的信息海洋里，往往在找到自己需要的信息的同时，耗费了大量的时间和精力。需求为技术进步提供了源动力，基于这样的需求，搜索引擎的应用迅速成长起来。目前，搜索引擎已经毫无疑问地成为互联网的焦点，图 5-12 所示为百度搜索引擎广告。

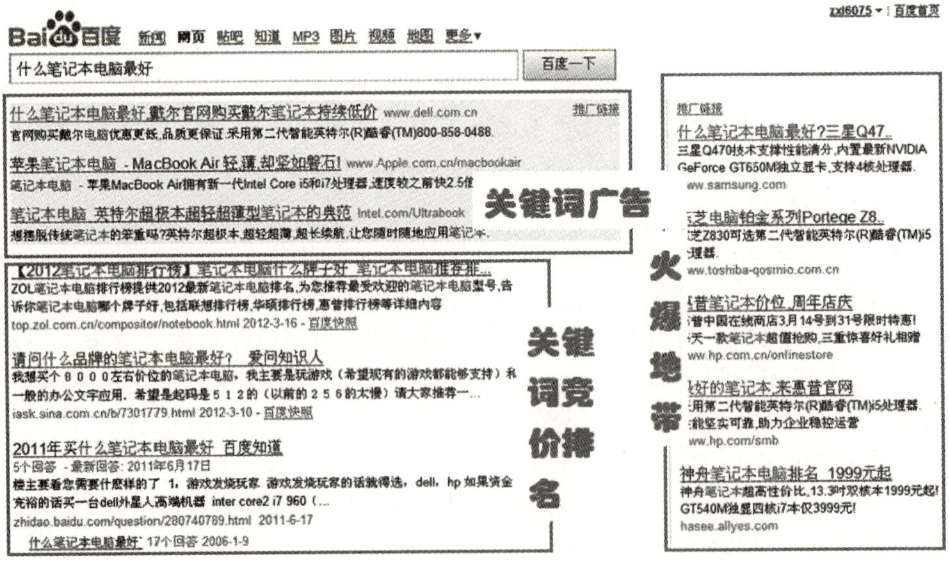

图 5-12 搜索引擎广告

互联网用户一定都有过使用搜索引擎的经历。搜索引擎就是帮助用户进行信息检索的工具，通过它，用户可以找到自己感兴趣的网页。更进一步说，在这个信息爆炸的时代，用户面对的主要矛盾并不是能否找到相关信息，而是如何从海量信息中筛选出最符合需求的有用信息。

搜索引擎促销就是通过考察、记录、跟踪用户使用搜索引擎的习惯，尽可能地让用户检索到自己的网站或商品信息，从而达到营销的目的。因此我们可以把搜索引擎促销看做网络广告的一种，当用户向搜索引擎输入检索信息时，必然已经对该产品或服务产生了兴趣，搜索引擎促销所要做的就是创建便于搜索的信息源，使自己的网站在搜索结果中处于靠前的位置，从而引起客户关注。

(5)电子邮件广告

如图 5－13 所示的电子邮件广告出现在电子邮件里，电子邮件广告是网络广告中出现较早的一种广告模式，由于成本低廉，投入产出高，一直被广大企业所应用。电子邮件广告可以出现在登录邮箱页面、写信页面、发信成功页面、收件箱页面。广告的形式也多样化，可以是文字、图片以及网页。

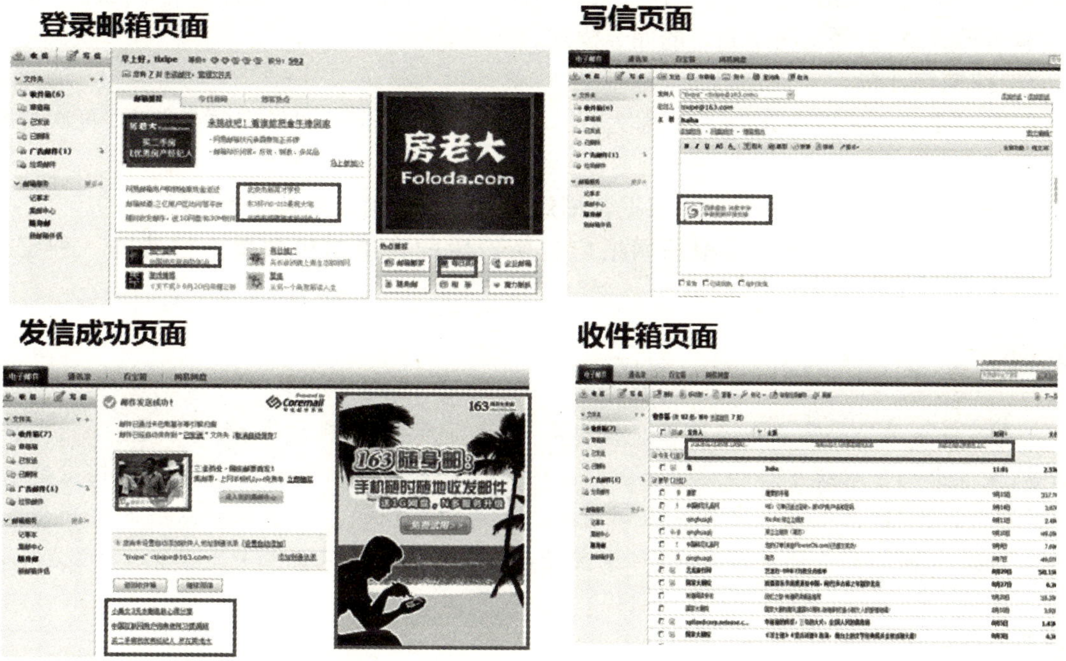

图 5－13　电子邮件广告

网络广告还有其他很多种形式，如视频广告、声音广告、文字链接广告、墙纸广告等。随着网络技术的不断发展和 Web3.0 时代的到来，网络广告和形式会更加丰富多彩。如何利用各种形式的网络广告，达到最佳的营销效果，是每一个现代企业都要关注的事情。

2. 网络广告的计费方式

(1)按展示计费

CPM 广告(Cost Per Mille/Cost Per Thousand Impressions)：每千次印象费用，即广告

条每显示 1 000 次(印象)的费用。CPM 是最常用的网络广告定价模式之一。

CPTM 广告(Cost Per Targeted Thousand Impressions):经过定位的用户的千次印象费用(如根据人口统计信息定位)。CPTM 与 CPM 的区别在于,CPM 是所有用户的印象数,而 CPTM 则是经过定位的用户的印象数。

(2)按行动计费

CPC 广告(Cost Per Click):每次点击的费用,根据广告被点击的次数收费。如关键词广告一般采用这种定价模式。

PPC 广告(Pay Per Click):是根据点击广告或者电子邮件信息的用户数量来付费的一种网络广告定价模式。

CPA 广告(Cost Per Action):每次行动的费用,即根据每个访问者对网络广告所采取的行动收费的定价模式。对于用户行动有特别的定义,包括形成一次交易、获得一个注册用户或者对网络广告的一次点击等。

CPL 广告(Cost for Per Lead):按注册成功支付佣金。

PPL 广告 (Pay Per Lead):根据每次通过网络广告产生的引导付费的定价模式。例如,广告客户为访问者点击广告完成了在线表单而向广告服务商付费。这种模式常用于网络会员制营销模式中,为联盟网站制定的佣金模式。

(3)按销售计费

CPO 广告(Cost Per Order):也称为 Cost Per Transaction,即根据每个订单/每次交易来收费的方式。

CPS 广告(Cost for Per Sale):根据营销效果付费。营销效果是指销售额。

PPS 广告(Pay Per Sale):根据网络广告所产生的直接销售数量而付费的一种定价模式。

项目小结

本项目介绍了几种常见的网络广告形式:如主页广告、按钮广告、网幅广告、弹出式广告等,重点介绍了网络广告相对于传统广告的优势。网络广告是网络营销中促销策略的关键环节,营销战略很大一部分是依赖网络广告得以实现的。掌握网络广告的常用形式和特点,以及网络广告的发布方式,对于实现企业的网络营销来说至关重要。

知识百科

新形势的"网络窄告"

在 19 世纪,美国零售巨头约翰·沃纳梅就悲叹道:"我花在广告上的钱有一半被浪费掉了,糟糕的是,我不清楚是哪一半。"

在 2004 年一次关于网络广告的市场调查中,当被问及网络广告该如何改进时,有超过 40%的人认为网络广告应该加强其针对性。

"窄告"就是网络定向广告,它能通过分析网页内容、辨别网民所在地,按广告主要求,将广告有针对性地投放到 3 000 多家网站的目标客户面前。这种新型网络广告模式更加有效地节约了广告成本,提升了广告效率。

窄告被誉为网络广告的"响尾蛇"导弹，它能通过定位技术，准确锁定目标客户，直接发布到目标客户面前，它具有以下几大特点。

(1)传播最广的广告

窄告有 3 000 多家主流合作媒体，日均访问人次超过 2 亿，覆盖 95%以上的网民，只要投放窄告，就意味着同时在全国 3 000 多家网站做广告。这些网站包括新浪网、网易、中国新闻网、中华网以及地方网站和行业网站等。

(2)最便宜的广告

窄告按实际效果付费，每次点击低至 2 毛钱；不点击，就在 3 000 多家网站上免费展示。同时，由于其独特的锁定目标客户的投放方式，针对性极强，有效地避免了广告浪费，让营销成本降低 10 倍！

(3)最可控的广告

窄告作为一种新型的网络广告，运用了各种先进的互联网技术，结合人性化的设计，用户完全可以自己投放广告，同时可以实现更多功能。

①先进语义分析技术，帮助用户自动创建窄告：窄告运用先进的语义分析技术，可以根据用户创建的窄告描述和网站内容，向用户自动推荐适合的关键词，省去了用户制作窄告的时间和精力。

②指定窄告面向的客户区域，可以具体到地级城市：窄告能准确锁定指定区域(可具体到城市)投放。一旦广告主指定了窄告的面向区域，就只有指定区域的网民才能看到自己的窄告。此功能对客户所在区比较集中的广告主尤其实用，如广东深圳的某家美容院，其客户群体主要是本地，在设置窄告时指定深圳，那么只有深圳的人才能看到这家美容院的窄告。此功能为广告主节省了不必要的广告费用。

③按企业广告预算，控制每天的窄告消费：窄告准确记住客户所下达的消费指令，一旦达到用户所设的每日最高消费限额，即可停止发布窄告。此功能为客户节约广告费用、控制广告预算提供了保证。

④随时了解窄告的投放效果：用户可以通过窄告提供的多种方式了解窄告投放的效果，如随时上网查看自己窄告投放的媒体、位置和消费等。同时用户还可选择以每天接收邮件的形式，了解窄告的投放效果，并根据窄告投放情况，随时调整窄告的发布形式与策略，一旦设置，即时生效。

(4)发布最快的广告

窄告的发布完全可以由窄告投放者自己控制，但窄告作为一种对外的广告，必须是严肃真实的，因此，窄告在正式发布到网上之前，需要经过审核；一经审核，即在 5 分钟内生效。

(5)最受欢迎的广告

窄告以文字链的形式发布在相关文章周围，作为一种许可式的广告模式，它不仅不会对网民视线形成干扰，同时它也是网页正文内容的延伸和补充，网民十分需要，媒体也非常欢迎，当然最为受惠的还是广告主。

单元小结

本单元共完成了 3 个项目的学习，学完后应该有以下收获：

- 掌握网络营销的概念和它与传统营销的异同；
- 了解网络营销策略的制定方法；
- 掌握网络广告的特点；
- 了解各种形式的网络广告。

习　　题

一、单选题

(1)企业实施网络营销必须有一定的技术投入和技术支持，这反映了网络营销的哪个特点？(　　)

A. 高效性　　B. 技术性　　C. 整合性　　D. 交互性

(2)关于网络营销对传统广告障碍的消除，说法不正确的是(　　)。

A. 网络空间具有无限扩展性，因此在网络上做广告，可以较少地受到空间篇幅的局限

B. 不能根据访问者特性，如硬件平台、域名或访问时搜索主题等方面，有选择地显示其广告

C. 迅速提高的广告效率也为网上企业创造了便利条件

D. 可以根据其注册用户的购买行为，很快地改变向访问者发送的广告

(3)关于网络营销和传统营销的说法，准确的是(　　)。

A. 网络营销暂时还是一种不可实现的营销方式

B. 网络营销不可能冲击传统营销方式

C. 网络营销最终将和传统营销相结合

D. 网络营销将完全取代传统营销的一切方式

(4)当今网络时代，网络信息的收集绝大部分是通过(　　)获得的。

A. 聊天程序　　B. 新闻组　　C. 搜索引擎　　D. BBS

(5)网络促销中，进行栏目内容编辑的工作程序及步骤，顺序正确的是(　　)。

A. ①更新信息的内容；②按栏目模板制作网页；③测试所制作的网页；④发布所修改的网页

B. ①按栏目模板制作网页；②更新信息的内容；③测试所制作的网页；④发布所修改的网页

C. ①更新信息的内容；②测试所制作的网页；③按栏目模板制作网页；④发布所修改的网页

D. ①更新信息的内容；②按栏目模板制作网页；③发布所修改的网页；④测试所制作的网页

二、判断题

(1)关于网络营销的看法中，比较客观的是网络营销将影响到营销所涉及的各个方面，网络营销与传统营销相互影响、相互促进，最后实现融洽的内在统一。(　　)

(2)在网络营销中进行广告发布，选择发布媒介时，如果选择了旗帜广告，要考虑的条件有广告的效率、广告的收益、广告费用以及所选择的媒体形象是否与推广形象相吻合。(　　)

(3)要发布网络广告，首先要选择网络广告服务商。(　　)

(4)网络营销对传统营销渠道产生了一定冲击，中间商的重要性有所提高。(　　)

(5)广告以文字链的形式发布在相关文章周围，作为一种许可式的广告模式，它不仅不会对网民视线形成干扰，同时也是网页正文内容的延伸和补充。(　　)

第6单元

电子支付与网上银行

随着电子商务的开展和不断完善，电子支付正逐渐取代传统支付（模式），成为极其重要的环节。同时，电子商务的发展也给银行业带来了机遇，网络银行的兴起，使银行的服务效率和功能得到了很大的提高；互联网金融的发展，使得金融全球化和综合化的发展趋势进一步增强。本单元按以下4个项目进行：

项目1 电子支付概述；

项目2 电子货币；

项目3 网络银行；

项目4 移动支付。

案例导入：招商银行的网上银行

招商银行是1987年4月8日成立的我国第一家完全由企业法人持股的股份制商业银行。1997年4月，招商银行开通了自己的网站(www.cmbchina.com)。1999年9月，招行在全国全面启动网络银行服务，推出"一网通"这一招商银行的特色品牌。"一网通"的成功推出，标志着招商银行在银行电子商务建设方面开始走向国际先进水平，招商银行的金融电子服务从此进入了"一网通"时代，构建起由企业银行、个人银行、网上证券、网上商城、网上支付组成的功能较为完善的网络银行服务体系。同年11月，招商银行经中国人民银行正式批准，开展网上个人银行服务，成为国内首家经监管当局正式批准开展在线金融服务的商业银行。

招商银行是一家年轻的银行，因为年轻，招商银行夹在众多银行界元老之间，无论营业网点还是人员数量，都无法与其他银行抗衡；但是，同样因为年轻，招商银行可以摆脱传统体制和人事的纷争，在银行业独辟蹊径，以在中国尚属全新的网上银行业务独树一帜。这种年轻的优势还在于，招商银行建立了一种协调合作的工作环境，每一个策略的推行、调整都很少有阻滞。

招商银行的突破，使之成为中国金融业一个非常有特色的企业。美国《财富》杂志发布的2012年度全球最大的500家公司排行榜，招商银行首次入围该榜单。招商银行成立25年来，伴随着中国经济的快速增长，在广大客户和社会各界的支持下，从当初只有1亿元资本金、1家营业网点、30余名员工的小银行，发展成为资本净额超过2 000亿元、资产总额超过2.8万亿元、机构网点超过900家、员工近5万人的全国性股份制商业银行，并跻身全球前100家大银行、全球500强企业之列。

目前，招商银行的"一网通"已形成了包括网上企业银行、网上个人银行、网上商城、网上证券和网上支付等在内的较为完善的网上金融服务体系。"一网通"使招商银行在一定程度上摆脱了网点较少对规模发展的制约，为招商银行在网络经济时代实现传统银行业务与网上银行业务的有机结合，进一步加快发展步伐，奠定了坚实的基础。招商银行"一网通"的业务如图6－1所示。

招商银行利用网上银行特有优势，针对企业客户推出了"点金理财"服务。该服务包括三大系列、八项套餐、28个服务方案，可以为不同企业提供个性化的定制服务，如图6－2所示。其中，三大系列包括公司银行业务、国际业务和同业银行业务产品，将产品的诉求对象延伸至所有的对公客户层次，同时密切本外币、境内外联动，促进全球金融开发，让客户充分享受全面的银行业务。八项套餐指资蛛网、收账易、融资全、财路广、投资畅、安全锁、信息港和E站通，针对客户不同业务需要，提供了28项解决方案，让客户充分享受增值和个性化的银行业务组合。

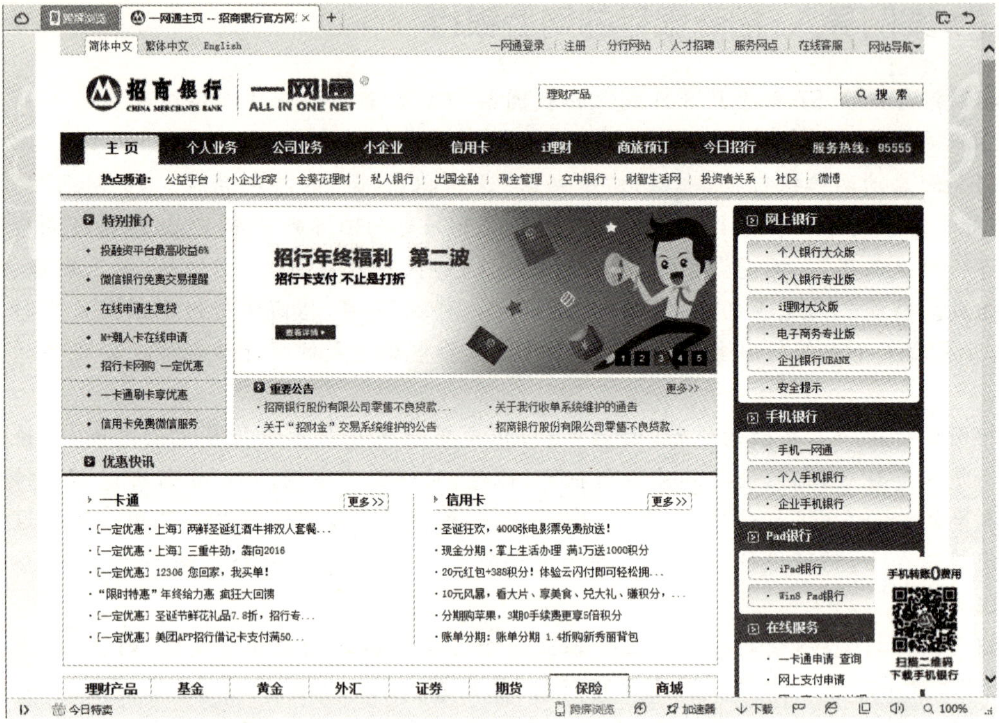

图 6-1　一网通主页

图 6-2　招商银行点金理财服务

项目 1　电子支付概述

项目描述

电子支付的出现，使人们突破了时间和空间的限制，可以自由地进行电子商务交易。在互联网概念重新被资本市场追捧的同时，电子商务也同样开展得如火如荼，作为电子商务重要支持手段的电子支付，成为大家所关注的问题。

项目分析

虽然不少企业的传统商业模式借助互联网平台得以进化，但传统的支付手段仍然阻碍着新商业模式挺进的步伐。如何配套世界范围内电子商务活动的支付问题，如何处理每日通过信息技术网络产生的成千上万个交易流的支付问题？答案只有一个——利用电子支付。本项目可分解为以下任务：

- 电子支付的产生和发展；
- 电子支付仍待解决的问题；
- 电子支付的方法。

项目目标

- 了解电子支付的产生和发展历程；
- 了解我国电子支付的发展情况；
- 熟悉电子支付的方法。

任务1　电子支付的产生和发展

1. 电子支付的产生

货币作为固定地充当一般等价物的特殊商品，是商品交换的产物，其最主要的职能是作为交易的媒介，执行流通手段和支付手段。货币形式服从于货币内容，并随着时代的发展而不断地进化，“用一种象征性的货币来代替另一种象征性的货币，是一个永无止境的过程。”这样，货币所可能采取的形式就具有无限多样性。迄今为止，货币形式经历了实物货币、金属货币和信用货币等阶段，如图6-3所示。实际上，从早期朴素的商品货币到贵金属货币，再到纸币和银行账户上的记录数据，货币形式经历了从价值实体到价值符号的演变。同时，电子货币应运而生。

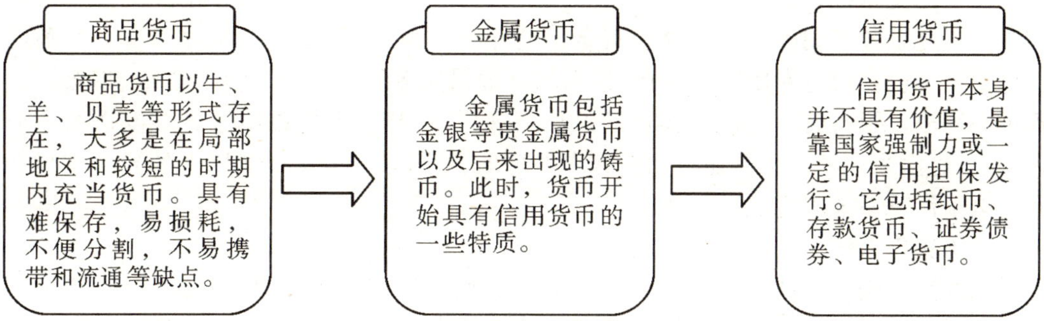

图6-3　货币发展过程

电子支付是银行或第三方支付公司为客户和商业机构提供的一种新型金融服务。它利用原有业务计算机网络处理系统，引入扣款卡和销售终端等技术，从根本上改变了传统纸币、支票及手工点钞、存贷分流的结算方式。这样，不仅减少了社会上现金和支票的流通量，而且使银行业务突破了时间和空间的限制。

2. 电子支付的发展

电子支付在中国的发展始于1998年招商银行推出的网上银行业务，随后各大银行的网上缴费、移动银行和网上交易等业务逐渐发展起来。近几年来，随着Internet和电子商务的迅速发展，特别是信息安全技术的发展，电子支付技术也不断发展，支付手段越来越多。

我国的电子支付建设起步较晚，发展水平同发达国家相比，存在很大差距。但我国近年来推广电子支付的力度较大，自20世纪90年代以来，实施了如“三金工程”等一系列信息化工程和国家现代化支付系统的建设，为电子支付的应用提供了很好的基础。

(1)电子支付发展的几个阶段

电子支付系统的发展大致经历了5个阶段。

第一阶段：银行利用计算机处理银行自身系统之间的资金汇划业务，如各国有商业银行实时电子汇兑系统。

第二阶段：银行与其他开户机构之间的汇划，如代发工资，代收水、电、气及电话费等。

第三阶段：利用网络终端向客户提供各项银行服务，如客户在自动柜员机上进行存取款等。

第四阶段：利用银行销售点向客户提供自动扣款、转账业务，包括资金从付款人账户转到收款人账户的全过程。

第五阶段：在该阶段，电子支付可随时随地通过互联网络进行直接转账结算，形成电子商务环境，这一阶段的电子支付称为网上支付或在线支付。

(2)电子支付系统

经过多年的努力，我国建成了多个电子支付结算系统。

①银行卡系统。

20世纪90年代前后，我国各商业银行先后建立了各自的全国性或地区性的银行卡支付系统，但银行卡只能在本行进行支付结算。从1993年起，政府就开始进行银行卡跨行信息交换中心的建设，并于1997年开通运行。2002年3月份，中国银联股份公司成立，这标志着我国银行卡跨区域的互联互通确立了统一标准。

②电子汇兑系统。

电子汇兑系统是用电子手段处理资金汇兑业务的系统，可以提高汇兑效率。目前的电子汇兑系统主要在银行专用网上运行，该系统一般采用多级结构，由全国、省级、市级和县级处理中心构成。银行营业点接受客户的汇兑请求后，将相关票据以电子方式发送给相应的处理中心，再由当地的银行营业点面向客户办理取款手续。目前，2/3以上的异地支付业务都通过电子汇兑系统来完成。

③网络银行系统。

我国的网络银行是从20世纪90年代后期开始发展的。当时，随着Internet和电子商务的发展，我国的银行开始通过Web页面向用户提供银行业务。目前，网络银行提供的业务主要有在线电子支付、账户余额查询、转账、网上证券、投资理财等。到目前为止，已经有招商银行、中国银行、中国建设银行、中国工商银行等银行建立了自己的网络银行系统。

④中国国家现代化支付系统。

中国国家现代化支付系统(英文缩写为CNAPS)把商业银行(如中国建设银行)为客户提供的支付服务系统和中央银行为商业银行提供的清算服务系统整合在一起，通过这个统一平台，可以提供支付、清算、金融经营管理和货币政策等多种功能。该系统是我国全面实现金融电子化的奠基石。

⑤邮政金融系统。

邮政拥有遍布全国城镇和农村的营业网点，因此它开办金融业务有着得天独厚的优势。邮政金融系统主要面向个人客户，提供储蓄、汇兑、支付等多种金融业务。邮政金融系统也加入了银联组织，发行的邮政绿卡可以在任何一个银联网点办理业务。

任务2　电子支付仍待解决的问题

跌跌撞撞地起步，饱受争议，却又前景诱人，这就是电子支付的现状。不管怎样，电子支付正在全力加速向前跑。

网上支付等电子支付业务的产生和发展，推动了支付业务流程的再造，优化了经营过程，降低了交易成本，但我国开展此项业务起步比较晚，发展还不完善，目前主要存在以下几个方面的问题。

1. 网上支付硬件设施落后

用于开展电子支付业务的硬件设备、系统软件、网络通讯及银行前端等基础设施建设，与发达国家相比，还显得较为落后。近年来，我国网络发展速度增快，但发展不均衡，与国际先进水平以及国内网络应用需求相比，仍有较大的差距。特别是县以下的银行机构，由于受资金、设备的影响，普及银行电子化还有相当大的难度。此外，普遍存在的网络带宽较窄、速度缓慢的问题，也严重影响了运行效率和支付质量。

2. 电子支付业务的支撑系统存在安全隐患

(1)信息泄漏

电子支付业务是应用互联网进行交易、清算和信息发布的系统。网络存在安全漏洞，无法保证网络中信息的隐秘性。例如，电信从业人员可能利用工作之便，很容易地获取网络中传输的信息；网络攻击者也可以通过搭线等方法，从传输信道窃取信息。

(2)假冒通信

互联网提供了灵活的数据交换机制，但同时也给假冒通信以可乘之机。网络外的用户，只要将其设备配置成与网络内的设备相同，就可能欺骗总部，与其进行通信；如果网络外的用户将其设备配置得与总部的设备相同，并采取一些措施将总部的设备阻塞，就可以假冒总部，欺骗网络内的用户。

(3)假冒信息

攻击者窃取了网络中传输的信息后，采用一些并不复杂的技术，尤其是在内部人员的配合下，就能进行信息的假冒。例如，重复进行一些本已完成的业务等。

3. 信用风险的恶性循环会危及银行业

开展电子支付业务的整个过程几乎全部在网上完成，这种支付方式的虚拟性，一方面推动银行业跨越时间和地域的限制；另一方面也使交易对象变得难以明确，交易过程更加不透明。电子支付指令未被广泛接受，使得电子银行比传统银行具有更大的信用风险，强大的负面公众舆论将导致银行资金或客户的严重流失。由于银行本身信息技术水平的限制，它们往往会依靠第三方的服务供应商（即提供高科技的专业技术服务公司）来承担银行的外包业务。这一领域仅由少数几个技术服务供应商来控制，一旦其中的任何一个出现了问题，就会有多家银行连带受损。

4. 技术规范和实施标准缺乏统一规划

对于身份认证的权威性和独立性，数据加密强度、商用密码产品，以及通讯安全控制措施等电子支付业务的核心技术和关系行际互联的技术参数，都没有制定相应的国家标准。目前各家银行各行其是，互不兼容。更有甚者，商业银行系统内部也不统一，省级分行自行开发运行电子支付业务，自己建立CA身份认证中心。这种状况弊端很多，首先，各行网上银行业务标准不一，技术各异，对以后的互相合作、互相联合非常不利；其次，重复投资，造成资源的巨大浪费。同时，商业银行自建CA认证中心，自己为客户颁发数字证书，自己验证客户身份的做法，缺乏独立性和客观性，一旦发生法律纠纷，商业银行将处于被动局面。

5. 相关法律法规缺乏

迄今为止，我国银行开展电子支付业务已经有10多年了，但国内法律法规还不能给电子支付业务的发展提供充分的保障，涉及计算机和网络领域的立法工作相对滞后，缺乏保障网络银行和电子商务活动有效开展的法律框架体系。

6. 诚信度太低和认知缺失

据调查，电子支付工具的用户群体一般定在20～35岁，因为使用互联网的用户主要集中在这一年龄段，他们上网并尝试网络消费，有一定的知识水平和消费能力。目前信用体系尚不完善，他们最担心的是支付后获得的服务和产品并不是网络购买时所想，商品质量问题使用户产生不安全心理。很多从业人员认为，中国电子支付与国外相比，存在很大差距，一是电子支付的应用开发不全面；另一个是国内使用银行卡的人很少，使用电子支付的人就更少了。目前阻碍电子支付发展的一个重要的因素是网络教育不全面，很多人根本没有机会接触到电子支付。另外，支付公司并未真正地用商品价值和服务来吸引用户，并且引导用户来定购。

任务3 电子支付的方法

1. ATM和POS机支付

说到银行卡，大家最熟悉的莫过于ATM和POS机了。

ATM基于金融机构的专用网络，为持卡人提供本地、异地，本行、跨行的查询、存取款、转账等服务。通常有接入商业银行内部网络的ATM和接入第三方清算机构（如银联）网络的ATM两种模式，两者只是在后台网络运作上有一些技术上的差异，但是对于持卡人而言，功能差别并不大。

POS机与金融网络的连接情况比较复杂，有许多种实现方案。

拿小型商家接入银联网为例，小店的POS机可以采用电话拨号方式接入银联网，当营业员完成刷卡、顾客输入密码以后，卡上的账户信息连同密码、收款金额一起传送到银联系统，银联系统再通过金融机构内部的网络，把信息传递给发卡银行，进行账户身份的确认，然后查询借记卡的余额或者贷记卡的授权透支金额是否足以完成这次交易。如果账户确认有误，或者余额、透支额度不足，将返回相应的出错信息。否则交易就被确认，消费者的存款账户将被扣除与消费金额相同的款项，或者贷款账户记入相应的透支金额。同时，商家的账户将增加相同的款项，但要扣除交易佣金。

大中型商家的 POS 系统会和内部的 Intranet 相连接，与财富管理系统、仓储管理系统、销售管理系统等互通信息，然后由专门的通信服务器通过 ADSL、DDN 或者 VPN 等网络与银联网络相连。后面的信息传递和处理的过程与小型商家单个 POS 机相类似。

2. 银行卡网上支付

我们在网上购物时，非常希望有一种快捷、方便、安全的网络支付方式来完成交易付费。通过银行卡的网上支付系统，可以利用消费者现有的银行卡，实现网络支付过程。

通常，商家在购物网上有许多支付方式选项，如图 6－4 所示。如果消费者选择银行卡的网上支付方式，则系统跳转到网上支付登录界面，由消费者输入卡号和密码。

图 6－4　支付方式选择页面

如果你首次使用该银行的网上支付业务，则在输入卡号和密码之前，会弹出一个提示性的窗口，警告要下载一个证书或者是一个安全控件，如图 6－5 所示。

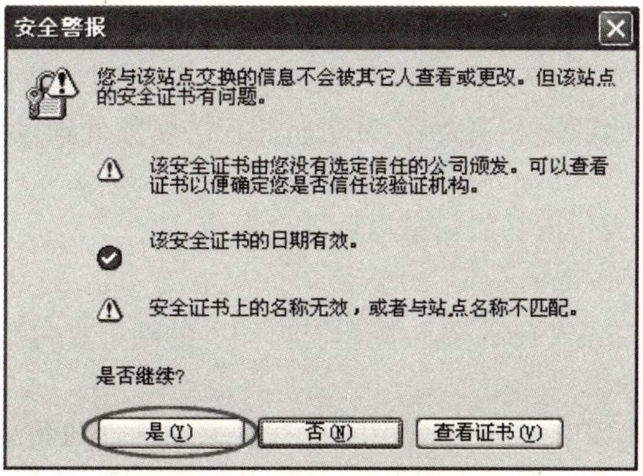

图 6－5　证书下载提示

这个证书是用来证明支付服务器的身份，用户可以点击查看证书内容，以确认是否与该银行的信息相符合。证书的第二个作用是带了银行服务器的公钥，用于 SSL 协议，以加密传递卡号和密码等信息。

贴心提示

如果要下载安装的是一个控件，通常是银行另外提供的加密程序，以提供此浏览器更加安全的数据加密传递。

有的银行在网上支付时，还要求提供个人的 USB 证书，此证书需要用户到银行柜台申请；有的银行则需要手机验证码，这样支付将更加安全。

当用户选择了接受下载安装该证书或者控件程序以后，会出现如图 6－6 所示的界面来输入卡号和密码。

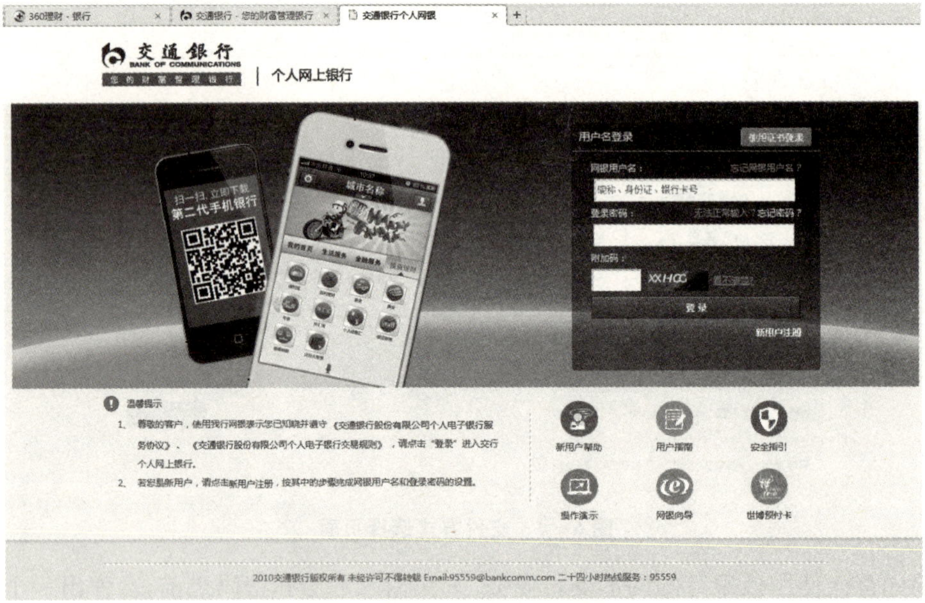

图 6－6　输入卡号和密码的界面

当你输入了卡号、密码等信息以后，银行系统会核对你的信息，确认账户余额或授权透支额度是否足以支付这笔消费金额，如同你在商场 POS 机刷卡消费一样。若支付确认成功，银行系统会反馈信息给商家和消费者，并进行相应的账务处理；反之，则发出失败信息给商家和消费者。

通常，商家只有收到支付成功的消息以后才会发货。

3. 支付宝

支付宝网站（www.alipay.com）是由阿里巴巴创办的网上支付平台，为网络交易用户提供第三方的安全支付服务。

支付宝运作的实质是以支付宝为信用中介，在买家确认收到商品前，由支付宝替买卖双方保管货款的一种增值服务。阿里巴巴开办支付宝这一举措，是为了消除交易各方对网上支付安全、商业信用和产品质量等的担忧，打破了电子商务支付这一环节的困局。支付宝流程如图 6－7 所示。

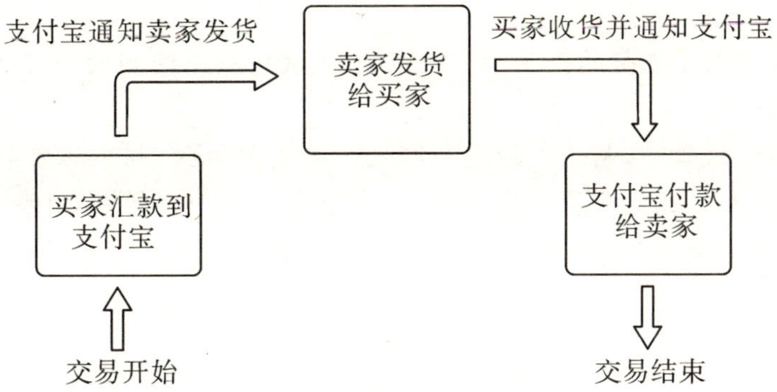

图 6－7　支付宝交易流程

贴心提示

网购谨防 5 大陷阱

电子商务被越来越多的消费者所接受，支付方式逐步升级，微信、微博、游戏平台被逐步发展为“诈骗平台”。消费者在网购支付中一定要擦亮眼睛，谨防 5 大陷阱：

(1)作为目前最潮的沟通软件，微信已被不法分子用于网购诈骗。骗子在微信平台发布二手商品信息，诱导消费者购买，并以包邮为借口取消系统交易订单，让买家直接向卖家账号转账。转账后，诈骗方的微信便不再有回应，在交易流程取消的条件下，消费者最终难以维权。因此，购物一定要在交易系统中完成，并严格注意区分付款类型，如即时到账。

(2)针对喜欢网购游戏辅助产品的买家，卖家在买家交易付款后，以直接在旺旺上给买家发货为借口，要求买家先确认收货，假借指导买家怎么使用产品，利用阿里旺旺或 QQ 远程协助功能，偷偷取消买家仅有一次的维权机会。由于淘宝只视阿里旺旺聊天凭证为投诉证据，因此淘宝交易切记要使用阿里旺旺。不用随意接受对方远程操作的要求，这样等于将自己的淘宝账户交给他人使用。

(3)卖家在论坛、微博上发布低价专柜商品信息，诱导买家拍下商品后，并不按正常流程付款，而是发送一个请求代付的支付宝链接给买家，让其作为代付者支付货款。代付是帮别人支付，代付者是没有淘宝交易记录的，即使退款，也是退到被代付人的支付宝账户的。代付页面都有清晰提示，买家要看清条款明细后再谨慎付款。

(4)卖家在论坛发布低价移动硬盘商品信息，等买家拍下商品后，将货物发成货到付款，并电话联系买家取消淘宝线上交易订单。买家收货时，往往外表无损就签收付款，但内部可能是铁块、石头等硬物。致电客服维权，却发现淘宝交易已经取消，没有任何凭证投诉举报卖家。若遇到线下货到付款交易被骗时，可以第一时间联系对应物流公司，看是否可以在骗子与物流公司结算之前截留货款。

(5)支付宝用户收到声称账号存在安全风险的信息，需要回复邮件并附上身份证复印件和户口本信息核实身份，否则会冻结账户。该诈骗邮箱地址结尾为 aliopoy. com，与支付宝官方邮箱 alipay. com 十分接近。用户回复后，会被盗取支付宝账号，从而造成经济损失。记住支付宝官方邮件末尾是以 alipay. com 结尾，且后面有黄色锁(安全标志)。

项目小结

本项目介绍了电子支付的产生、发展情况和发展过程中遇到的一些问题，以及电子支付所采用的方法。

随着网上银行的兴起，电子支付逐渐取代传统支付，地位越来越重要，支付的方法也日趋多样。当然，由此也带来了相应的技术、安全方面的一些问题，有些可以在短期内解决，有些则是长期都将存在的问题，只有随着社会发展水平的整体提高来逐步解决。

知识百科

电子现金

电子现金又称为数字现金，是一种表示现金的加密序列数，它可以用来表示现实中各种金额的币值，是一种以数据形式流通、通过网络支付使用的现金。用户在开展电子现金业务的银行开设账户并在账户内存钱后，就可以在接受电子现金的商店购物。电子现金比现有的实际现金（纸币和硬币）有更多的优点，实际现金要承担较大的存储风险、高昂的传输费用以及较大的安全保卫和防伪的投资。电子现金的发行方式包括存储性质的预付卡和纯电子系统形式的用户号码数据文件等形式。

电子现金在经济领域起着与普通现金同样的作用，对正常的经济运行至关重要。电子现金具备的特点如下所述。

1. 独立性

电子现金的安全性不能只靠物理上的安全来保证，必须通过电子现金自身使用的各项密码技术来保证电子现金的安全。

2. 不可重复花费

电子现金只能使用一次，重复花费很容易被检查出来。

3. 匿名性

银行和商家相互合作也不能跟踪电子现金的使用，即无法了解电子现金用户的购买行为，从而隐蔽电子现金用户的购买历史。

4. 不可伪造性

用户不能造假币，包括两种情况：一是用户不能凭空制造有效的电子现金；二是用户从银行提取 n 个有效的电子现金后，也不能根据提取和支付这 n 个电子现金的信用制造出有效的电子现金。

5. 可传递性

电子现金像普通现金一样，在用户之间可以任意转让，且不能被跟踪。

6. 可分性

电子现金不仅能作为整体使用，还能被分为更小的部分多次使用，只要各部分的面额之和与电子现金面额相等，就可以进行任意金额的支付。

项目 2　电子货币

项目描述

电子货币作为货币演进的最新形态，与传统货币相比，能够提高交易效率，降低交易成本，电子货币取代传统的银行券和硬币，作为主要的交易和支付工具，已经成为一种不可逆转的世界性发展趋势。

项目分析

人们在各种活动和消费中，习惯于现金支付、银行汇兑等传统的支付方式。电子货币的出现方便了人们外出购物和消费。网上消费、家庭银行、个人理财、网上投资交易、网上保险等金融服务，均通过电子货币在 Internet 上随时随地进行电子支付与结算。本项目可分解为以下任务：

- 认识电子货币；
- 电子货币的分类与发展。

项目目标

- 理解电子货币的概念；
- 掌握电子货币的特点及分类方法；
- 了解电子货币的发展过程。

任务 1　认识电子货币

电子货币的出现是信息革命的产物，是新技术革命和网络经济发展的必然结果，它的发展呈一种不可阻挡的趋势，有效地解决了市场全球化大背景下，如何降低信息成本和交易费用的问题。电子货币极大地突破了现实世界的时空限制，信息流、资金流在网上的传送十分迅速、便捷，时空差距不再是网络世界的障碍。

1. 电子货币的概念

电子商务这种无纸化的电子交易，自然出现了无纸化的电子支付，而电子支付的核心就是电子货币。

简单而言，电子货币就是一种以电子信号记录形式（光、电、磁数据记录形态）表示货币价值的系统，既不同于现金，也不同于票据，没有实物形态的存在。

但是电子货币需要一定的媒介储存和传递，银行卡、智能卡、计算机硬盘等都是电子货币的储存介质，而计算机网络成为电子货币传递的媒介。

贴心提示

电子货币的概念可以简略概括为：电子货币是指在零售支付机制中，通过销售终端、不同的电子设备之间以及在公开网络上执行支付功能的储值或预付支付机制。

2. 电子货币的特点

电子货币与传统货币相比，具有以下特征。

(1)发行主体多元化

商业银行、信用卡公司、电信公司、大型商户和各类俱乐部等企业均可成为发行主体，并且其发行总量不受中央银行的控制，其数量规模基本由市场决定。

(2)形式多样性

电子货币是一种电子符号或电子指令，不再以实物、贵金属或纸币的形式出现，其存在形式随处理的媒体(如磁盘、电磁波或光波等)而不断变化。目前电子货币的使用通常以借记卡、贷记卡、磁卡和智能卡等为媒体。

(3)技术先进性

电子货币采用先进的密码技术、生物统计识别装置和智能卡技术等，进行多层加密，提供支付过程的全部安全保障，克服了纸币易伪造，在运输和保存过程中面临安全问题的缺陷；并且通过密码、数字签名等方式来确认交易，保证了数据的真实与完整性。

(4)结算方式特殊性

电子货币以计算机及网络技术为依托，将现金或货币无纸化、电子化和数字化后进行储存、支付和流通，不仅安全、快捷，而且避免了使用传统货币时缴款等待、找零等麻烦以及需要面对面交易等缺点。

(5)使用一次性

在现行开发的多数方案中，电子货币一经收益人接收，即不再基于同一交易系统而转让，也就是电子货币具有一次性使用的特征。

任务2 电子货币的分类与发展

1. 电子货币的分类

(1)按与付款人的关系分类

①身份可识别电子货币。

这种电子货币含有银行提款人的身份信息，这一功能确保银行追踪货币易手的能力。

②匿名电子货币(电子现金)。

这种电子货币在提取之后可立即用于支付或转让。电子现金的易手与实物现金的易手一样，无法追踪。

(2)按携带方式分类

①卡类电子货币。

卡类电子货币具有实物作载体，又称"硬件类"，是计算机芯片与付款卡的结合，故称"芯片卡"或"智能卡"，它的支付须经过读卡器方能实现。就目前的技术来看，这种读卡器可分为接触型和非接触型。接触型读卡器，顾名思义，是在读卡时与智能卡接触，从而识别用卡人身份和卡内记载的持卡人的特有信息，例如消费习惯、购物习惯等。无接触型与接触型唯一不同的是数据在卡与读卡器之间的传输技术。目前，无接触型运用的大多是无线射频识别技术。

贴心提示

世界上第一张智能卡于1984年在法国首次使用。目前，其制作成本仍比磁条卡高。其中，接触型要高出1倍，非接触型则要高出5倍；智能卡的接触系统设置成本也远远高于磁条读码系统。此外，这两种系统的不兼容性也令现有接受磁条卡的销售商为难。目前的智能卡多是双系统卡，即磁条与芯片兼用的卡，花旗银行智能卡就具备这种双重功能。然而，这一技术的折中方案尚未带来规模经济，因而各发卡机构都试图在降低成本方面实现突破。

②网络类电子货币。

网络类电子货币基于网络技术中的象征货币。因为支付过程无须卡之类的媒介，而是通过存入个人电脑的特定软件，通过公开网络实现，故又称“软件类”。

(3)按电子货币的形态分类

①储值卡型电子货币。

一般以磁卡或IC卡形式出现，其发行主体除了商业银行之外，还有电信部门(普通电话卡、IC电话卡)、IC企业(上网卡)、商业零售企业(各类消费卡)、政府机关(内部消费IC卡)和学校(校园IC卡)等。发行主体在预收客户资金后，发行等值储值卡，使储值卡成为独立于银行存款之外的新的“存款账户”。同时，储值卡在客户消费时以扣减方式支付费用，也就相当于用存款账户支付货币。储值卡中的存款目前尚未在中央银行征存准备金之列，因此，储值卡可使现金和活期储蓄需求减少。

②信用卡应用型电子货币。

它是指商业银行、信用卡公司等发行主体发行的贷记卡或准贷记卡。可在发行主体规定的信用额度内贷款消费，之后于规定时间还款。信用卡的普及使用可扩大消费信贷，影响货币供给量。

③存款利用型电子货币。

主要有借记卡、电子支票等，用于对银行存款以电子化方式支取现金、转账结算、划拨资金。该类电子化支付方法的普及使用能减少消费者往返于银行的费用，使现金需求余额减少，并可加快货币的流通速度。

④现金模拟型电子货币。

主要有两种：一种是基于Internet网络环境使用的、且将代表货币价值的二进制数据保管在微机终端硬盘内的电子现金；另一种是将货币价值保存在IC卡内，并可脱离银行支付系统流通的电子钱包。该类电子货币具备现金的匿名性，可用于个人间支付，并可多次转手，是以代替实体现金为目的而开发的。该类电子货币的扩大使用，能影响到通货的发行机制、减少中央银行的铸币税收入、缩减中央银行的资产负债规模等。

2. 电子货币的发展

(1)国内外电子货币的发展

在国外，电子货币的发展起步于20世纪90年代后期，并一直受到社会公众和官方机构的广泛关注，特别是在将电子货币作为现金的替代品进行小额支付方面尤为重视。

我国电子货币的发展稍晚于发达国家，但基本上是紧跟世界发展步伐。目前，国内储值卡业务的发展十分迅猛，由于监管部门不允许银行发行储值卡，因此储值卡的发行主体均为非银行机构，小到中小商户，大到电信企业、大型商场、公交公司，等等，其产品形式有电话卡、商场购物卡和公交卡等。

我国网络类电子货币发展较快。据统计，国内互联网已具备每年几十亿元的虚拟货币市场规模，并以年均15%～20%的速度成长。其主要形式有两种，一是第三方支付平台中的电子货币；二是各大网络服务提供商发行的电子货币。

(2)电子货币发展面临的问题

电子货币将是21世纪的主要金融支付工具，也将是国家管理金融的重要基础，然而，在其发展过程中，将面临以下问题：

①信誉风险。

电子货币只能通过加密数字签名等手段加以防伪，一旦关键技术和数据被掌握，伪币的大量涌现将给发行机构带来重大损失。同时，网上的木马程序能够盗用电子货币持有人的信用卡号和密码等身份信息，导致财产的流失，使整个电子货币系统陷入信誉危机。

②法律风险。

第一，电子货币的发行主体难以确定。目前并没有关于电子货币的专门立法，也没有明确规定非银行是否可以发行储值卡。

第二，电子货币相关方发生纠纷的责任难以确定。因其从根本上改变了传统的支付方式，通过电子货币赖以生存的计算机网络系统，能在瞬间完成资金的支付和划拨。当涉及多个当事人、出现某种故障而无法准确进行资金划拨时，就很难确定各方所应承担的法律责任。

第三，客户隐私权有泄漏风险。电子货币发行主体保存着使用者的交易记录及其他基本信息，通常也发行私人和公共密钥，这些资料一旦公布，将对客户造成较大影响。

③安全风险。

一方面，安全认证的标准不统一。电子货币依赖于加密算法、数字签名等技术手段，伪造起来很容易，会严重影响正常的货币流通秩序，降低了电子货币的流通效率；另一方面，虚拟交易安全性下降，譬如恶意透支、盗取密码、黑客入侵、制造伪卡、混入病毒等，都对电子货币的安全性提出了挑战。

项目小结

本项目介绍了电子货币的概念、特点和分类，以及电子货币的发展现状和存在的风险。

电子货币是指在零售支付机制中，通过销售终端、各类电子设备和公共网络，以“储值”产品形式和预付机制进行支付的货币。它凭借发行主体多元化、形式多样性以及结算方式特殊和技术先进等特点，逐渐改变着传统的支付方式。虽然在其发展过程中也存在一些风险，但电子货币必将成为未来支付领域的主要工具。

知识百科

电子钱包

电子钱包实际上是一种具有存储值的智能卡，是在小额购物或购买小商品时常用的新式钱包，具有信息存储、电子钱包和安全密码锁等功能，安全可靠。

在电子钱包内只能装入电子货币，即装入电子现金、电子零钱、安全零钱、电子信用卡、在线货币、数字货币等。电子钱包是电子商务活动中顾客购物常用的一种支付工具，电子钱包的功能和实际钱包一样，可存放银行卡、电子现金、所有者的身份证书、所有者的地址以及在电子商务网站的收款台上所需的其他信息。

电子钱包是一个在 SET 交易中运行在银行卡持卡人端的软件。持卡人通过电子钱包软件使用银行卡在 Internet 上购物时，电子钱包系统会帮助持卡人管理用于 SET 购买的银行卡账户，并存储购买信息。使用电子钱包进行购物，就像生活中随身携带的钱包一样，持卡人的银行卡信息和与卡对应的证书都存放在电子钱包里，一个电子钱包里可以存放不同品牌的多张卡，当持卡人进行电子交易时，用户可以打开电子钱包，随意选择想用的卡来支付。

电子钱包提高了购物的效率，用户选好商品后，只要点击自己的电子钱包，就能完成付款过程；电子钱包帮助用户将所需信息自动输入到收款表里，从而大大加快了购物的过程。

电子钱包是与浏览器一起工作的助手应用程序。通过电子钱包，使用银行卡进行 SET 购买时，电子钱包除了保护银行卡信息和证明持卡人身份外，还具有以下功能：

- 加密用户的银行卡信息，使信息在 Internet 上安全传送；
- 维护用户每个订单的细节；
- 允许用户检查订单的状态；
- 存储用户的卡账户信息，使用户不必在每次上网购物时都输入账户信息；
- 存储购买信息；
- 加密数据，增强安全性。

项目 3 网络银行

项目描述

网络银行是信息时代的产物，对金融业来说，是机遇也是挑战，对现有银行体系产生了很大的冲击。它的诞生，使原来必须到银行柜台办理业务的客户，通过互联网便可直接进入银行，随意进行账务查询、转账、外汇买卖、银行转账、网上购物和账户挂失等业务，使客户真正做到足不出户，就能办妥一切银行业务。

项目分析

网上银行服务系统的开通，对银行和客户来说，都将大大提高工作效率，让资金创造最高效益，从而降低生产经营成本。网络银行也会以其经营模式新、成本低、方便快捷和信息准确等特点，开创出银行业发展的光明前景。本项目可分解为以下任务：

- 网络银行的产生与发展；
- 网络银行的特点；
- 网络银行的种类；
- 网络银行的功能。

项目目标

- 了解网络银行的产生与发展历程；
- 掌握网络银行的特点和分类；
- 熟悉网络银行的功能。

任务1 网络银行的产生与发展

网络银行又称网上银行、在线银行，是指银行利用 Internet 技术，通过 Internet 向客户提供开户、销户、查询、对账、行内转账、跨行转账、信贷、网上证券和投资理财等传统服务项目，使客户足不出户就能够安全便捷地管理活期存款和定期存款、支票、信用卡及个人投资等。

1. 网络银行的产生

20 世纪 90 年代，随着商业银行的发展以及经济的全球化，带来了金融业务的全球化，这样世界金融业的竞争就显得更加的激烈。为了在激烈的竞争中生存下去，商业银行不得不提高效率和质量以及降低经营成本。对于顾客，他们也尽量选择效率高、态度好及成本低的商业银行。另外，在客户越来越多的情况下，商业银行处理的数据也越来越多，这样也就需要统一地处理。而这时，随着以因特网技术为核心的现代计算机网络技术在银行业的应用和推广，使得银行的服务效率和功能大大提高，金融全球化和综合化的发展趋势也进一步增强。从此，银行业开始进入了一个新的历史发展阶段——网上银行发展阶段。

网络银行产生的原因主要有以下三方面。

(1)网络银行是网络经济发展的必然结果

由于电子商务活动不受时间和空间的限制，国界也将在某种程度上消失，经济全球化的结果也带来金融业务全球化，从而使世界金融业的竞争更加激烈。同时，电子商务需要处理好信息流、商流、资金流和物流中的各个环节，这样才能健康运行和发展民用工业，才能真正体现电子商务的效率。其中资金流是电子商务以及传统商务流程中的一个关键环节，另外，高效率、低成本、安全可靠是商务发展的需求。为了顺应这种需求，结合信息网络技术，特别是 Internet 技术的应用，网络银行就产生了。

贴心·提示

1995 年 10 月，全球第一家网络银行"安全第一网络银行"(Security First Network Bank，简称 SFNB)在美国诞生，总部设在亚特兰大市。这家银行没有总部大楼，没有营业部，只有网址，员工也只有 10 人。营业厅就是电脑画面，所有交易都是通过网络进行的。在 SFNB 开业后短短几个月内，就有近千万人次上网浏览，虽然其存款额在全美银行界还是微不足道的，但它的存在证明了一种理想的实现，给世界金融界带来了极大的震撼。

(2)网络银行是电子商务发展的需要

不管对于传统的交易，还是新兴的电子商务，资金的支付都是完成交易的重要环节。商业银行作为中介，在电子商务中扮演着举足轻重的角色，无论网上购物还是网上交易，都需要银行借助电子手段进行资金的支付和结算。而商业银行作为电子化支付和结算的最终执行者，是连接商家和消费者的纽带，是网络银行的基础，它所提供的电子与网络支付服务是电子商务中的最关键要素和最高层次，并直接关系到电子商务的发展前景。商业银行能否有效地实现支付手段的电子化和网络化，是电子交易成败的关键。因此，网络银行是电子商务的必然产物和发展的需要。

(3)网络银行是银行自身发展并取得竞争优势的需要

它主要表现在以下几个方面：

①客户获得银行电子化服务的工具发展很快；

②面向普通消费者的银行设备在不断更新和发展；

③各种现代化的银行金融支付与清算系统得到广泛应用；

④网上金融信息服务发展很快；

⑤现代金融计算机系统发展很快且得到广泛应用；

⑥银行金融业全球化和国际化趋势明显。

2. 网络银行的发展

(1)网络银行的发展阶段

自从“安全第一网络银行”成立以来，网络银行就像雨后春笋般迅速发展起来。据统计，银行占互联网总站点数的比例接近 0.4%，银行上网已成为大势所趋。具体来看，网络银行的发展经历了以下几个阶段：

①计算机辅助银行管理阶段。

20 世纪 50 年代至 80 年代中后期，银行应用计算机主要是为了提高记账速度、提高财务处理能力等，在早期网络信息技术上主要是利用计算机进行简单的银行数据处理和事务处理。在 20 世纪 60 年代兴起的资金转账 EFT 技术及其应用，为网络银行的发展奠定了技术基础，这也就是网络银行发展的雏形。

贴心提示

EFT(Electronic Funds Transfer)的含义为“电子资金转账”。EFT 是计算机在银行业务中得到应用后，银行利用计算机、终端机、电子信息网络等电子通讯设备建立的高速划拨资金的电子支付系统。

②银行电子化或金融信息化阶段。

PC 机的普及，使商业银行的重点发生了转变，从电话银行调整为 PC 银行，即以 PC 为基础的电子银行业务，形成了不同国家银行之间的电子信息网络，进而形成了全球金融服务系统，这些都极大地促进了网络银行的发展。随着银行电子化的发展，电子货币转账也成为银行服务中的主要业务形式。

③网络银行阶段。

从 20 世纪 90 年代中期到现在，Internet 在各行各业的应用越来越广，也为网络银行带来了新的生机。它的基本功能大大满足了人们对现实生活的需要，并且以更方便、快捷的优势，不断对传统模式进行冲击。

(2)我国网络银行的发展现状

与成熟的国外网络银行市场相比，我国网络银行仍处于发展阶段，在发展过程中存在诸多问题，主要表现在以下几个方面。

①发展环境问题。

网络银行的发展与社会宏观环境、信息化发展水平以及公众的认识都有极大的联系。总的来说，网络银行的成长环境还没有完全成熟，主要体现在：

第一，公众对网络银行的认识还没有到位，对于无纸化交易的安全性和可靠性存在疑虑，因而在一定程度上影响了网络银行业务的快速发展。

第二，企业信息化发展水平相对滞后。目前我国企业信息化的总体水平还比较低，对资金的网上流转和结算等方面的需求还不太强烈。

第三，我国的信用等级体系尚待健全。在电子商务交易的网上支付、资金的网上转移方面，我国缺乏应有的信用体系的支持。

②业务功能开发问题。

与传统银行相比，网络银行突破了时空的局限，实现了全天候的运作，然而它的发展离不开实体银行的依托，网络银行的发展必须充分考虑网络客户的需求，同时结合自身的特点，开发一些有特色的服务项目，避免网络银行业务的过度同质化。所以，如何实现网络银行的业务创新，为网络银行客户提供更多、更好的服务，还需要做大量的工作。

③法律问题。

虽然我国也出台了一系列和网络银行相关的法律法规，但是，一方面这些法律法规出台的时间并不长，需要在实行的过程中不断检验完善；另一方面，法律法规形成一个完整的体系还有很长的路要走，而且，网络银行业务处理的涉及面比较广，一旦出现纠纷，其责任的认定、问题的解决会变得很复杂。

④安全问题。

毋庸置疑，安全是网络银行在业务开展过程中首要考虑的问题，网络银行面临的安全问题主要表现在以下几个方面：

第一，用户身份验证。为了防止伪造、假冒等行为，金融机构需要建立可信的验证机构，通过数字签名等方式进行信息确认。

第二，防止数据被窃。由于互联网是一个开放的网络，用户的个人信息、信用卡账号和密码等重要信息有可能在传输过程中被窃。

第三，避免系统被攻击。网络用户的业务系统必须连接到互联网上才能开展，这在一定程度上增加了系统被攻击的风险，因此必须采取有效的措施予以防范。

第四，保证系统的可靠性。网上业务全天候运作，不能出现停顿，这就要求系统要有较高的稳定性和可靠性。

⑤风险问题。

网络银行业务的风险明显大于传统银行，主要表现在：

第一，规章制度不规范，在明确银行、客户和商户责任方面缺乏成熟的做法。

第二，相关银行基本没有建立网络银行风险准备金，以应对网络银行业务出现问题时可能给银行带来的风险。

第三，对于如何处理好网络银行系统与传统银行业务系统之间的整合问题，显得有些被动。

任务 2 网络银行的特点

与传统银行相比较，网络银行的特点与优势是明显的，具体表现在以下几方面。

1. 经营成本低廉

传统银行拓展业务，通常依靠增设营业网点，这就需要大量的土地、设备、资金和人力等资源的投入。相比较而言，网上银行拓展业务所需的资金、设备、人力要远远低于传统银行，因此可以将银行业务拓展到更大的地域范围。

贴心提示

据国外资料统计，通过不同途径进行每笔交易的成本：营业网点为 1.07 美元，电话银行为 0.54 美元，ATM 机为 0.27 美元，PC 为 0.15 美元，Internet 为 0.1 美元，很明显，网络银行的交易成本是最低的。

2. 交易无纸化

网络银行中使用的电子支票、电子汇票和电子收据代替了传统银行交易中使用的票据和单据，电子现金、电子钱包、电子信用卡代替了原有的纸币，这种通过数据通信网络传送的信息提高了整体的办事效率和对信息的可控性。

3. 服务便捷化

网络银行业务打破了传统银行业务的地域、时间限制，为用户提供全年 365 天、每天 24 小时的全天候 3A 服务，用户可以通过网络方便、快捷、高效地享受全方位的服务和安全可靠的交易模式。

贴心提示

网络银行实现了 3A 服务，即 Anytime（任何时间），Anywhere（任何地点），Anyhow（任何方式），均为用户提供不间断的服务。

网络银行除为用户提供基本的对私账户查询、转账结算、代缴费，以及对公账户查询、转账、代发工资等网上支付业务外，还充分利用 Internet 提供了理财助理、财务分析、投资管理、个性化服务等特色服务。随着 WAP 应用的普及，还将进一步拓展服务于客户的各种模式。

4. 操作简单化

用户只需掌握简单的电脑操作技能，即可掌握网络银行的使用方法，十分简便。

任务 3 网络银行的种类

按照网络银行是否完全依赖互联网，可将网络银行分为两类：

一是完全依赖于互联网的无形的电子银行，也叫“虚拟银行”。所谓虚拟银行，就是指没有实际的银行柜台作为支持的网上银行，这种网上银行一般只有一个办公地址，既没有分支机构，也没有营业网点，它采用国际互联网等高科技服务手段，与客户建立密切的联系，提供全方位的金融服务。

另一种是在现有的传统银行的基础上，利用互联网开展传统的银行业务交易服务。即传统银行利用互联网作为新的服务手段，为客户提供在线服务。它实际上是传统银行服务在互联网上的延伸，是目前网络银行存在的主要形式，也是绝大多数商业银行采取的网络银行发展模式。因此，事实上，我国还没有出现真正意义上的网络银行，也就是“虚拟银行”。

任务4 网络银行的功能

实体银行可以通过因特网发布公共信息，包括银行的背景介绍、机构设置、经营状况、业务品种、国内外经济金融信息、新闻、利率和外汇牌价等。通过发布公共信息，为客户提供有价值的信息，让客户更深入地认识银行，了解各项规章制度，了解银行的业务品种和经营状况，为客户办理业务提供方便。网络银行既可进行部分传统的商业银行业务，也担负着电子商务中极其重要的在线支付功能，还可开辟新的系列服务领域。

无论是国外已经发展成熟的还是国内刚刚起步的网络银行，其功能一般包括：银行业务项目、网络银行服务、信息发布和商务服务几个部分，以下从个人业务和公司业务两个方面进行介绍。

1. 个人业务

网络银行的个人业务具有开户、销户、转账、储蓄存款、个人贷款、信用卡服务、外汇服务、投资理财、保险服务、电子银行等功能，用户登录后即可自行操作，足不出户就可完成在实体银行的一系列业务。

2. 公司业务

网络银行的公司业务具有公司存贷款、资产托管、贸易链融资、投资理财、企业年金等功能，企业可进入网络银行进行其国内和国际业务的办理。

贴心·提示

目前，我国中资银行开办的网络银行业务以转账、支付和资金划拨等收费业务为主，还未开办那些经营风险较大、直接形成银行资产或负债的业务，如网上吸收存款、发放贷款等。

项目小结

本项目介绍了网络银行产生和发展的过程，以及网络银行的特点、种类和功能。

网络银行提供了24小时、不间断的3A服务，用户足不出户就能完成在传统银行办理的开户、销户、查询、对内转账、跨行转账、信贷、网上证券和投资理财等业务。它以其低廉的成本及方便、快捷、高效的服务和简便的操作，成为银行业发展的新方向。

知识百科

全球最受欢迎的网络银行排名

Consumer Reports 杂志对网络银行进行了排名，在考察账户设立和网站导航是否简便易行，用户隐私和安全规定以及在线支付成本之后，该杂志列出了十五家最受欢迎的网络银行。以下为位列前五的网络银行。

1. E-Trade(ET)

该公司只提供网络银行服务，但拥有 1 万台自动柜员机。公司要求开立账户的最低额度为 1 000 美元，对账户余额低于这个标准的，每月收取 10 美元的费用。

2. 花旗银行(Citibank)

该公司每月收取 7.5 美元的手续费，最低账户余额为 1 500 美元，并通过邮局寄送单据。图 6-8 为花旗银行网络银行首页。

图 6-8　花旗银行网络银行首页

3. Netbank(NTBK)

该公司没有最低账户余额，也不收取使用费。

4. 摩根大通(JPMorgan Chase)

每月收取 9.5 美元的费用，最低账户余额为 3 000 美元。

5. BankOne(ONE)

该公司允许用户通过邮局寄送单据。但每月收取 6.45 美元的费用，最低账户余额为 500 美元。

项目 4　移动支付

项目描述

随着电子支付的发展，支付手段的电子化和移动化是目前使用最广泛的方式。移动支付将移动的便携性和电子支付的自主性相结合，庞大的移动用户和银行卡用户数量为移动支付的发展提供了良好的基础，因此移动支付所蕴藏的市场潜力巨大。

项目分析

随着人们生活节奏的加快和手机技术的发展，移动支付以其安全、便捷、灵活等优势被越来越多的消费者所接受，整个移动支付行业也将迎来空前的繁荣。本项目可分解为以下任务：

- 移动支付概述；
- 移动支付的特点。

项目目标

- 掌握移动支付的概念及其特点；
- 了解移动支付市场的发展现状。

任务1 移动支付概述

1. 移动支付的定义

移动支付，也称手机支付，是指允许用户使用其移动终端（通常是手机），对所消费的商品或服务进行账务支付的服务方式。

移动支付作为一种新兴的支付方式，跨越电信和金融两大行业，是一项具有打造产业链能力的业务。研究发现，电信运营商和银行作为移动支付产业链上的两个重要参与者，加强双方的合作，对于推动移动支付的发展意义重大。中国移动作为中国最大的电信运营商，拥有良好的电信基础设施和庞大的手机用户群；而浦发银行具有完善的金融结算体系和良好金融服务经验，双方的合作通过优势资源互补，有利于移动支付产品的开发和推广。

2. 移动支付的发展

纵观全球移动支付产业市场，以日韩、欧美等为代表的移动支付应用最为普及，发展得比较成功。

早在2001年，韩国SK就通过与VISA等信用卡机构合作，推出了名为MONETA的移动支付业务品牌。

2004年，日本NTT DoCoMo公司推出了非接触IC智能芯片业务，用户可以利用这种手机购买自动售货机或者便利店的产品，还可以购买电影票。

从2005年4月起，诺基亚公司开始同飞利浦公司和德国公交网络运营商美因茨交通公司测试NFC售票解决方案。RMV的客户可以使用拥有NFC功能的诺基亚3220手机去购买、充值和使用市内网络的大巴票。目前已在公共交通领域开始商业化使用NFC技术和Nokia NFC产品。

2009年5月26日，我国电信运营商正式推出“移动支付”业务，包括手机订购、手机交费、手机银行和手机刷卡四项子业务。目前，手机订购、手机交费业务在上海已经正式发布商用，手机银行、手机刷卡业务即将推出。

最近，智能手机正在引爆一场支付大战，美国三大移动运营商正在筹建移动支付平台，这是美国历史上移动运营商进行的最大规模的移动支付系统推广行动，这一颠覆性的改变将有望取代美国市场上的10多亿张银行卡。

众所周知，从2010年开始，整个世界开始进入移动互联网时代。2010年，移动互联网尚处于萌芽状态，而经过几年的铺陈发展，到2015年，已经进入了一个全面爆发的时代。经《中国移动互联网市场用户研究报告2015》研究发现，手机网民的高速增长，以及移动电子商务相关产业链的日趋成熟，使得网上支付和手机支付的用户数量快速扩大。

统计显示，截至 2013 年 12 月，我国使用网上支付的用户规模达到 2.6 亿，使用率达到 42.1%。2013 年，手机在线支付的增长更为迅速，用户规模达到 1.25 亿，使用率超过 25%，较 2012 年底提升了 11.9 个百分点。

从支付金额来看，统计数据显示，2013 年中国第三方互联网支付市场交易规模超过 53 000 亿元，同比增长 46.8%，整体市场持续高速增长。2013 年中国第三方手机支付市场交易规模超过 12 000 亿元，同比增速超过 700%。

据估计，移动支付有望成为推动全球移动用户实现新一轮增长的新引擎。正是看准了手机支付的远大前景，电信运营商、银联和第三方支付厂商通过在细分市场进行资源整合，逐渐取得差异化市场的领先地位，在竞争和合作过程中形成了三足鼎立的态势。

任务 2　移动支付的特点

1. 电子支付的优点

(1)安全可靠

移动支付采用了高技术的加密措施，手机信息在传输的过程中全程加密，由于其解密的密钥不是在通信网络中，而是保留在支付中心的主机里，解密的过程也全部在其主机中进行，从而能非常有效地保证了客户资金的安全和信息的保密，因此，移动支付的安全性提高了很多。

(2)可随时随地进行支付

客户可根据自身需要，随时随地进行移动支付。这与电话支付和网上支付相比，又多了个可移动的优势，对于一些经常出门在外且资金交易频繁的人士来说，无疑起到了十分重要的作用。

(3)操作简便、方便灵活

移动支付主要由菜单和人机对话框组成，其业务提示均通过移动电话网络的中文短消息系统来实现，就像操作电脑中的软件一样直观、方便。

2. 移动支付的缺点

由于受各方面因素的影响，电子支付不可避免地存在以下缺点。

(1)资费比较昂贵

目前电子支付并不像网络支付的付费方式那样，只需要交纳上网费而无须其他任何费用。电子支付还需要交纳一些费用，如手机银行的使用，需缴纳月功能使用费，交通银行的手机银行每月就收取 6 元的使用费。

(2)技术还不够成熟

电子支付的功能还处于初级阶段，在此期间难免会出现一些问题。另外，手机本身技术还不够完善和成熟，在抗干扰方面还比较差，硬件质量也制约了移动支付的发展。

(3)信息处理返回的时间长

手机从发送交易申请到获得交易结果是一个分阶段的过程，通常需要十几秒的时间，这对于实时性要求较高的外汇和证券买卖在一定程度上会有影响。而且由于操作的时间较长，会影响到手机接收其他的(诸如电话等)重要信息。

知识百科

手机银行

什么是手机银行呢？简单地说，手机银行是指银行通过移动电话，利用中国移动或中国联通的中文短信息平台，为客户提供账户查询、账户转账等银行服务的一种业务。

手机银行的工作原理是在移动通信提供的全球通 SIM 卡中，注入银行提供的功能服务菜单、银行的密钥，使其成为能提供银行服务的专用卡（STK 卡）；利用 STK 卡提供的智能菜单进行操作，将手机银行服务的信息，通过移动电话网络短消息系统送到银行，银行接到信息，对信息进行处理后，将其结果返送回手机，完成手机银行服务的项目。

手机银行具有以下基本功能。

1. 账务查询

用户可以查询在中国工商银行、招商银行和中国银行等开立的信用卡和存折的余额，同时还可以查询交易明细账目、账户状态等内容。

2. 转账服务

用户可进行同一银行同名账户间的资金转账和证券保证金转账。

3. 注册业务

方便用户在各个支持手机银行服务的银行进行登记交易账户、挂失账户、更换交易密码等服务。

4. 提示服务

银行可以通知用户，让用户及时获知各种信息，例如账户余额不足、信用卡余额不足、汇入款通知、利率变更、汇率变更及银行其他通知信息。

5. 证券服务

用户可进行深沪两地证券的行情查询、实时股票买入、实时股票卖出、撤单、成交查询、股票预订价格通知、股票预订价格买卖。

6. 外汇交易

用户可以进行包括汇率查询、外汇买入、外汇卖出、撤单、成交查询等各种外汇业务服务。

7. 自助缴费

用户可直接在手机上查询和缴纳手机话费等费用。

交通银行推出了新一代的手机银行——e 动交行，如图 6-9 所示。在手机银行基本功能的基础上，推出了一些特色功能，如无卡取款、手机号转账和掌中订票等。

图 6-9 交通银行手机银行——e 动交行

项目小结

本项目介绍了移动支付的定义、特点和在国内外的发展情况，以及移动支付市场未来的发展趋势。

移动支付是指允许用户使用其移动终端，对所消费的商品或服务进行账务支付的一种服务方式。它凭借着安全可靠、灵活便捷的优势，发展得较为迅猛，已经被越来越多的用户所接受。当然，其目前资费较高、技术还不够成熟等，也是亟待解决的问题。

单元小结

本单元共完成了 4 个项目的学习，学完后应该有以下收获：

- 掌握电子支付的概念和基本知识；
- 了解电子货币的种类和发展状况；
- 了解网络银行的产生、发展过程及其功能；
- 熟悉移动支付的相关内容。

习　　题

一、单选题

(1)在电子钱包内可以装入各种(　　)。

A. 电子货币　　B. 数字证书　　C. 用户资料　　D. 认证资料

(2)在电子商务活动中，当消费者进行网上支付时，他们交付给卖方的是(　　)。

A. 纸币　　B. 票据

C. 为其认可的资金数额　　D. 信用卡

(3)(　　)就是承担网上安全电子交易认证服务，能签发数字证书，并能确认用户身份的服务机构。

A. ISP　　B. 认证中心

C. ICP　　D. 第三方物流

(4)网上商店能每天 24 小时、每周 7 天随时随地地提供全球性营销服务，这是由于网络营销具有(　　)特点。

A. 超前性　　B. 拟人性

C. 跨时空性　　D. 整合性

(5)2002 年 3 月，我国成立的(　　)是目前我国唯一专门从事银行卡结算业务的国内金融性企业。

A. VISA　　B. MarstCard

C. 银联　　D. 万事达

二、判断题

(1)在电子商务中，虚拟银行的基本义务是依照客户的指示，准确、及时地完成电子资金划拨，因此它是扮演担保银行的角色。(　　)

(2)消费中心通常是企业性的服务机构，主要任务是受理数字证书的申请、签发及对数

字证书的管理。(　　)

(3)电子商务涉及数字化的管理,随着电子化水平的提高,诸多交易的无纸化必然给各项监管工作带来困难。(　　)

(4)用户身份、卡说明、卡品牌、证书语言均属于电子钱包中的账户信息。(　　)

(5)2010年,移动支付成为推动全球移动用户实现新一轮增长的新引擎。(　　)

第7单元

电子商务与现代物流

电子商务物流是在传统物流概念的基础上，结合电子商务中信息流、商务流和资金流的特点而提出的，是电子商务环境下物流新的表现方式。2014年，中国网络购物市场全年交易额达到2.8亿元，增长48.7%，仍然维持在较高的增长水平；网络购物交易额大致相当于社会消费品零售总额的10.7%，年度线上渗透率首次突破10%。电子商务的迅猛发展，使现代物流面临着机遇和挑战。本单元按以下3个项目进行：

项目1　现代物流理念与模式；

项目2　电子商务物流；

项目3　电子商务物流信息技术。

案例导入：联合包裹服务公司(UPS)的物流技术

UPS，或称为联合包裹服务公司，1907 年，作为一家信使公司成立于美国华盛顿西雅图，全球总部在美国佐治亚州亚特兰大市，如今已成为一家年营业额达到数百亿美元的全球性公司，其商标是世界上最知名的商标之一。UPS 英文网站如图 7－1 所示。UPS 每天有 1 200万件包裹和文件的运送量，它每天还需租用 300 多架飞机。公司在美国国内和世界各地建立了 18 个空运中转中心，每天开出 1 600 个航班，使用机场 610 个。目前，UPS 的 34 万名工作人员，分布在全球 2 400 多个分送中心，他们每天驾驶着 13 万辆运送车，昼夜不停地为 200 多个国家和地区的客户提供上门收件、送件服务，UPS 每日上门取件的固定客户已逾 130 万家。

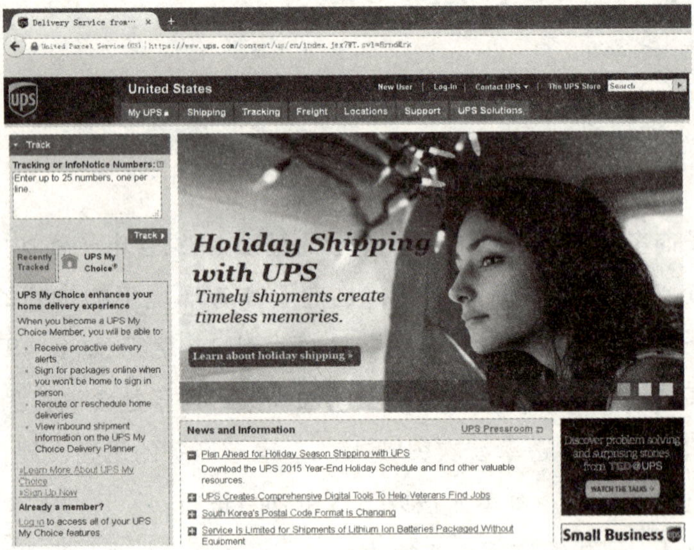

图 7－1　UPS 英文网站

UPS 之所以取得如此巨大的成功，与富有特色的物流服务是密切相关的。其物流服务特色主要概括为以下几个方面。

1. 快捷优质的传递

UPS 规定：国际快件 3 个工作日内送达目的地；国内快件保证在翌日上午 8:30 以前送达。为了测试 UPS 的快递速度，UPS 总裁曾于星期三在北京往自己美国的办公室寄了一个包裹，星期五，当他回到亚特兰大公司总部上班时，包裹已出现在他的办公桌上。而在美国国内接到客户电话后，UPS 可在 1 小时内上门取件，并当场用微型电脑办理好托运手续。20 世纪 90 年代，UPS 又在 180 多个国家开设了 24 小时服务的“下一航班送达”业务。UPS 坚持“快速、可靠”的服务准则，获得了“物有所值的最佳服务”的声誉。

2. 通关代理服务

UPS 从 20 世纪 80 年代末期起，投资数亿美元，建立了全球网络和技术基础设施，为客户提供报关代理服务。UPS 建立的“报关代理自动化系统”，使其承运的国际包裹的所有资料都进入这个系统，这样，通关手续在货物到达海关之前即已办完。UPS 的电脑化通关为企业节省了时间，提高了效益。UPS 有 6 个通关代理中心，每天办理 2 万个包裹的通关手续。UPS 的中文网站如图 7-2 所示。

图 7-2　UPS 中文网站

3. 即时追踪服务

UPS 的即时追踪系统是目前世界快递业中最大、最先进的信息追踪系统。所有交付货物都能获得一个追踪条码，货物走到哪里，这个系统就跟到哪里。这个追踪系统已经进入全球互联网络，每天有 1.4 万人次通过网络查寻他们的包裹的行踪。非电脑网络客户可以用电话询问“客户服务中心”，路易斯维尔的服务中心昼夜服务，200 多名职员每天用 11 种语言回答世界各地客户大约 2 万次的电话询问。

4. 无纸化包裹服务管理

UPS 建立的亚特兰大信息数据中心可将所有包裹的档案资料从世界各地汇总到这里。包裹送达时，物流工作人员借助一个类似笔记本电脑的传递信息读取装置，提取客户的签字，再通过邮车上的转换器，将签名直接输送到信息数据中心，投递实现了无纸化操作。送达后，有关资料将在数据中心保存 18 个月。这项工作使包裹的管理工作更加科学化，也提高了 UPS 服务的可靠性。

5. 完善的包装检验与设计服务

UPS 设在芝加哥的服务中心数据库中，抗震、抗挤压、防泄漏的各种包装案例应有尽有。服务中心还曾设计水晶隔热层的包装方式，为糖果、巧克力的运输提供恒温保护；坚韧的编织袋，为 16 万台转换器提供了经得起双程磨损的包装材料。这类服务为企业节省了材料费和运输费，被誉为“超值服务”。

贴心·提示

less-than-truckload，意为“零担货运”。所谓零担货运，是指一张货物运单(一批)托运的货物重量或容积不够装一车的货物(即不够整车运输条件)，可与其他几批甚至上百批货物共用一辆货车装运。

时光荏苒，UPS 已成为全球供应链管理的翘楚。在 UPS，全球货物配送和物流管理已不再是单一的货物递送，而兼具了信息、资金的同步协调。UPS 的客户对此项专业服务的不断需求，最终促成了 UPS 发展全方位的服务。UPS 供应链解决方案，以其高效的组织为客户提供了物流、全球空运、金融及邮件服务，以帮助客户增强业务能力，并改善全球供应链。UPS 业务解决方案如图 7-3 所示。

图 7-3　UPS 业务解决方案

项目 1　现代物流理念与模式

项目描述

随着市场供求状况进入买方市场，企业也进入了微利时代，通过在生产领域降低成本的空间已经变得非常狭小，许多企业开始把寻求成本优势和价值源泉的目光转向了生产前后的物流领域。

项目分析

物流的发展经历了一个漫长而曲折的过程，回顾物流的发展历程并理解历史上经典的物流概念，不仅有利于人们了解物流的发展规律，更有利于全面深入地理解物流的内涵。本项目可分解为以下任务：

- 物流的产生与发展；
- 物流的基本概念；
- 物流的基本功能和分类；
- 物流管理。

项目目标

- 了解物流的产生与发展历程；
- 理解物流的基本概念；
- 掌握物流的基本功能和类型。

任务 1　物流的产生与发展

1. 物流的产生

物流活动从人类从事产品交换时就已经存在，物流是与商流相伴相生的，商品生产是物流产生的客观基础。

“物流”(Physical Distribution)一词最早出现在美国。1915 年，阿奇·萧在《市场流通中的若干问题》一书中首次提出“物流”一词。在 20 世纪初，西方的一些国家已经出现了生产大量过剩、需求严重不足的经济危机，企业提出了销售和物流的问题，此时的物流主要是指销售过程中的商品流通。

第二次世界大战期间，美国陆军开始用“Logistics Management”来指物流，并运用物流理论，将战时物资生产、采购、运输、配给等活动作为一个整体进行统一布置，以求战略物资补给的费用更低、速度更快、服务更好。

第二次世界大战以后，物流的理论和方法被企业和理论界认同，作为提高生产效率，控制与减少成本的一种新途径，被广泛地运用。20 世纪 50 年代，物流进入了新的发展阶段，成为一个组织化、系统化的新型产业。

贴心提示

物流概念传入中国，主要有两条途径：一是 20 世纪 60 年代末，直接从日本引入“物流”一词；二是 20 世纪 80 年代初，随着欧美的市场营销理论传入我国，使我国的营销领域逐渐开始接受物流观念。

2. 物流的发展

物流经历了近百年的发展，可以分为三个阶段：传统物流、综合物流和现代物流。

(1)传统物流

传统物流是指以商品的销售作为主要对象，在完成将生产的商品送交消费者的过程中所发生的活动。

(2)综合物流

综合物流大大拓宽了传统物流的领域和功能，将原材料的采购、商品的生产、传统物流和商品的销售等予以综合的考虑。也就是对从采购原材料开始，到最后将产品送交顾客这一物流的全过程进行综合一体化管理。

(3)现代物流

现代物流的优势表现在如何以最快速度响应市场要求，满足不断变化的多样化需求。即必须能在实时的需求信息下，快速组织生产资源，把产品送到用户手中，并提高产品的用户满意度。

现代物流涉及社会经济生活的各个方面，包括原材料供应、生产制造、批发、零售以及最终消费，即市场流通的全过程。

现代物流必须完成的几个使命：一是商品的流动，即商流；二是信息的流动，即信息流；三是资金的流动，即资金流。商品的流动要达到准确、快速地满足消费者需求，离不开前期的信息流动；资金的及时回笼也离不开相关信息的及时反馈。在现代物流中，信息起着非常重要的作用，信息系统构建了现代物流的中枢神经，通过信息在物流系统中快速、准确和实时的流动，可使企业迅速地对市场作出及时的反应，从而实现商流、信息流和资金流的良性循环。

现代物流作为一种先进的组织方式和管理技术，被广泛认为是企业在降低物资消耗、提高劳动生产率以外的重要的利润源泉。

任务2 物流的基本概念

1. 物流的含义

“物流”泛指物质资料实体在进行社会再生产过程中，在空间有目的的(从供应地向接收地)实体流动过程。它联结生产和消费，使货畅其流，物尽其用，促进生产不断发展，满足社会生产和消费的需要。

物流是由“物”和“流”两个基本要素组成。物流中的“物”，指一切可以进行物理性位置移动的物质资料，它通常与以下几个概念相关。

①物资：泛指物质资料，较多指工业品生产资料。物资是“物流”中“物”的组成部分之一。

②物料：是生产领域中的一个专门概念。生产企业中，除最终产品之外，在生产领域流转的一切材料，如燃料、零部件、半成品，以及生产过程中产生的边角余料等，统称为“物料”，它是物流中“物”的一部分。

③货物：是交通运输领域中的一个专门概念。交通运输领域经营的对象分为“物”和“人”两大类，除“人”之外，“物”统称为货物。

④商品：商品和物流的“物”是互相包含的。商品中的一切可发生物理性位移的物质实体，都是物流研究的“物”。物流的“物”有可能是商品，也有可能是非商品。

⑤物品：有形物的通称。

2. 物流的概念

关于物流的概念，不同的国家、不同的机构、不同的时期均有所不同。

美国物流管理协会(Council of Logistics Management)将物流定义为：物流是为了满足客户的需要，所发生的从生产地到销售地的物质、服务以及信息的流动过程，以及为保管有效、低成本地进行而从事的计划、实施和控制过程。

哈佛大学商学院的专家将物流定义为：物流是为了全面实现某一个战略目标或任务，把运输、供应、仓储、维护、采购、承包和自动化综合成一个功能，以确保每个环节的最优化。

2001 年 8 月，由中国物流与采购联合会起草，并由国家质量技术监督局发布了《中华人民共和国国家标准物流术语》，将物流解释为："物品从供应地向接收地的实体流动过程。根据实际需要，将运输、储存、装卸、搬运、包装、流通加工、配送、信息处理等基本功能实施有机结合。"

任务 3　物流的基本功能和分类

1. 物流的基本功能

物流活动包括物流的 7 项基本职能：包装、装卸、运输、储存、流通加工、配送、信息处理。

(1)包装活动

包装就是将运输活动以及保管活动中的商品，用适当的容器、材料包裹，以维持商品的价值及其状态的活动。

包装，可分为工业包装和商业包装两大类，具体包括产品的出厂包装，生产过程中成品、半成品的包装，以及在物流过程中的换装、分装、再包装等。包装也可分为个别包装、内面包装和外部包装。

(2)装卸搬运活动

装卸搬运活动，是指为衔接物资的运输、储存、包装、流通加工等作业环节而进行的，以改变"物"的存放地点、支承状态或空间位置为目的的机械或人工作业过程。运输、保管等物流环节的两端都离不开装卸搬运活动，在全部物流活动中，只有装卸搬运伴随着物流全过程的始终。

(3)运输活动

运输活动就是为满足物品空间移动的需求，把不同地点的物品进行移动的一种活动。这个物品在实际交易中就是商品。在当今经济全球一体化的时代里，伴随着生产和消费的空间距离越来越大，运输活动也越来越重要了。

对运输活动进行管理时，组织者应该选择技术、经济效果最好的运输方式或联运组合，合理地确定输送路线，以满足运输的安全、迅速、准时和低成本要求。

(4)储存活动

很多商品的生产不是接到订单以后才开始的，而是根据所收集的信息，在数据分析的基础上，根据预测生产的。保管活动就是为了克服生产和消费在时间上的不一致所进行的活动。在保管的过程中，不能让所保存的物品失去价值。储存管理要求组织者确定仓库的合理库存量，建立各种物资的保管制度，确定仓储作业流程，改进保管设施和提高储存技术等。

(5)流通加工活动

商业企业或物流企业为了弥补生产过程中的加工不足，更有效地满足消费者的需要，更好地衔接产需，往往需要进行各种不同形式的流通加工。

流通加工活动是为了提高物流速度和物品的利用率，在物品进入流通领域后，按客户的要求进行的加工活动，即在物品从生产者向消费者流动的过程中，为了促进销售、维护商品质量和提高物流效率，对物品进行一定程度的加工。

(6)配送活动

配送活动是指按照客户的订单要求,在配送中心进行分货、配货工作,并将配好的货物送交客户或其他收货人的物流活动。配送活动大多以配送中心为始点,而配送中心本身又具备储存的功能。配送的最终实现离不开运输,所以人们经常把面向城市或特定区域范围内的运输也称为"配送"。

物流配送系统是以自动化立体仓库为基础,以电子商务为技术核心,通过计算机网络技术,把自动化立体仓库的功能和订货、发货处理连接在一起,达到物质资料从供方提供给需求方的目的,满足了信息社会发展的需求。

(7)物流信息活动

在物流活动中,根据不同的职能活动,产生不同的物流信息,包括在途物资数量、安全库存、最优采购量、出入库、储存位置、供应链管理、财务管理,等等,物流信息系统在物流系统中居核心地位,如图 7-4 所示。

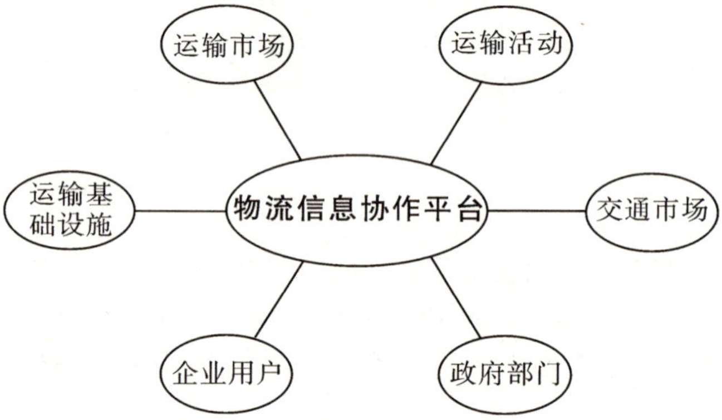

图 7-4　物流信息系统在物流系统中的核心地位

对物流信息的管理,要求组织者建立有效的情报系统和情报渠道,正确选定情报科目,合理进行情报收集、汇总和统计,以保证物流活动的可靠性和及时性。

2. 物流的分类

物流按范围分,可以分成企业内部物流和社会物流两大类,如图 7-5 所示。

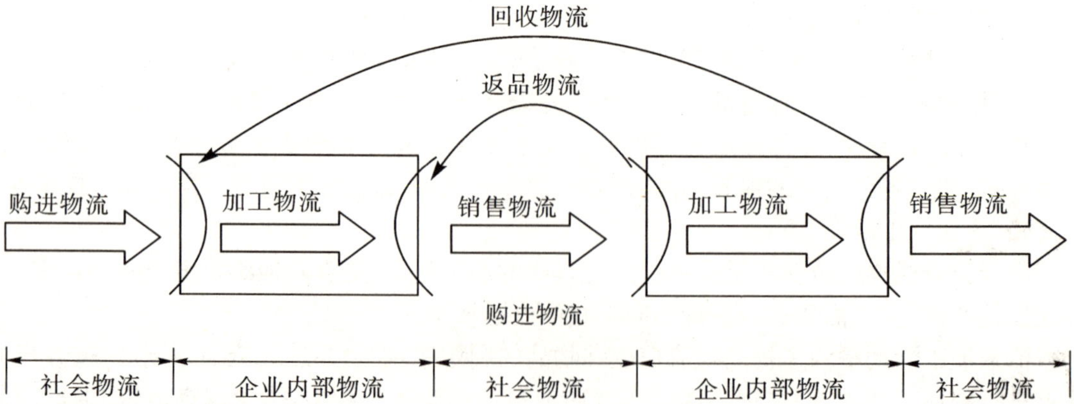

图 7-5　物流的分类

(1)企业内部物流

企业内部物流处在企业内部，是在生产领域，相对于社会宏观物流而言，它是一种微观物流。企业内部物流的特点是不伴随有商流发生。它是一种生产物流，由企业内部的原材料库到各个车间、各个工序做成工件，再组装成部件，最后装配为成品并存放到成品库的整个物料流动过程形成的物流。

(2)社会物流

社会物流则是处在企业外部、各个企业之间的物流。它包括企业相互间的购进物流、销售物流、返品物流、回收物流和废弃物流。社会物流是一种宏观物流，处在流通领域，一般都伴随有商流发生。

任务 4　物流管理

(1)物流管理的定义

物流管理(Logistics Management)是指在社会再生产过程中，根据物质资料实体流动的规律，应用管理的基本原理和科学方法，对物流活动进行计划、组织、指挥、协调、控制和监督，使各项物流活动实现最佳的协调与配合，以降低物流成本，提高物流效率和经济效益。现代物流管理是建立在系统论、信息论和控制论的基础上的。

(2)物流管理的内容

物流管理包括三个方面的内容：

①对物流活动诸要素的管理，包括运输、储存等环节的管理。

②对物流系统诸要素的管理，即对其中人、财、物、设备、方法和信息等六大要素的管理。

③对物流活动中具体职能的管理，主要包括物流计划、质量、技术、经济等职能的管理等。

(3)物流管理的目标

实施物流管理的目标是要在尽可能最低的总成本条件下，实现既定的客户服务水平，即寻求服务优势和成本优势的动态平衡，并由此创造企业在竞争中的战略优势。根据这个目标，物流管理要解决的基本问题，简单地说，就是把合适的产品以合适的数量和合适的价格，在合适的时间和地点提供给客户。

物流管理的目标主要有：

①以实现客户满意为第一目标，客户不仅指物品的需求方，还包括物流服务的委托方。客户满意是一个综合指标，具体包括效率、质量、速度、成本、安全等。

②以整体最优为目标，表现为对运输、储存、装卸、库存、配送、信息等基本功能要素实施优化管理，在保证物流系统效率与质量的前提下，实现物流成本的最小化。

③既重视效率，又重视效果，即在确保整体最优的基础上，充分重视环保、交通等因素，积极发展符合 21 世纪发展潮流的绿色物流。

(4)物流信息系统

物流信息系统(Logistics Information System，LIS)是以与企业有关的物流业务为对象的信息系统，它对物流活动的管理、计划和决策进行综合的集成化，提高物流业务的效率。在现代物流领域应着眼于引进新的物流理念，建立广泛的业务协作网络，强化物流基础，完善物流信息系统。

物流信息系统的组成：物流信息系统由管理子系统、采购子系统、库存子系统、生产子系统、销售子系统和财务系统组成，如图 7－6 所示。物流子系统既是一个独立的子系统，又是为系统服务的一个辅助系统。图 7－7 所示为屈臣氏商业物流管理系统平台。

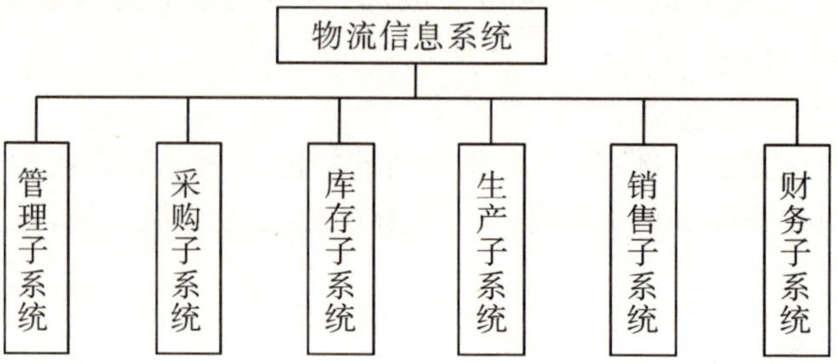

图 7－6　物流信息系统

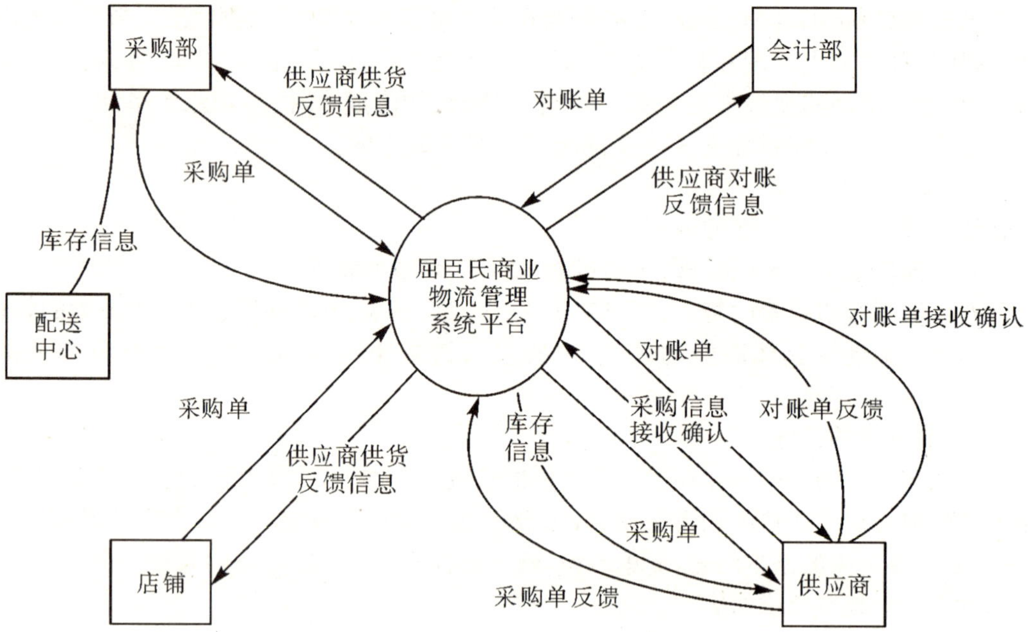

图 7－7　屈臣氏商业物流管理系统平台

建立物流信息系统的意义：由于信息化的发展，各企业之间的关系日益紧密，物流信息系统将日益成为社会信息系统的一个重要组成部分。

物流信息系统所要解决的问题：

①缩短从接受订货到发货的时间。

②库存适量化(压缩库存并防止脱销)。

③提高搬运作业效率。

④提高运输效率。

⑤使接受订货和发出订货更为省力。

⑥提高接受订货和发出订货的精确度。

⑦防止发货、配货出现差错。

⑧调整需求和供给。

项目小结

本项目介绍了物流的定义、产生、发展、功能和分类，使大家对物流有一个初步的了解。

关于物流的概念，有 3 种提法。

①物流是一个控制过程：物流是一个控制原材料、制成品、产成品和信息的系统。

②物流是价值活动过程：物流是物质资料从供给者到需求者的物理运动，是创造时间价值、场所价值和一定的加工价值的活动。

③物流是流通过程：是指计划、执行与控制原材料和产成品从供给者到需求者的流程。

物流随商品生产的出现而出现，随商品生产的发展而发展。物流管理则是以信息为中心，以客户满意为第一目标，以企业整体最优为目的，重效率，更重效果。

知识百科

物流配送中心

物流配送中心是社会物流网络中处于主要位置的结点，但不是所有物流结点都能称为物流中心。物流配送中心必须是具有较大规模的物资集散或转运地点。属于物资集散类型的如大型物资仓库，它主要在物流系统中起调节和缓冲作用，解决供需节奏或批量不平衡的矛盾。又如商业连锁系统的配送中心，主要是为了降低物流系统的成本，提高服务水平，提高物资输送末端系统效率等。属于转运类型的如港口码头、空港等，其作用是实现运输方式的转换。又如，铁道货车编组站和汽车货运终端站，其作用是将货物重新组合，进入下一阶段的输送。也有一种大规模的仓库群，形成以存储功能为主的物流配送中心。郑州航空港物流中心如图 7－8 所示。

图 7－8　郑州航空港物流中心

全国首个物流试验基地——深圳平湖物流基地，是一个大规模的物流基地，始建于 1998

年12月1日，位于深圳市政府规划并由国家国内贸易总局确认的4平方公里的平湖物流实验基地内，是综合性的物流配送中心，兼有转运和集散功能，也可以扩展至配送和流通加工功能。深圳平湖物流基地的出现可称为国内第一，是深圳市重点建设项目之一，列入《深圳市九五重大项目计划》《深圳市城市总体规划》和《深圳市商业发展规划》。2000年初，平湖物流基地推出了一个对物流基地界定的概念，叫做“建设物流事业基础的一个特定区域”，它的特征有三：一是综合集约性；二是独立专业性；三是公共公益性。

郑州航空港区是郑州航空经济综合实验区和郑州新区的重要组成部分，是全国首个上升为国家战略的航空港经济发展先行区。它东临郑州新郑国际机场，北距郑州市区20公里，是围绕新郑国际机场开发建设起来的重要的经济发展区域。航空港区作为郑州新区总体规划的一个重要组成部分，是全省经济社会发展的核心增长点和改革发展综合试验区之一，也是河南省对外开放的重要窗口和基地。郑州航空港地处内陆腹地，空域条件较好，一个半小时航程内覆盖中国2/3的主要城市和3/5的人口；郑州机场规划建设4条以上跑道，货邮吞吐量增速长期位居国内大型机场首位，每周全货机航班居中西部主要机场第二位。全省铁路营业里程4 822公里，以郑州为中心、“米”字形布局的高铁网正在加快建设，高速公路通车里程5 830公里，所有县城均可20分钟内上高速公路，陆空对接、多式联运、内捷外畅的现代综合交通体系日趋完善，货物集疏的物流成本和时效成本优势明显。

项目2　电子商务物流

项目描述

电子商务物流是基于传统物流概念的基础上，结合电子商务中信息流、商务流和资金流的特点而提出的，是电子商务环境下，物流的新的表现方式。电子商务物流管理不仅是一个管理系统，更是一个网络化、智能化和社会化的系统。

项目分析

电子商务物流过程包括运输、保管、装卸、包装、流通加工以及与其相联系的物流信息处理。它们相互联系，构成物流系统的功能组成要素。本项目可分解为以下任务：

- 电子商务物流的概念和特点；
- 物流在电子商务中的作用；
- 电子商务对物流的影响；
- 电子商务下的第三方物流。

项目目标

- 掌握电子商务物流的概念和特点；
- 了解电子商务和物流间的相互作用；
- 掌握第三方物流的相关知识。

任务1　电子商务物流的概念和特点

1. 电子商务物流的概念

电子商务物流(E-Logistics)，就是电子化、网络化和自动化的物流。电子商务物流所实现的是物流组织方式、交易方式、管理方式和服务方式的电子化。

电子商务物流，是物流产业本身应用信息化的手段，实现物流商务运作的过程。物流的信息商务化包含了物流的运输、仓储、配送等各业务流程中组织方式、交易方式和服务方式的信息化。通过对物流业务实现信息化，可以改革现行物流体系的组织结构。通过规范、有序的信息化物流程序，可以使物流进入一个充分利用现有资源、降低物流成本、提高物流运行效率的良性轨道。

物流作为新兴但发展迅速的行业，在国民经济中的地位越来越重要，一个国家物流业的发展水平反映了该国的综合国力和企业的市场竞争能力。但现代物流业要想在这个信息时代取得服务及战略优势，电子商务系统是其迅速发展的前提，电子商务与物流之间的紧密联系决定了电子商务和物流的结合。

2. 电子商务物流的特点

电子商务物流的本质特征在于利用网络技术来实现物流的信息化、自动化、网络化、柔性化和智能化等，也就是要最终实现现代物流与电子商务的协同发展。

(1)物流信息化

它包括物流信息存储数字化，物流信息传递标准化和实时化，物流信息收集数据库化和代码化，物流信息处理电子化和计算机化等。

(2)物流自动化

传统物流系统是以机械代替人力为主要特征，而电子商务物流系统的建设是通过自动化水平的提高来达到减少失误、提高效率、增加效益的目标。

(3)物流网络化

它包括物流系统的计算机通信网络化，物流配送中心与供应商或制造商的联系通过网络，上下游顾客之间的联系也要通过计算机网络；也包括物流组织网络化，即企业内部网(Intranet)的形成。

(4)物流柔性化

电子商务创造了个性化的商务活动，在网络营销的环境中，可以根据用户对不同产品的需求，进行不同的组合式营销，称为物流的柔性化。

(5)物流全球化和社会化

电子商务具有跨行业、跨时空的特点，要求从全球经济一体化和社会化的角度对物流实行系统化的组织和管理。这就要求物流企业在竞争中形成协同作业的理念和能力。

(6)物流标准化和一体化

例如，推广托盘、包装箱、货架标准化，缩短供应链，提高重复利用率，降低包装材料的使用量；采用可降解材料制造包装，减少永久性固体废料等。

任务2 物流在电子商务中的作用

1. 物流是实现电子商务的保证

电子商务中，企业成本优势的建立和保持必须以可靠和高效的物流运作为保证。现代企业要在竞争中取胜，不仅需要生产适销对路的产品、采取正确的营销策略以及强有力的资金支持，而且需要加强“品质经营”，即强调“时效性”，其核心在于服务的及时性、产品的及时性、信息的及时性和决策反馈的及时性。这些都必须以强有力的物流能力作为保证。

2. 物流影响电子商务的服务质量

物流是一种服务，面临着服务信誉和服务质量的问题。对于电子商务企业来说，物流服务的质量，将直接影响企业在客户心中的形象，从而在很大程度上决定了是否还有下一次交易的可能，影响到与客户的关系和客户的忠诚度。

3. 物流是实现电子商务企业盈利的重要环节

良好的物流管理可以大大降低企业的成本。在传统的商品成本中，物流成本可以占到商品总价值的30%～50%，而现代物流业可以大大降低物流成本。

任务3 电子商务对物流的影响

电子商务与物流间有着密切的关系，电子商务这场革命必然对物流产生极大的影响。这种影响是全方位的，从物流业的地位到物流组织模式，再到物流各作业、各功能环节，都将在电子商务的影响下发生巨大的变化。

1. 电子商务改变传统的物流观念

电子商务是一次高科技和信息化的革命，这必然导致传统的物流观念的改变，物流业的地位得到了空前的提高。未来社会上的产业只剩下两类行业，一类是实业，包括制造业和物流业；一类是信息业，包括服务、金融、信息处理业等。在实业中，物流企业会越来越强化，是因为它在电子商务环境里必须承担更重要的任务：既要把虚拟商店的货物送到用户手中，还要从生产企业及时进货入库。物流企业成了代表所有生产企业及供应商对用户的唯一最集中、最广泛的实物供应者。物流业成为社会生产链条的领导者和协调者，为社会提供全方位的物流服务。可见电子商务把物流业提升到了前所未有的高度，为其提供了空前的发展机遇。

2. 电子商务改变物流的运作方式

对于电子商务交易方式本身来说，买方通过轻松点击完成了购买，卖方势必要把货物配送到家，否则买方选择这种交易方式的意义何在呢？所以，从某种程度上来说，电子商务时代的物流方式就是配送方式。

原来，物流、商流和信息流是“三流分立”的，而信息化、社会化和现代化的物流配送中心把三者有机地结合在一起。从事配送业务离不开“三流”，其中信息流最为重要。实际上，商流和物流都是在信息流的指令下运作的。畅通、准确、及时的信息才能从根本上保证商流和物流的高质量与高效率。

3. 电子商务改变物流企业的经营形态

原来物流企业的经营以运输、保管、装卸、包装等功能环节为对象，以自身企业的物资流管理为中心，与外界信息交换很少，是一种闭环管理模式。

现在和未来的物流企业注重供应链管理，以顾客服务为中心。它通过加强企业间合作，把产品生产、采购、库存、运输配送和产品销售等环节集成起来，将生产企业、配送中心（物流中心）、分销商（零售点）网络等经营过程的各方面纳入一个紧密的供应链中。此时，信息就不只是在物流企业内闭环流动，信息的快速流动、交换和共享成为信息管理的新特征。电子商务环境下的物流企业信息化管理如图 7－9 所示。

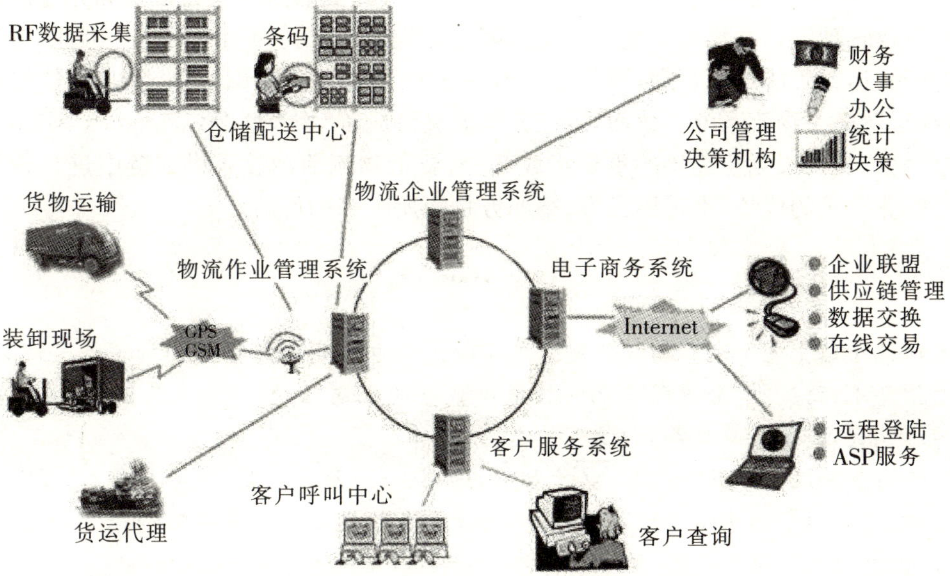

图 7－9　电子商务环境下的物流企业信息化管理

4. 电子商务促进物流基础设施的改善，提高技术与管理水平

设备更新，提高技术含量和管理水平，是物流业必须面对的挑战。外商的一些最新设施、业务流程、操作规范、考核指标、分析模型成为资本的重要组成，是企业的核心竞争力。电子商务的发展必将加剧物流业的竞争，竞争的主要方面包括硬件和软件两部分，电子商务物流是高新技术支持下的服务。

5. 电子商务对物流人才提出了更高的要求

电子商务不仅要求物流管理人员具有较高的物流管理水平，而且要求物流管理人员具备较全面的电子商务知识，并在实际运作过程中，能够有效地将两者有机地结合在一起。

任务 4　电子商务下的第三方物流

随着物流业发展，第三方物流是物流专业化的一种重要形式，物流业发展到一定阶段，必然会出现第三方物流，而且第三方物流的占有率与物流业的水平之间有着非常紧密的相关性。

第三方物流，英文表达为“Third-Party Logistics”，简称 3PL，也简称 TPL，是相对“第一方”发货人和“第二方”收货人而言的。3PL 既不属于第一方，也不属于第二方，而是通过与第一方或第二方的合作，来提供其专业化的物流服务。它不拥有商品，也不参与商品的买卖，而是为客户提供以合同为约束、以结盟为基础的系列化、个性化、信息化的物流代理服务。最常见的3PL服务包括设计物流系统、EDI能力、报表管理、货物集运、选择承运人、海关代理、信息管理、仓储、咨询、运费支付、运费谈判等。由于其服务方式一般是与企业签订一定期限的物流服务合同，所以有人称第三方物流为"合同契约物流(contract Logistics)"。

第三方物流内部的构成一般可分为两类：资产基础供应商和非资产基础供应商。对于资产基础供应商而言，他们有自己的运输工具和仓库，他们通常实实在在地进行物流操作；而非资产基础供应商则是管理公司，不拥有或租赁资产，他们提供人力资源和先进的物流管理系统，专业管理顾客的物流功能。广义的第三方物流可定义为两者结合。因此，对物流各环节如仓储、运输等的严格管理，再加之拥有一大批具有专业知识的物流人才，使得他们可以有效地运转整个物流系统。故而，第三方物流又形成了"物流联盟(Logistics Alliance)"。

现代物流是构成竞争优势的重要组成部分，要把物流活动放入供应链中进行理解和管理，利用专业分工的优势，重视第三方、第四方物流所带来的价值。

项目小结

本项目介绍了电子商务物流的概念以及物流与电子商务的相互影响。电子商务物流是基于信息流、商流、资金流网络化的物资或服务的配送活动，包括软件商品(或服务)的网络传送和实体商品(或服务)的物理传送。

电子商务物流可分五个过程：电子商务的起点——商品包装；电子商务的"动脉"——商品运输；电子商务的中心——商品存储；电子商务的接点——商品装卸；电子商务的"中枢神经"——物流信息。

知识百科

发展中的中国物流公司

1993年，顺丰速运诞生于广东顺德。自成立以来，顺丰始终专注于服务质量的提升，不断满足市场的需求，在全国建立了庞大的信息采集、市场开发、物流配送、快件收派等业务机构和服务网络。

与此同时，顺丰积极拓展国际件服务，目前已开通美国、日本、韩国、新加坡、马来西亚、泰国、越南、澳大利亚等国家的快递服务。

截至2015年7月，顺丰已拥有近34万名员工，1.6万台运输车辆，19架自有全货机及遍布国内外的12 260个营业网点。

20多年来，顺丰持续加强基础建设，积极研发和引进具有高科技含量的信息技术与设备，不断提升作业自动化水平，不断优化网络建设，实现了对快件产品流转全过程、全环节的信息监控、跟踪、查询及资源调度工作，确保了服务质量的稳步提升。顺丰网站首页如图7-10所示。

顺丰速运的快递服务种类众多，得到了人们的认可。顺丰速运的多款产品在配送速度上都有着他人不可比肩的配送优势，"即日达""次晨达""次日达"是其特色业务。速度造就了顺丰的成功，服务水平与服务态度也是顺丰的优势，并且顺丰提供了门到门服务。顺丰的这些特色服务，极大地满足了客户的需求。

图 7－10　顺丰网站首页

空运能力的强大，让顺丰速运得到了高速发展的可能。多年前，顺丰速运首先看出自有飞机对于速运公司今后发展的重要性，成为第一个拥有飞机的民营速运公司。如今，顺丰速运为高端寄送服务——顺丰特安提供了特殊监控、专车派送的高端硬件服务保障。

顺丰优选是由顺丰速运集团倾力打造，以全球优质、安全美食为主的网购商城。网站于 2012 年 5 月 31 日正式上线，目前网站商品数量有一万余种，其中 70%均为进口食品，采自全球 60 多个国家和地区。全面覆盖生鲜食品、母婴食品、酒水饮料、营养保健、休闲食品、饼干点心、粮油副食、冲调茶饮等品类，网站将致力于成为用户购买优质、安全美食及分享美食文化的首选平台。顺丰优选网站首页如图 7－11 所示。

图 7－11　顺丰优选网站首页

项目 3　电子商务物流信息技术

项目描述

物流信息技术是物流技术中发展最快的领域，从数据采集的条形码系统，到各种终端设备等硬件以及计算机软件，都在日新月异地发展。同时，随着物流信息技术的不断发展，产生了一系列新的物流理念和经营方式，推进了物流的变革。

项目分析

物流信息技术是有关物流信息的获取、传输、处理、控制的设备和系统的技术，是物流现代化的标志。物流信息技术是建立在计算机网络通信技术平台上的各种技术的应用，包括硬件技术和软件技术、通信网络技术、条码技术、射频技术、全球定位(GPS)技术、地理信息系统(GIS)技术以及在这些手段支撑下的数据库技术等。本项目可分解为以下任务：

- 条码技术；
- 射频技术；
- GIS 技术；
- GPS 技术。

项目目标

- 了解一维和二维条码技术及其应用；
- 了解无线射频技术及其应用；
- 了解 GIS 和 GPS 技术及其应用。

任务 1　条码技术

1. 条码技术

条码(Bar Code)技术是在计算机应用和实践中产生并发展起来，广泛应用于商业、邮政、图书管理、仓储、工业生产过程控制和交通等领域的一种自动识别技术，具有输入速度快、准确度高、成本低、可靠性强等优点，在当今的自动识别技术中占有重要的地位。

(1)一维条码

一维条码只在水平方向存储信息，是由一组规则排列的条、空以及对应的字符组成的标记，“条”指对光线反射率较低的部分，“空”指对光线反射率较高的部分，这些条和空组成的数据表达一定的信息，并能够用特定的设备识读，转换成与计算机兼容的二进制和十进制信息。通常对于每一种物品，它的编码是唯一的。

一维条码在使用过程中仅作为识别信息，它的意义是通过在计算机系统的数据库中提取相应的信息而实现的。

常用的一维条码的码制包括：EAN 码、39 码、交叉 25 码、UPC 码、128 码、93 码及 Codabar(库德巴)码等。

不同的码制，有不同的应用领域。

● EAN 商品条形码：亦称通用商品条形码，如图 7－12 所示。它由国际物品编码协会制定，在世界各地通用，是目前国际上使用最广泛的一种商品条形码。我国目前在国内推行使用的也是这种商品条形码。EAN 商品条形码分为 EAN－13（标准版）和 EAN－8（缩短版）两种。

图 7－12　EAN 条码

● UPC 码：由美国统一代码委员会制定的一种商品条码，如图 7－13 所示，主要用于美国和加拿大地区，在北美进口的商品上可以看到。UPC 码是一种长度固定、连续性的条码，仅可用来表示数字，故其字码集为数字 0～9。UPC 码共有 A、B、C、D、E 等五种版本。

图 7－13　UPC 条码

● 39 码和 128 码：为目前国内企业内部自定义码制，可以根据需要确定条码的长度和信息，此编码可以是数字，也可以包含字母，主要应用于工业生产线领域和图书管理等。

● 93 码：是一种类似于 39 码的条码，它的密度较高，能够替代 39 码。

● Codabar 码：应用于血库、图书馆、包裹等的跟踪管理。

（2）二维条码

二维条码是在水平和垂直方向的二维空间存储信息的条码技术，如图 7－14 所示。它是用按一定规律在平面分布的黑白相间的图形来记录数据符号信息的；在代码编制上，巧妙地利用构成计算机内部逻辑基础的“0”“1”比特流的概念，使用若干个与二进制相对应的几何形体来表示文字数值信息，通过图像输入设备或光电扫描设备自动识读，以实现信息自动处理。

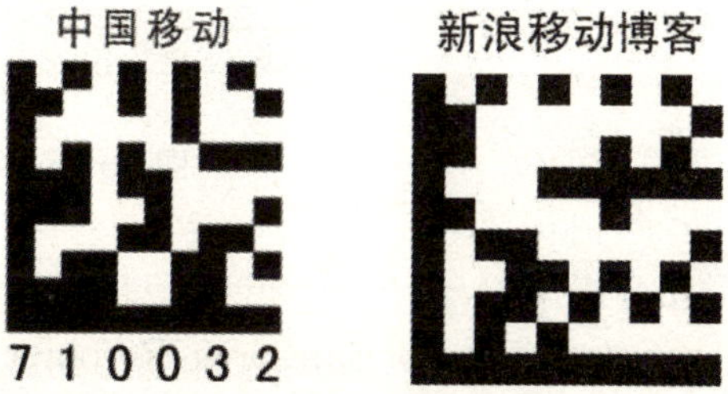

图 7－14　二维条码

由于二维条码能够在水平和垂直两个方位同时表达信息，因此能在很小的面积内表达大量的信息，是一维条码信息容量的几倍或几十倍。二维条码可以把照片、指纹编制于其中，可有效地解决证件的可机读和防伪问题。有代表性的行排式二维条码有 CODE49、CODE16K、PDF417 等。

二维条码具有容量大、保密防伪性强、容错能力强、条码系统成本低、编码范围广等优点，可以用图片、声音、文字、签字、指纹等进行编码，可以表示多种语言文字，也可以表示图像数据。

(3)条码技术在物流中的应用

条码技术是为实现对信息的自动扫描而设计的，是实现快速、准确而可靠地采集数据的有效手段。条码技术的应用，解决了数据录入和数据采集的“瓶颈”问题，为供应链管理提供了有力的技术支持。

条码技术是实现 POS 系统、EDI、电子商务、供应链管理的技术基础，是物流管理现代化，提高企业管理水平和竞争能力的重要技术手段。物流条码标准化，在推动各行业信息化、现代化建设进程和供应链管理的过程中，将起到不可估量的作用。条码技术在物流中的应用如图 7-15 所示。

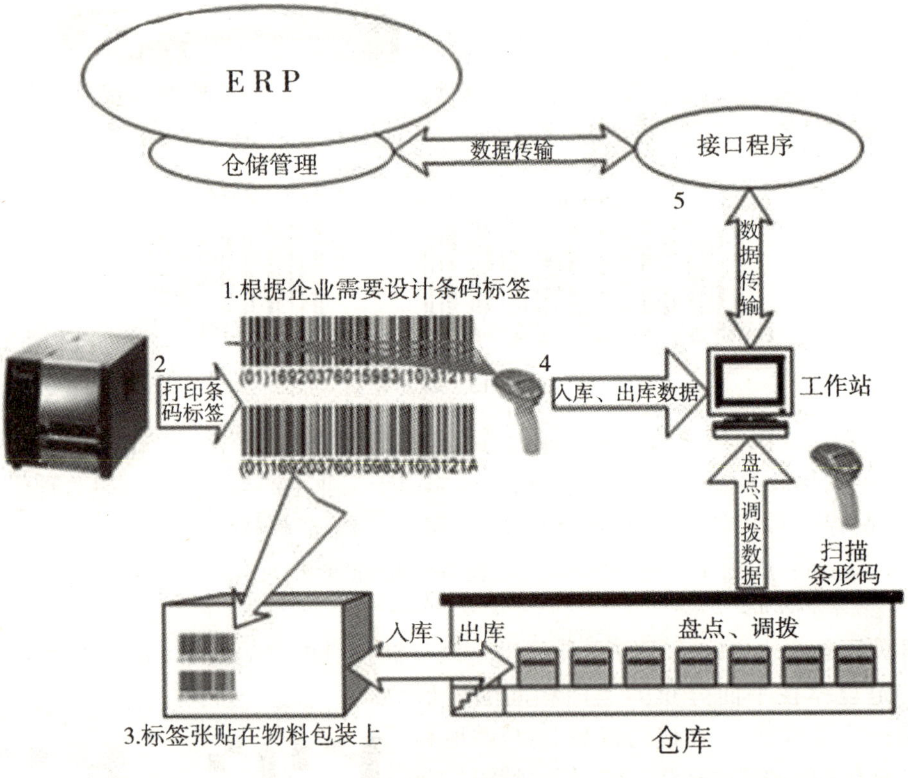

图 7-15　条码技术在物流中的应用

贴心·提示

企业资源计划(Enterprise Resource Planning，简称 ERP)系统主要是面向制造行业，进行物质资源、资金资源和信息资源集成一体化管理的企业信息管理系统。通过运用 ERP，企业能够利用计算机对企业的资金、货物、人员和信息等资源进行自动化管理，具有制造，办公操作，供应链管理，人力资源管理，项目管理，财务与管理，客户服务，销售与市场营销等商业功能。

任务 2　射频技术

1. 什么是射频技术

射频识别技术(Radio Frequency Identification，RFID)，是一种非接触式的自动识别技术，通过射频自动识别目标对象并获取相关数据。其基本原理是电磁理论，但同时又是不同专业领域的各种技术的综合应用，如：高频技术、电磁兼容性、电讯、半导体技术、数据保护和密码学、制造技术等。射频识别技术为非接触识别技术，目前已发展成为一个独立的跨学科的专业领域。

射频识别技术不局限于视线，识别工作无须人工干预，可在各种恶劣环境下进行。射频识别卡具有读写能力，可携带大量数据，难伪造，具有智能性，通过如图 7－16 所示的工作流程对信息做出相应的处理和控制，发出指令信号来控制执行机构动作。

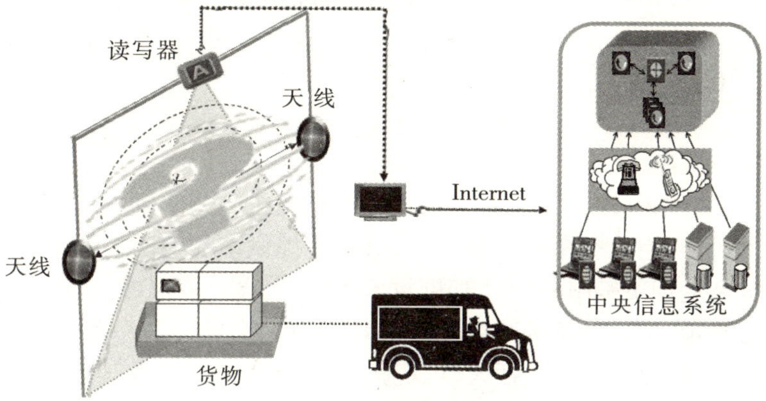

图 7－16　RFID 的工作流程

2. RFID 技术的应用

RFID 适用于物料跟踪、运载工具和货架识别等要求非接触数据采集和交换的场合，由于 RFID 标签具有可读写能力，对于需要频繁改变数据内容的场合尤为适用。

电子商品防盗系统(Electronic Article Surveillance，EAS)，多用于商店、图书馆、数据中心等场合，当有物品未被允许取走时，EAS 系统会发出警告。

便携式数据终端(Portable Data Terminal，PDT)系统，带有 RFID 阅读器的手持式数据采集器，采集 RFID 标签上的数据。手持式阅读器可以在读取数据的同时，通过无线电数据传输方式，把采集到的有用数据存储起来或传送至管理信息系统，如图 7－17 所示。

在物流控制系统中，固定布置的 RFID 阅读器分散在给定的区域，并且阅读器直接与数据管理信息系统相连，信号发射机安装在移动的人或物体上面，当人或物体经过阅读器时，阅读器会自动扫描标签上的信息，并把数据信息输入数据管理信息系统存储、分析、处理，达到控制物流的目的。

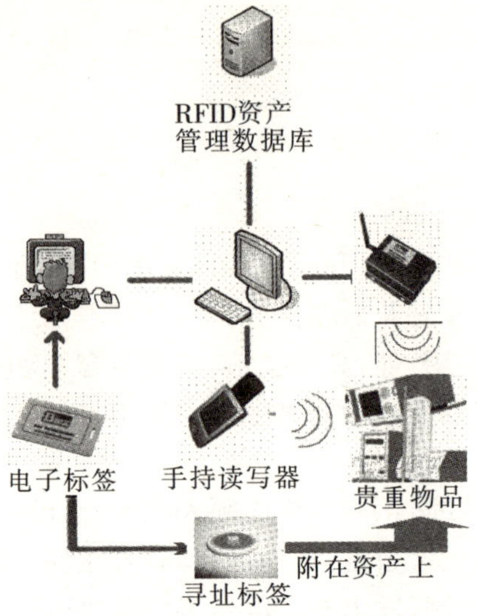

图 7－17　RFID 系统的应用

任务3　GIS 技术

1. 什么是 GIS 技术

GIS(Geographic Information System，地理信息系统)，是多种学科交叉的产物，它以地理空间数据为基础，采用地理模型分析方法，适时地提供多种空间的和动态的地理信息，是一种为地理研究和地理决策服务的计算机技术系统，如图 7－18 所示。GIS 将表格型数据转换为地理图形显示，然后对显示结果进行浏览、操作和分析。显示范围可以从洲际地图到非常详细的街区地图，显示对象包括人口、销售情况、运输线路以及其他内容。

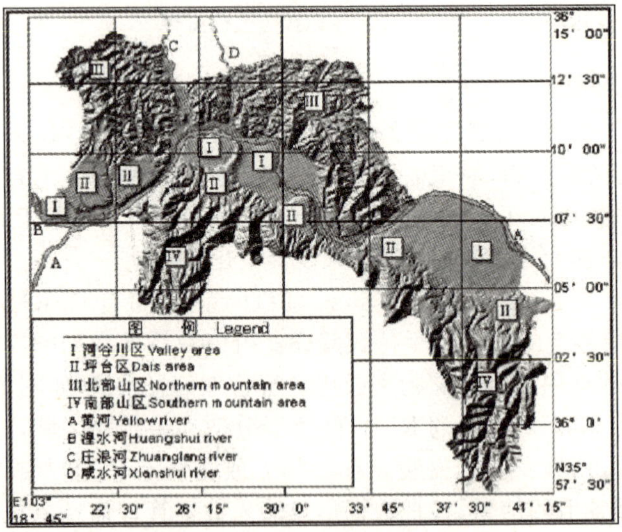

图 7－18　GIS 分层图形技术

2. GIS 技术的应用

具有 GIS 的物流信息系统能够基于属性数据和图形的结合，进行科学、规范的管理，并且可以优化车辆和人员的调度，最大限度地利用人力、物力资源，使货物配送达到最优化。对物流中配送中心的选址、货物组配方案、运输的最佳路径、最优库存控制等重要决策问题，都可以很好地解决。

使用 GIS 可以快速响应客户的需求，缩短请求时间，提高请求质量。动态安排和优化运送作业，即时反馈配送的状态，充分利用动力资源，控制成本，准确预测和把握客户的需求。

用 GIS 对某个城市或地区按管理的要求建立电子地图，能准确反映出街道和道路等情况，从而使企业能精确地确定配送点和客户的位置。GIS 技术的应用如图 7－19 所示。

图 7－19　GIS 技术的应用

任务 4　GPS 技术

1. 什么是 GPS 技术

GPS(Global Positioning System，全球定位系统)具有在海陆空全方位实时三维导航与定位能力，如图 7－20 所示。GPS 的显著特点是定位全天候、高精度、自动化、高效益，实时导航、执行操作简便、抗干扰性能好、保密性强、功能多、应用广。

GPS 的基本定位原理是：卫星不间断地发送自身的星历参数和时间信息，用户接收到这些信息后，经过计算，求出接收机的三维位置、三维方向以及运动速度和时间信息。

2. GPS 技术的应用

GPS 是军民两用的系统，在物流方面的应用包括：汽车自定位、跟踪调度、陆地救援；内河及远洋船队航线的测定，航向的调度、监测及水上救援；空中交通管理、进场着陆、航路导航和监视；铁路运输管理，等等。GPS 支持下的物流企业流程如图 7－21 所示。

GPS 在物流行业中，对于运输工具的管理、运输货物的跟踪以及运输组织的管理具有重要作用。GPS 可以实时监控车辆的运行状况，使运输管理部门足不出户，就可以对货物车辆的运行情况了如指掌；通过监控中心，可以把最新的市场信息反馈给运输车队，实现异地配

图 7-20　GPS 全球定位系统工作示意图

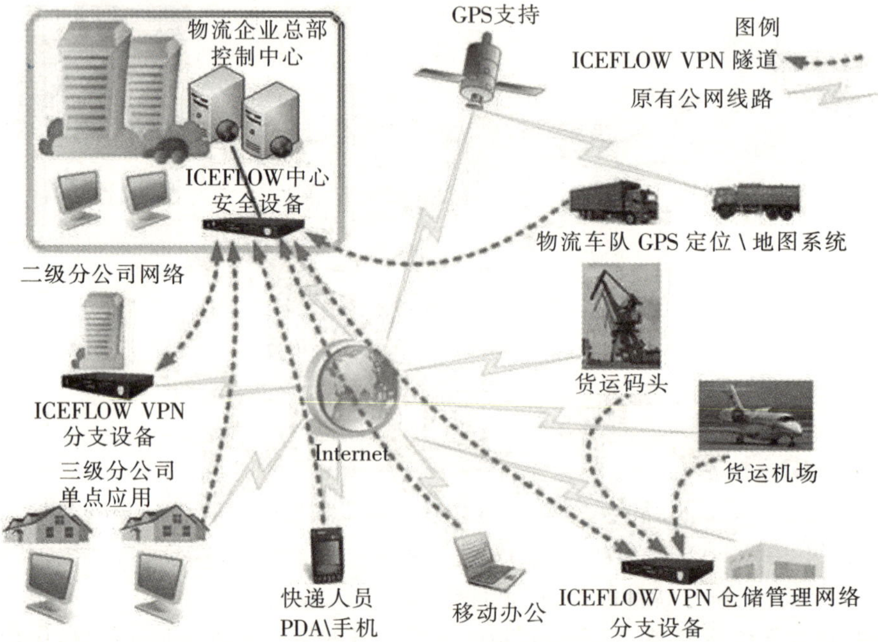

图 7-21　GPS 支持下的物流企业流程

载；通过 GPS 定位系统和电子地图的结合，司机可以方便地知道自己目前所处的位置，即使在陌生的地方也不会迷路，如图 7-22 所示；在安全方面，通过车载报警和通话装置，可以即时处理意外事故，保证人员和车辆的安全。

图 7－22　GPS 汽车导航仪

项目小结

本项目介绍了物流信息技术中的几项关键技术：条码技术、射频技术、全球定位(GPS)技术、地理信息系统(GIS)技术。物流信息技术通过融入物流企业的业务流程来实现对物流企业各种生产要素的合理组合与高效利用。

物流信息技术是物流技术中发展最迅猛的领域，从数据采集技术到物流信息系统，都发生了日新月异的变化，计算机、网络技术的飞速发展，进一步促进了物流产业的信息化进程，从而从真正意义上提高了现代物流技术和管理水平。

知识百科

物流信息技术的发展趋势

1. RFID 将成为未来物流领域的关键技术

RFID 技术应用于物流行业，可大幅提高物流管理与运作效率，降低物流成本。从全球发展趋势来看，随着 RFID 相关技术的不断完善和成熟，RFID 产业将成为一个新兴的高技术产业群，成为国民经济新的增长点。因此，RFID 技术有望成为推动现代物流加速发展的新型润滑剂。

2. 物流动态信息采集技术将成为物流发展的突破点

在全球供应链管理趋势下，及时掌握货物的动态信息和品质信息，已成为企业盈利的关键因素。但由于受到自然、天气、通讯、法律法规等方面的影响，物流动态信息采集技术的发展一直受到很大的制约，远远不能满足现代物流发展的需求，借助新的科技手段，完善物流动态信息采集技术，将成为物流领域下一个技术突破点。

3. 物流信息安全技术将日益被重视

借助网络技术发展起来的物流信息技术，在享受网络发展带来的巨大优势的同时，也时刻可能遭受到安全危机，例如网络黑客无孔不入的恶意攻击、病毒的肆虐、信息的泄密等问题。应用安全防范技术，保障企业的物流系统或平台安全、稳定地运行，是企业长期面临的一项重大挑战。

单元小结

本单元共完成了3个项目的学习，学完后应该有以下收获：

- 掌握物流的概念和基本知识；
- 了解电子商务与物流如何相互依存；
- 了解第三方物流在电子商务中的地位；
- 了解现代物流新技术。

习　　题

一、单选题

(1)解决商品的生产和消费之间存在的场所间隔和时间间隔，需要通过(　　)来进行沟通。

A. 商务流　　B. 资金流　　C. 物流　　D. 流通

(2)在电子商务下，物流的运作是以(　　)为中心的。

A. 信息　　B. 商品　　C. 企业　　D. 客户配送

(3)(　　)研究再生产过程中随之发生的物流活动，研究国民经济中的物流活动，研究如何形成服务于社会、面向社会又在社会环境中运行的物流，研究社会中物流体系的结构和运行规律，因此带有综合性和广泛性。

A. 宏观物流　　B. 微观物流　　C. 国际物流　　D. 社会物流

(4)不合格物品的返修、退货以及周转使用的包装容器，从需方返回到供方所形成的物品实体流动，叫(　　)。

A. 宏观物流　　B. 微观物流　　C. 生产物流　　D. 回收物流

(5)(　　)是由供方与需方以外的物流企业提供物流服务的业务模式。

A. 第一方物流　　B. 第二方物流　　C. 第三方物流　　D. 第四方物流

二、判断题

(1)物流活动实际上就是我们常说的储运业。(　　)

(2)电子商务不仅要求物流管理人员具有较高的物流管理水平，而且要求物流管理人员具有较全面的电子商务知识，并在实际工作过程中，能有效地将二者结合在一起。(　　)

(3)企业生产物流将企业生产的全过程作为一个整体加以研究，在很大程度上降低了生产过程中物流活动与实际加工所占用的时间比，从而大大缩短了企业产品的生产周期，提高了生产效率。(　　)

(4)第三方物流，是由供方与需方以外的物流企业提供物流服务的业务模式。(　　)

(5)第三方物流服务所体现出的社会物流配送的价值和给企业、客户带来的好处之一是有利于企业实现规模化经营，提高规模效益。(　　)

第8单元

电子商务安全

随着 Internet 的发展，越来越多的人通过互联网进行商务活动。我们现在可以实现网上购物，企业也越来越重视网上销售和网上订货。这种新型交易方式的快速、便捷，满足了现代商业对交易效率的要求。Internet 所具有的开放性是电子商务活动顺利实施并广泛传播的基础，而开放性本身又会使网上交易面临种种危险。因此，安全问题始终是电子商务的核心和关键问题。本单元将就有关电子商务安全方面的问题进行介绍，主要包括以下 3 个项目：

项目 1　计算机网络安全；

项目 2　电子商务安全；

项目 3　电子商务系统的安全技术。

案例导入:金山公司的反病毒技术

金山公司创建于1988年,目前是国内知名的软件企业之一,是中国领先的应用软件产品和互联网服务供应商。20多年来,金山公司一直不断地为客户带来创新性的技术和产品,树立了中国软件产业最耀眼的品牌。今天,金山软件已经运行在全世界5 000多万台电脑上。其产品覆盖了桌面办公、信息安全、实用工具、游戏娱乐和行业应用等诸多领域,自主研发了适用于个人用户和企业级用户的WPS Office、金山词霸、金山毒霸、剑侠情缘等系列知名产品。金山公司在应用软件领域的技术实力和市场营销能力方面一直保持着领先地位,营业规模持续高速增长。1998年8月,中国最大的IT企业联想集团入股金山,IT界最知名的软硬件厂商的联姻,使金山公司的发展有了腾飞的基石。

金山毒霸(Kingsoft Antivirus)是金山公司研制开发的高智能反病毒软件。它融合了启发式搜索、代码分析、虚拟机查毒等经业界证明成熟可靠的反病毒技术,使其在查杀病毒种类、查杀病毒速度、未知病毒防治等方面均达到世界先进水平,同时金山毒霸具有病毒防火墙实时监控、压缩文件查毒、查杀电子邮件病毒等多项先进的功能。金山公司紧随世界反病毒技术的发展,为个人用户和企业事业单位提供完善的反病毒解决方案。

金山公司的官方网站如图8-1所示。

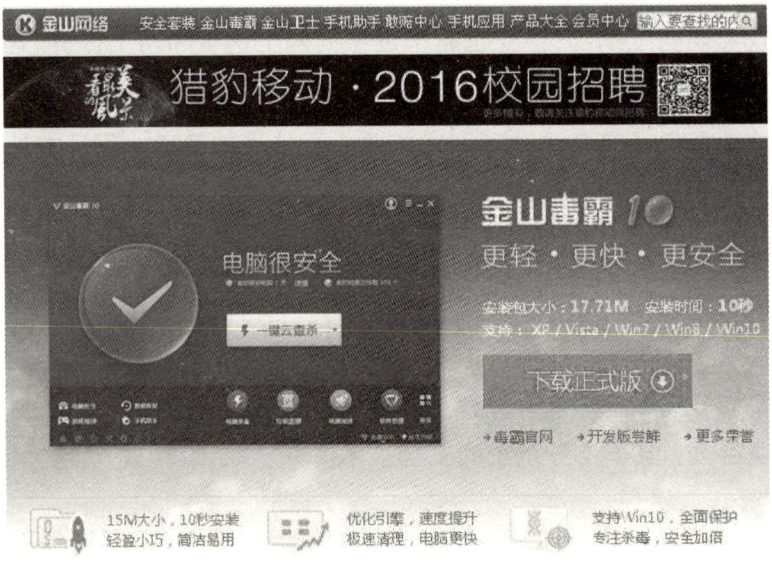

图8-1 金山公司的官方网站

多年来,金山公司在反病毒技术上不断提高,其金山毒霸系列软件历经了多代的更替。目前,最新的金山毒霸10已经上市,产品研发部自豪地称这个版本拥有"三最":安装包最小,新病毒的响应速度最快,系统的资源开销最小。同时,金山公司宣布,从2010年11月10日下午15点30分起,金山毒霸(个人简体中文版)的杀毒功能和升级服务永久免费。

病毒木马数量增长迅速,2009年有2 000万种之多。对大多数人来说,电脑只是完成某些特定应用的工具。那是否有必要每次做安全扫描时,都把所有应用程序和数千万乃至上亿种病毒特征完整检查一遍呢?金山公司认为,传统杀毒理念已经进入死胡同,照传统思路做杀毒软件，只会让用户的电脑变得越来越慢，电脑运行效率也会越来越低。针对这种情况，金山毒霸 10 是如何解决的呢？

在金山毒霸 10 中，只需将流行最广、危害最严重的病毒特征库缓存到本地，同时将绝大多数用户能遇到的正常文件白名单库也缓存到本地，其他海量文件特征库放在云端。这种技术革新令金山毒霸 2011 的安装包不到 20MB，而大多数传统杀毒软件的安装包却在 50～100MB。对于宽带用户来说，下载一个金山毒霸 10 只需要 3～5 分钟，这符合互联网软件短小精悍的普遍特征。金山毒霸 10 版的界面如图 8－2 所示。

图 8－2 金山毒霸 10 示意图

项目 1 计算机网络安全

项目描述

在信息时代，网络的生命在于其安全性。计算机网络最重要的方面是它向用户所提供的信息服务及其所拥有的信息资源，互联网在给用户带来方便的同时，也给网络入侵者带来了方便。因此，计算机网络应该具有很高的安全性，可以抵御高智商的网络入侵者，使用户更加可靠、方便地拥有大量的个性化客户服务。

项目分析

作为电子商务基础框架的互联网，源于计算机资源共享的需求，具有很好的开放性，但正是因为这一特点，也衍生了新型破坏者和盗窃者，使网上交易面临着种种危险。为保证电子商务的交易安全，必须考虑计算机网络中的安全策略，从交易实施的基本载体上提高安全性。本项目可分解为以下任务：

- 网络安全面临的威胁；
- 防火墙技术；

- 病毒的防范。

项目目标

- 了解网络安全面临的威胁；
- 了解反病毒技术。

任务1 网络安全面临的威胁

一般来说，计算机网络安全问题可以分为两大类：计算机系统本身存在的漏洞和其他人为因素。一方面，计算机系统硬件和通信设施极易遭受自然环境和灾害的影响；同时，计算机系统硬件的自然损耗，同样会造成信息的损坏、丢失和安全事故。另一方面，计算机内软件资源和数据易受到非法窃取、复制、篡改和毁坏等攻击及人为的物理破坏（包括故意破坏和非故意破坏）。

目前，网络安全面临的威胁主要表现为以下几个方面。

1. 物理实体引发的安全问题

（1）设备的功能失常。包括由于人为破坏、设备本身出现故障而造成的设备功能无法使用。

（2）由于电磁泄漏引起的信息失密。信息系统的设备在工作时，能经过地线、电源线、信号线将寄生的电磁信号或谐波等辐射出去，产生电磁泄漏。这些电磁信号如果被接收下来，经过提取处理，就可恢复出原信息，造成信息失密。具有保密要求的计算机信息系统，必须注意防止电磁泄漏。

（3）搭线窃听。在传递信息的过程中，一些不法分子为了获取情报，可能监听通信设备，非法接收信息。

2. 黑客的恶意攻击

黑客专指非法入侵他人计算机系统，利用系统安全漏洞，对网络进行攻击、破坏或窃取资料者。不少黑客专门搜集他人隐私，恶意篡改他人重要数据，进行网上诈骗，或对他人网上资金账户进行盗窃，给社会及人们的生活带来极大的破坏性。黑客攻击的手段主要有以下几种。

（1）信息炸弹

信息炸弹是指使用一些特殊工具软件，短时间内向目标服务器发送大量超出系统负荷的信息，造成目标服务器超负荷、网络堵塞和系统崩溃的攻击手段。比如说向某人的电子邮箱发送大量的垃圾邮件，将此邮箱“撑爆”等。

（2）拒绝服务

拒绝服务是指使用超出被攻击目标处理能力的大量数据包，消耗系统可用带宽资源，使信息或其他资源的合法访问被无条件地阻止。

（3）密码破解

一些不法分子为了个人私利，借助一些软件去盗取数据、信息，以获取经济利益。比如黑客一旦破解了用户的银行密码，则用户在银行账户上的资金便容易被窃取。

3. 计算机病毒的破坏

（1）蠕虫病毒。这是一种能迅速大规模繁殖的病毒，其繁殖的速度可达 300 台/月，在危害网络的数以千计的计算机病毒中,"蠕虫病毒"造成的危害最大。

(2)病毒邮件。电子邮件是互联网的一项基本而普遍的功能,是企业实施电子商务频繁使用的信息传递工具。然而,某些病毒制造者也看中了深受人们喜爱的电子邮件,并将其作为传播病毒的重要手段。

(3)公开发放的病毒。在计算机网络中,有一种共享软件,它是允许计算机用户免费使用、复制以及分享的软件。如果计算机病毒以这种方式公开发布,就可进入各种领域,并进入各个计算机网络,对计算机网络造成极大的危害。

4. 预置陷阱

预置陷阱是指在信息系统中人为地预设一些陷阱,以干扰和破坏计算机系统的正常运行。一般分为硬件陷阱和软件陷阱两种。

(1)硬件陷阱:指"芯片级"陷阱。例如,使芯片经过一段有限的时间后自动失效,或使芯片在接收到某种特定电磁信号后自毁,以及使芯片在运行过程中发出可识别其准确位置的电磁信号等。

(2)软件陷阱:又称为"后门"程序。在软件的开发阶段,程序员常常会在软件内创建后门程序,以便修改程序设计中的缺陷。但是,如果这些"后门"被其他人知道,或是在发布软件之前没有删除后门程序,那么它就成了安全风险,容易被黑客当成漏洞进行攻击。

5. 环境因素的威胁

除了上述因素之外,还有环境因素威胁着网络的安全,如地震、火灾等自然灾害,以及停电等人为事故。

贴心提示

据不完全统计,目前全世界已发现的计算机病毒达 6 万多种,并且每月都会发现数百种新病毒和病毒变体。然而全球与互联网联网的主机节点越来越多,这样一个强大的网络群体,造成了病毒极易滋生和传播的环境。因此,病毒破坏成为企业开展电子商务要面临的信息安全重大威胁。

任务 2 防火墙技术

1. 防火墙的概念

防火墙是指一种设置在内部网和公众访问网(如 Internet)之间,起到屏障作用,以保护内部网络操作环境的特殊网络互联设备。

在电脑中,防火墙是一种装置,它是由软件或硬件设备组合而成,通常处于企业的内部局域网与 Internet 之间,限制 Internet 用户对内部网络的访问以及管理内部用户访问外界的权限。换言之,防火墙是在一个被认为安全和可信的内部网络与一个被认为不那么安全和可信的外部网络(通常是 Internet)之间起到封锁作用。

防火墙是一种被动的技术,因为它假设了网络边界的存在,它对内部的非法访问难以有效地控制,因此防火墙只适用于相对独立的网络,例如企业的内部局域网等。防火墙的逻辑示意如图 8-3 所示。

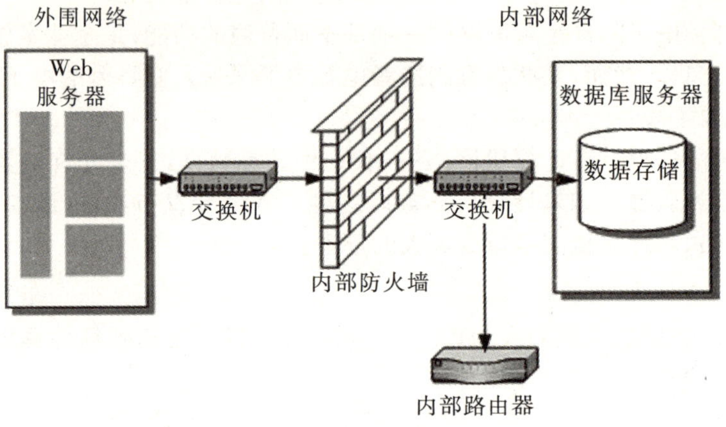

图 8-3　防火墙示意

贴心提示

防火墙原理

古时候，人们常在寓所之间砌起一道砖墙，一旦火灾发生，它能够防止火势蔓延到别的寓所。现在，如果一个网络接到 Internet 上面，它的用户就可以访问外部世界并与之通信；但同时，外部世界也同样可以访问该网络。为安全起见，可以在该网络和 Internet 之间插入一个中介系统，竖起一道安全屏障。这道屏障的作用是阻断来自外部网络的威胁和入侵，其作用与古时候的防火砖墙有类似之处，因此我们把这个屏障叫做“防火墙”。

2. 防火墙的功能

防火墙可以保护计算机免受多种攻击，其主要功能如下所述。

(1)防止和避免未经授权的内部访问

防止 Internet 上未被授权的用户访问内部网的数据或使用其中的服务。

(2)防止内部信息的泄露

防止内部用户在 Internet 上泄露数据，保护个人隐私。

(3)监控审计

防火墙能对访问作出日志记录，同时也能提供网络使用情况的统计数据。当发生可疑动作时，防火墙能进行适当的报警，并提供网络是否受到监测和攻击的详细信息。

(4)防止特洛伊木马

一般木马在编写时与外界通信的端口就已固定了，当想防止一个木马盗取数据时，只要知道这个木马的通信端口号，就可以停止这个端口的使用。

(5)抗攻击能力

防火墙可以禁止来自特殊站点的访问，从而防止来历不明的入侵者的所有通信。

3. 防火墙的分类

目前使用的防火墙产品可以分为两大类：代理服务器型和包过滤型。它们之间各有所长，具体使用哪一种或是否混合使用，要看具体需要。

(1)包过滤型

包过滤型防火墙作用于网络层和传输层。这种结构由路由器和过滤器共同完成对外界计算机访问内部网络的限制,也可以指定或限制内部网络用户访问 Internet。路由器只对过滤器特定端口上的数据通讯选择路径;过滤器的主要功能就是在网络层中对数据包实施有选择的通过,以 IP(Internet Protocol)包信息为基础,根据 IP 源地址、IP 目标地址、封装协议端口号,确定是否允许该数据包通过。包过滤型防火墙示意如图 8－4 所示。

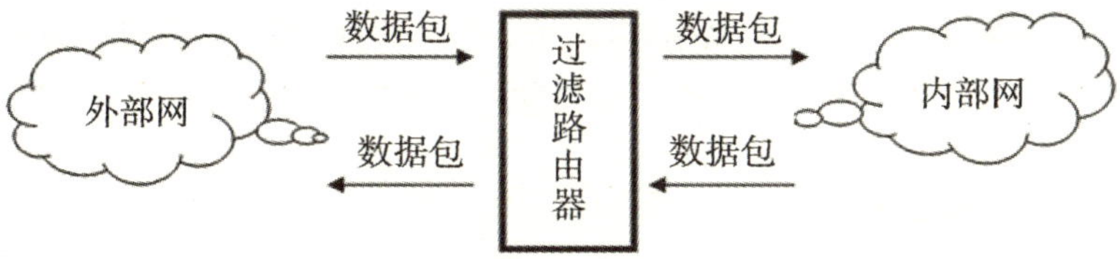

图 8－4　包过滤型防火墙示意

包过滤型防火墙措施最大的优点就是它对于用户来说是透明的,也就是说,不需要用户输入账号和密码来登录,因此速度上要比代理服务器快,且不容易出现"瓶颈"现象。然而其缺点也是很明显的,就是没有用户的使用记录,这样就不能从访问记录中发现非法入侵的攻击记录。

(2)代理服务器

代理服务器也叫做应用网关,在"应用层"上运作。这种方式是指内部网络与 Internet 不直接通讯,内部网络计算机用户与代理服务器采用一种通讯方式,即提供内部网络协议(TCP/IP),使防火墙内外的计算机通信通过代理服务器来实现中转。代理服务器型防火墙示意如图 8－5 所示。

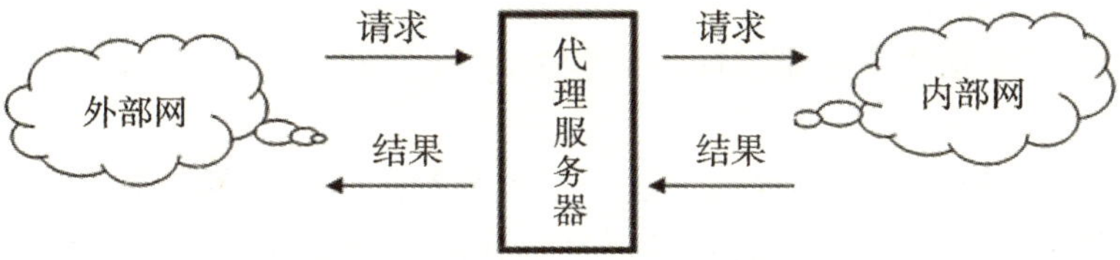

图 8－5　代理服务器型防火墙示意

通过代理服务器,实现了防火墙内外计算机系统的隔离。由于代理服务器两端采用的是不同的协议标准,所以能够有效地阻止外界直接非法入侵。

代理服务器的优点:安全性能高;给客户端提供较为快速的浏览或者是资料的存取;降低网络的负荷;为用户提供加密机制,突破访问限制等。

代理服务器的缺点:速度较路由器慢;局限性大,应用程序升级后则不再适用;不能处理高负荷的网络通信。

4. 防火墙的局限性

网络防火墙在安全防护中起到重要作用,但是也应该看到它的不足之处。

(1)防火墙不能阻止来自内部的破坏

防火墙可以禁止系统用户通过网络连接发送专有的信息;但用户可以将数据复制到磁盘、磁带上,放在公文包中带出去。如果入侵者已经在防火墙内部,防火墙是无能为力的。

(2)防火墙不能保护绕过它的连接

防火墙能够有效地防止通过它的传输信息,然而却不能防止不通过它而传输的信息。例如,如果站点允许对防火墙后面的内部系统进行拨号访问,那么防火墙绝对没有办法阻止入侵者进行拨号入侵。

(3)防火墙无法完全防止新出现的问题

就如杀毒软件与病毒一样,总是先出现病毒,杀毒软件通过分析出特征码后,加入到病毒库内,才能查杀。防火墙的各种策略,也是为防止已知威胁设计的,无法抵制所出现的任何一种新威胁。

(4)防火墙不能处理病毒

尽管许多防火墙会检查所有外来通信是否可以通过内部网络,但这种检查不是对其中的数据进行的。因此,在内部网络用户下载外网的带毒文件时,防火墙是发挥不了作用的。

贴心·提示

如今,手段高明的黑客,均能利用网络防火墙开放的端口,巧妙躲过网络防火墙的监测,直接针对目标应用程序。他们想出复杂的攻击方法,能够绕过传统网络防火墙。据专家统计,目前70%的攻击是发生在应用层,而不是网络层。对于这类攻击,传统网络防火墙的防护效果并不理想。

任务3 病毒的防范

1. 病毒的概念

病毒是指影响计算机使用,并且能够自我复制的一组计算机指令或者程序代码。它具有破坏性、复制性和传染性。它能破坏系统程序,占用空间,盗取账号密码;严重的甚至导致网络、系统瘫痪。

病毒并不是来源于突发或偶然的原因。一次突发的停电和偶然的错误,会在计算机的磁盘和内存中产生一些乱码或随机指令,但这些代码或指令是无序和混乱的。而病毒则是一种比较完美的、精巧严谨的代码,按照严格的秩序组织起来,与所在的系统网络环境相适应、相匹配。

贴心·提示

现在流行的计算机病毒均是由人故意编写的,多数病毒可以找到作者和产地信息。从大量的统计分析来看,病毒作者的主要情况和目的如下:一些天才的程序员出于各种原因来证明自己的能力;当然也有因政治、军事、宗教、民族、专利等方面的需求而专门编写的,其中也包括一些病毒研究机构和黑客的测试病毒。2015年统计的感染病毒种类如图8-6所示,病毒前十大类型如图8-7所示。

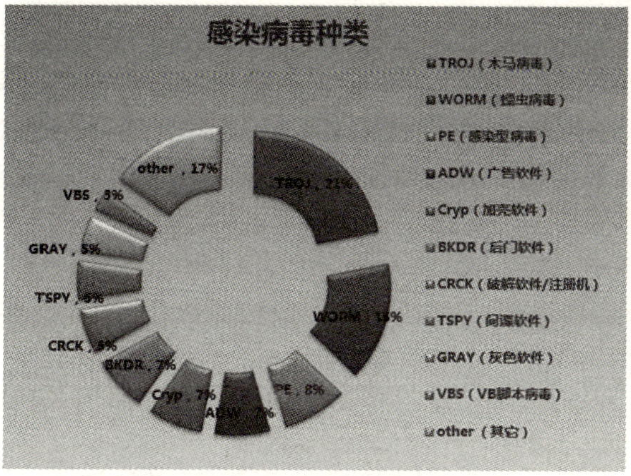

图 8-6　2015 年度感染病毒种类

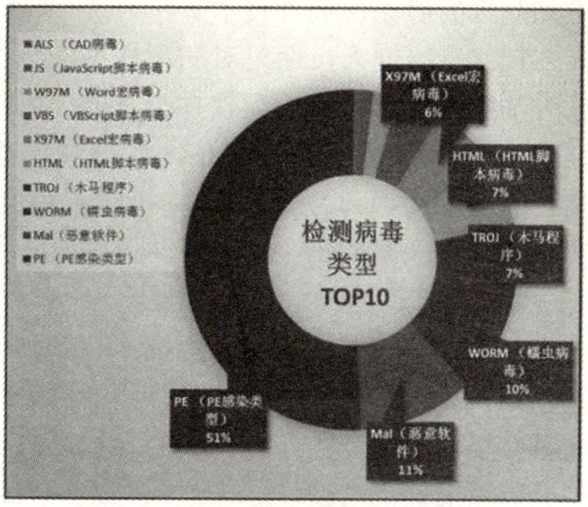

图 8-7　2015 年病毒前十大类型

2. 病毒的特性

(1)寄生性

计算机病毒寄生在其他程序之中，当执行这个程序时，病毒就起破坏作用；而在未启动这个程序之前，它是不易被人发觉的。

(2)传染性

计算机病毒不但本身具有破坏性，更有害的是具有传染性，一旦病毒被复制或产生变种，其速度之快令人难以预防。传染性是病毒的基本特征。

(3)潜伏性

有些病毒像定时炸弹一样，让它什么时间发作是预先设计好的。比如“黑色星期五”病毒，不到预定时间一点都觉察不出来，等到条件具备的时候一下子爆炸开来，对系统进行破坏。

(4)隐蔽性

计算机病毒具有很强的隐蔽性，有的可以通过病毒软件检查出来，有的根本就查不出来；有的则时隐时现、变化无常，这类病毒处理起来通常很困难。

(5)破坏性

计算机中毒后，可能会导致正常程序无法运行，计算机内的文件被删除或受到不同程度的损坏，通常表现为增加、删除、修改和移动文件。

(6)可触发性

因某个事件或数值的出现，诱使病毒实施感染或进行攻击的特性，称为可触发性。为了隐蔽自己，病毒必须潜伏，少做动作。但如果一直不动，它既不能感染，也不能进行破坏，便失去了杀伤力。病毒既要隐蔽，又要维持杀伤力，就必须具有可触发性。病毒具有预定的触发条件，这些条件可能是时间、日期、文件类型或某些特定数据等。

3. 反病毒技术

(1)特征码技术

特征码技术是反病毒技术中最基本的技术，也是反病毒软件普遍采用的方法，是基于对已知病毒的静态反病毒技术。

反病毒研究人员通过对病毒样本的分析，提取病毒中具有代表性的数据串，写入反病毒软件的病毒库。当反病毒软件查毒时，发现目标文件中的代码与反病毒软件病毒库中的特征码相符合时，就认为该文件含毒并对其进行清除。特征码技术具有低误报率、高准确性、高可靠性等优势，其技术机理和执行流程也非常成熟。但这种技术滞后于病毒的出现，不能发现和清除未知病毒。

(2)基于虚拟机的反病毒技术

所谓基于虚拟机的反病毒技术，就是对难以查找特征码的病毒，用软件虚拟 CPU 实现其代码执行过程，得到病毒明文，再寻找病毒特征码。这是一种专门对付变形病毒的方法。这种扫描方式比起静态的特征码扫描要先进得多，可以达到一定的未知病毒处理能力，但还是会有不准确的时候。

(3)行为监视法

病毒感染文件时，常常有一些不同于正常程序的行为。行为监视法就是引入一些人工智能技术，对检查对象进行监测，从而查出使用特定触发条件的病毒。这种方法是专门针对未知病毒和变形病毒而设计的，并且将查找病毒和清除病毒合二为一，能查亦能杀；但由于采用人工智能技术，需要常驻内存，实现起来也有一定的技术难度。

(4)CRC 检查

CRC(Cyclic Redundancy Check，循环冗余校验)扫描的原理是将计算机磁盘中的实际文件或系统扇区的 CRC 值(检验和)保存到杀毒软件的数据库中。在运行杀毒软件时，用备份的 CRC 值与当前的计算值比较，这样就可以知道文件是否已经修改或被病毒感染。这种方法对文件的改变十分敏感，因而能查出未知病毒；但它不能识别病毒种类，更无法清除病毒，因此，存在一定的局限性。

项目小结

本项目介绍了目前计算机网络安全面临的威胁，主要包括：物理实体引发的安全问题，黑客的恶意攻击，计算机病毒的破坏，预置陷阱，环境因素的威胁。

为提高计算机网络的安全性，分别介绍了防火墙技术和反病毒技术。

知识百科

黑客的由来

“黑客(Hacker)”源于英语“Hack”，意为“劈、砍”。在 20 世纪 50 年代的麻省理工学院论坛中，“黑客”则有“恶作剧”之意，指的是那些手法巧妙、技术高超的计算机恶作剧高手。到了 20 世纪 60 年代，“黑客”是指独立思考，扩大计算机及网络使用范围的计算机迷。

然而，随着社会发展和技术的进步，以及计算机重要性的提高，“Hacker”的定义有了新的演绎，如今的“黑客”大致可分为两类：

(1)既有善意的、以发现计算机系统漏洞为乐趣的“电脑黑客”，也有以恶作剧和破坏他人计算机为乐趣的“电脑骇客”。他们只是想引人注目，证明自己的能力；他们追求的是从侵入行为本身获得巨大的满足感。

(2)行为带有强烈目的性的“黑客”,他们凭借掌握的计算机技术,专门破坏计算机系统和网络系统,盗取政治、军事、商业秘密;另外,还有一些以转移他人银行账户资金为目的的计算机犯罪人员。

项目2 电子商务安全

项目描述

传统交易是面对面的,买卖双方很容易建立起信任关系,并能保证交易过程的安全性;而电子商务活动则是通过不需要谋面的计算机网络进行的,因而交易双方缺乏传统交易中的信任感和安全感,因此,电子商务安全就显得尤为重要。

项目分析

电子商务发展的核心是交易的安全性,这是网上交易的基础。面对网络交易中存在的安全问题,我们提出信息安全以及系统安全要求,并针对这些需求采取相应的策略,以保证交易的顺利进行。本项目可分解为以下任务:

- 电子商务安全问题;
- 电子商务安全需求;
- 电子商务安全对策。

项目目标

- 了解电子商务交易过程中出现的安全威胁;
- 理解保证电子商务安全交易的基本需求;
- 掌握解决电子商务安全问题的对策。

任务1 电子商务安全问题

1. 引起电子商务安全问题的因素

任何商务活动的进行都存在安全问题,而电子商务的安全有一定的特殊性,涉及整个商务活动的各个方面,并且存在着天生的脆弱性。

(1)Internet是一个开放的环境,因此,要同时满足系统的公开性与交易的保密性,在技术上比较复杂。

(2)电子商务在互联网上进行交易活动,信息的传递十分便捷,同时也易于复制。

(3)网上交易的双方互不碰面,很难用传统方式来验证对方的身份,使得电子商务具有不确定性。

(4)电子商务系统对安全的依赖性较高,许多自然或人为的不安全因素都会给这个系统带来威胁。

(5)作为一种新型的商务模式,在相应的法律规范、安全技术等方面都有待于健全与完善。

2. 电子商务存在的主要安全问题

电子商务交易过程中，买卖双方都可能面临下列安全问题。

(1)信息泄露

第三方通过互联网截获有用信息，这主要包括两方面：一是交易双方进行交易的内容被第三方窃取；二是传递的文件被第三方非法使用，比如说消费者的银行账号、密码等。

(2)信息篡改

信息篡改是指商务信息在网络传输的过程中，被第三方获悉，并使用非法手段进行删除、篡改，从而破坏了数据的真实性和完整性。

(3)信息破坏

交易信息的破坏，可能有两种情况：一方面是非人为因素，如计算机系统出现故障，导致信息发生错误或丢失等；另一方面则是人为因素，主要指网络受到诸如计算机病毒、黑客等恶意攻击，从而使商务信息遭到破坏。

(4)虚假信息

在网上进行商务活动时，买卖双方都有可能遭遇虚假的供求信息，或以过期的信息冒充即时信息，以骗取对方的钱款或货物。

(5)交易抵赖

交易双方在虚拟的网络环境中进行谈判、签约、结账，当一方发现交易对自己不利时，可能会否认自己的行为，从而给另一方带来损失。

任务2 电子商务安全需求

为维护网络交易环境中各方的合法权益，确保在安全的前提下开展电子商务活动，屏蔽来自网络的各种威胁，一个安全的电子商务系统必须满足以下要求。

1. 信息的保密性

信息的保密性是指信息在存储、传输和处理过程中使他人无法窃取。在利用网络进行的交易中，必须保证发送者和接收者之间所交换的信息的机密性。电子商务是建立在一个较为开放的网络环境中的，维护商业机密是电子商务全面推广的重要保障。因此，要确保只有合法用户才能看到数据，防止泄密事件。例如，银行账号在网上传输时，被非持卡人截获，他就能用这个号码在网上购物；订货、付款信息被竞争对手获悉，就可能丧失商机。所以，对于此类重要信息要先进行加密，然后放到网上传输。

2. 信息的完整性

信息的完整性是指接收端收到的信息在存储或传输过程中没有被篡改或替换，与发送的信息完全一样。电子商务简化了贸易过程，减少了人为的干预，同时也带来维护商业信息完整统一的问题。由于数据输入时的意外差错或欺诈行为，可能导致贸易各方信息的差异。此外，数据传输过程中信息丢失、信息重复或信息传送的次序差异，也会导致贸易各方的信息不同。例如，发送的银行卡号是“3372”，而收到的却是“3354”，那么，交易的一方就有可能蒙受损失。因此，交易的文件是不可以被修改的，否则会影响交易的严肃性和公平性。

3. 交易的不可否认性

交易的不可否认性是指当事人不能否认自己的交易行为。商情瞬息万变，交易一旦达成就不能否认，否则必然损害另一方的利益。比如说订购黄金，订货时市场的价格较低，当卖方收到订单时发现价格上涨了，如果卖方否认收到订单的实际时间，甚至否认收到订单的事实，则买方就会受到损失。

4. 交易身份的可认证性

交易身份的可认证性是指交易双方确实是存在的，不是假冒的。由于网上交易双方相隔很远，互不了解。要想交易成功，首先要确认对方的身份是真实可信的。商家要考虑客户端是否是骗子，而客户也担心对方是不是没有信誉的黑店。双方身份的确定是保证电子商务活动顺利进行的关键。

5. 访问的可控制性

访问的可控制性是指安全管理人员能够控制用户的权限，拒绝非法用户的访问，合法用户只能访问系统授权和指定的资源。

任务3 电子商务安全对策

1. 保证访问的可控性

随着计算机网络技术的不断发展，防火墙技术已相对成熟。目前，企业多用防火墙技术来保证企业内部网络以及授权的维护，以确保被授权的合法用户能够得到适时的服务，同时不受非法用户的侵袭。

2. 保证商务信息的保密性

为了防止信息内容被第三方获取，常用的处理方法是加密技术。加密是将被传输的文件通过编码转换成难以识别的密文，再进行传输，从而保证传输过程中信息不被他人所窃取。这其实就是一种数据形式的变换。

3. 确保订单内容的完整性

为保证信息传输的完整性，常采用散列技术来防止用户对数据进行篡改。就是通过散列算法，把任意长度的信息经过复杂的运算，变成固定长度的数值串或者信息串，并将此数值串与原信息一同传输给对方，以便接收方用相同算法进行比对检验。目前，主要使用HASH函数。

4. 确保交易的不可否认性

在传统的纸面贸易中，贸易双方通过在交易合同、契约或贸易单据等书面文件上手写签名或印章来鉴别贸易伙伴，确定合同、契约、单据的可靠性，并预防抵赖行为的发生。这也就是人们常说的“白纸黑字”，一旦交易开展后，便不可撤销。而在无纸化的电子商务方式下，通过手写签名和印章进行贸易方的鉴别是不可能的，因此，要在交易信息的传输过程中，为参与交易的个人、企业或国家提供可靠的标识，通常采用数字签名的方法，即以数字化方式来表明身份。这样可防止交易双方在信息发出(收到)后又加以否认的情况发生。

5. 确定交易伙伴身份的真实性

常用的处理技术是依靠可信任的CA认证机构发放数字证书，来进行身份认证。交易双方在交换信息之前，通过CA中心获取对方的证书，并以此识别对方身份的真实性。

项目小结

本项目介绍了电子商务安全面临的问题，并提出对电子商务安全的需求以及相应的安全对策。

电子商务安全需求及对策

需求	定义	对策
保密性	保证信息不被他人非法窃取	数据加密技术
完整性	保证信息不被篡改	散列技术
不可否认性	当事人无法否认交易行为	数字签名
身份真实性	确认交易双方的合法身份	身份认证、数字证书
访问可控性	保证系统、数据等由合法人员访问	防火墙

对于电子商务活动的安全性，除了采用先进的网络安全技术外，还必须拥有一套有效的信息安全机制，从而满足对电子商务安全的需求。

知识百科

"熊猫烧香"病毒简介

病毒名称：熊猫烧香，其标志如图 8－8 所示。

图 8－8 "熊猫烧香"病毒标志

病毒别名：尼姆亚，武汉男生，后又化身为"金猪报喜"。

病毒类型：蠕虫病毒。

发现时间：2006 年 10 月 16 日。

病毒描述：熊猫烧香是一种经过多次变种的蠕虫病毒变种，2006 年 10 月 16 日由 25 岁的中国湖北武汉新洲区人李俊编写，2007 年 1 月初肆虐网络。它主要通过下载的档案传染，对计算机程序、系统破坏严重。它能感染系统中．exe，．com，．pif，．src，．html，．asp 等文件，还能中止大量的反病毒软件进程，并且会删除扩展名为．gho 的文件。但原病毒只会对．exe 文件图标进行替换，并不会对系统本身进行破坏。被感染的用户系统中，所有．exe 可执行文件全部被改成熊猫举着三根香的模样。

中毒症状：除了通过网站带毒感染用户之外，此病毒还会在局域网中传播，在极短时间之内就可以感染几千台计算机，严重时导致网络瘫痪。由于中毒电脑上会出现熊猫烧香图案，所以被称为"熊猫烧香"病毒，如图 8－9 所示。病毒电脑会出现蓝屏、频繁重启以及系统硬盘中数据文件被破坏等现象。

图 8－9　中毒时的电脑桌面

病毒危害："熊猫烧香"感染系统中.exe，.com，.f，.src，.html，.asp 文件，会添加病毒网址，导致用户一打开这些文件，IE 就会自动连接到指定的病毒网址中下载病毒。同时，"熊猫烧香"还可以通过共享文件夹、系统弱口令等多种方式进行传播。该病毒会在中毒电脑中所有的网页文件尾部添加病毒代码。一些网站编辑人员的电脑如果被该病毒感染，上传网页到网站后，就会导致浏览这些网站的用户也被病毒感染。

据悉，多家著名网站已经遭到此类攻击，而相继被植入病毒。由于这些网站的浏览量非常大，致使"熊猫烧香"病毒的感染范围非常广，中毒企业和政府机构已经超过千家，其中不乏金融、税务、能源等关系到国计民生的重要单位。其中，江苏等地区成为"熊猫烧香"重灾区。

项目 3　电子商务系统的安全技术

项目描述

电子商务是通过信息网络传输商务信息和进行贸易的，与传统的有纸贸易相比，减少了直接的票据传递和确认等商业活动，因此要求电子商务比有纸贸易更安全、更可靠。这就需要技术上的支持与保证，因此，掌握和了解电子商务的一些安全技术，意义重大。

项目分析

为满足电子商务的安全要求，电子商务系统必须利用安全技术为电子商务活动参与者提供可靠的安全服务。目前，电子商务系统中使用的安全技术包括加密技术、认证技术以及相关的一些安全协议标准等。本项目可分解为以下任务：

- 数据加密技术；
- 认证技术；
- 安全协议。

项目目标

- 理解电子商务安全交易协议；
- 理解数字证书的原理与认证中心的职能；
- 掌握对称加密与非对称加密技术；
- 掌握信息认证技术。

任务1 数据加密技术

1. 加密技术简介

加密技术是电子商务采取的主要安全保密措施，是保证网络、信息安全的核心技术。加密技术与密码学紧密相连，利用密码技术，能把一些可以理解的数据和信息，通过某种变换规则，使其成为不可理解的形式，这个过程就是加密。可理解的信息称为明文，不可理解的形式称为密文。解密则是加密的逆过程，即将密文还原为明文。由于信息是以密文方式进行传送的，不知道解密方法的人就无法得到信息的真实内容，从而保证了数据传送的安全性。密码系统的一般构成如图 8 - 10 所示。

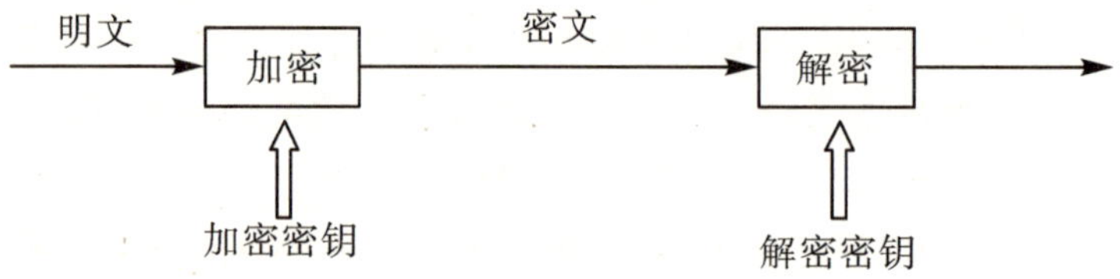

图 8 - 10 密码系统的一般构成

一段信息的加密和解密还必须依赖两个要素：算法和密钥。算法是加密和解密的计算方法；密钥是加密或解密过程中所需的一串数字。一般来说，在实际加密过程中，算法的设计通常是不变的，现有的算法是很少的，但密钥是可以变化的。密钥的长度越长，密文越不容易破译，保密性也就越好。也就是说，加密技术的关键在于密钥。

贴心·提示

加密技术在军事、电讯领域的应用由来已久，虽然其作为通信保密的手段已经存在了几个世纪，但是只有那些对安全要求特别高的组织和个人才会使用它。在 20 世纪 70 年代中期，加密的使用开始从政府保密机构延伸至公共领域，目前已经成为保护许多广泛使用的系统的方法，譬如互联网电子商务、手机网络和银行自动取款机等。

2. 对称密钥加密技术

对称密钥加密技术是指文件加密和解密使用相同的密钥，即信息的发送方和接收方有同样的密钥，这是最早的加密方法。其优点在于计算速度快、效率高，广泛应用于对大量数据的加密。

对称加密技术在密码学中叫做对称加密算法，典型的算法是数据加密标准 DES，这是美国 IBM 公司 1972 年为美国政府研制的一种加密算法。DES 算法最初的有效密钥长度为 56 位，安全性较差。目前多采用改进后的 3DES，这种方法使用两个独立的 56 位密钥，对数据进行两次加密，使密钥的长度达到 112 位，以提高密码的安全性。

对称密钥加密技术同时也存在一些缺陷。比如，发送者用对称密钥对明文加密后，发送给接收者，接收者必须要有相同的密钥才能解密，那么如何将密钥传送给接收者呢？如果通过互联网来传送，是不是又面临这个密钥如何保密的问题呢？另外，当网络用户很多时，对称密钥的管理就十分麻烦。例如一个拥有 100 个贸易伙伴的企业，必须要有 100 个密钥，这就使密钥的管理和使用难度增大。

3. 非对称密钥加密技术

为了解决对称加密技术中存在的问题，产生了非对称密钥加密技术，也称为公开密钥加密技术。它最重要的特点是加密和解密使用不同的密钥，即每个用户保存着两种密钥：公钥和私钥。商户可以公布其公钥，就像现在个人的姓名、地址、电子信箱一样，可以放在网上，也可以公开传送给需要的人；而私钥则只有用户本人知道，由用户自己严格保管。发送方在传输数据时，用公钥对明文加密后发送，接收方用自己的私钥进行解密，别人即使截取了也无法解开，这样就较好地解决了信息保密问题。

目前，非对称密钥加密技术使用最多的是 RSA 算法，它是由 Ron Rivest、Adi Shamirh 和 Len Adleman 在美国麻省理工学院开发的，RSA 取名来自他们三者的名字。它的原理是，两个密钥实际上是两个很大的质数，用其中一个质数与明文相乘，对信息加密；用另一个质数与密文相乘可以解密，但不能用一个质数去求另一个质数。RSA 密钥的长度采用 1 024 位，按照现在的计算机水平，如果你要对文件进行破解，理论上需要上千年的时间。

RSA 算法的优点是：易于理解和操作；密钥的保存量少，分配起来比较简单。缺点是：算法复杂，加密数据的速度较慢，因此不适合对数据量较大的信息进行加密。

任务 2　认证技术

数据加密技术保证了网上交易信息的保密性，那么如何解决交易中信息的完整性、交易者身份的真实性和交易行为的不可抵赖性等安全问题呢？我们可以通过认证技术来实现。认证技术主要包括信息认证和身份认证，前者用来保证信息的完整性以及交易双方的不可抵赖性，后者用来鉴别身份。

1. 数字摘要

数字摘要也称安全 Hash(散列)编码法，它是采用单向 Hash 函数将原文信息“摘要”成一串 128 位的密文，也就是说，通过编码，可将任意长度的消息变成固定长度的短消息。并且不同的明文摘要成密文，其结果总是不同的；而同样的明文，其摘要必定一致。数字摘要类似于人类的指纹，因此也称之为数字指纹。只要数字摘要完全一致，就可以证明信息在传送中没有被篡改。这项技术的应用保证了交易信息的完整性和不可修改性，其过程如图 8 - 11 所示。

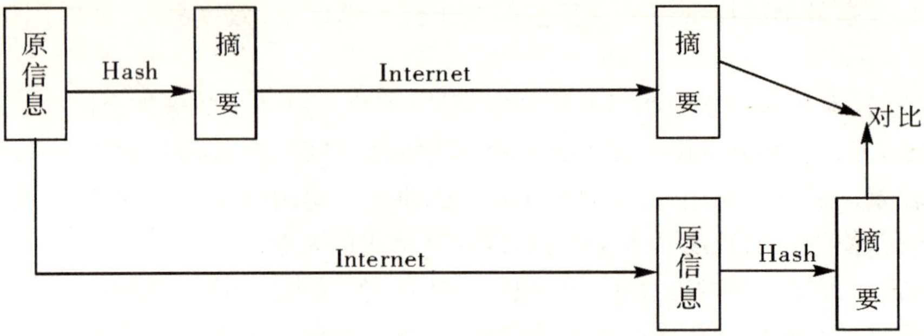

图 8－11　数字摘要过程

2. 数字签名

数字签名是指以数字化的方式来表明交易者身份的信息。在书面文件上签名的作用主要有两点：一是因为自己的签名难以否认，从而确认文件已签署；二是因为签名不易仿冒，从而确定了文件的真实性。数字签名与书面签名有相同之处，其作用为：一是能够确认信息是由签名者发送的；二是能够鉴别信息自签发后至收到为止，是否被篡改。

数字签名并非是将手写签名扫描成数字图像，而是采用了双重加密的方法，即把数字摘要和公钥加密技术结合起来，形成完善的数字签名技术。这项技术不仅用于鉴定签名人的身份以及对一项数据内容的认可，它还能验证出文件的原文在传输过程中有无变动，确保传输信息的完整性、真实性和不可抵赖性。其原理如图 8－12 所示。

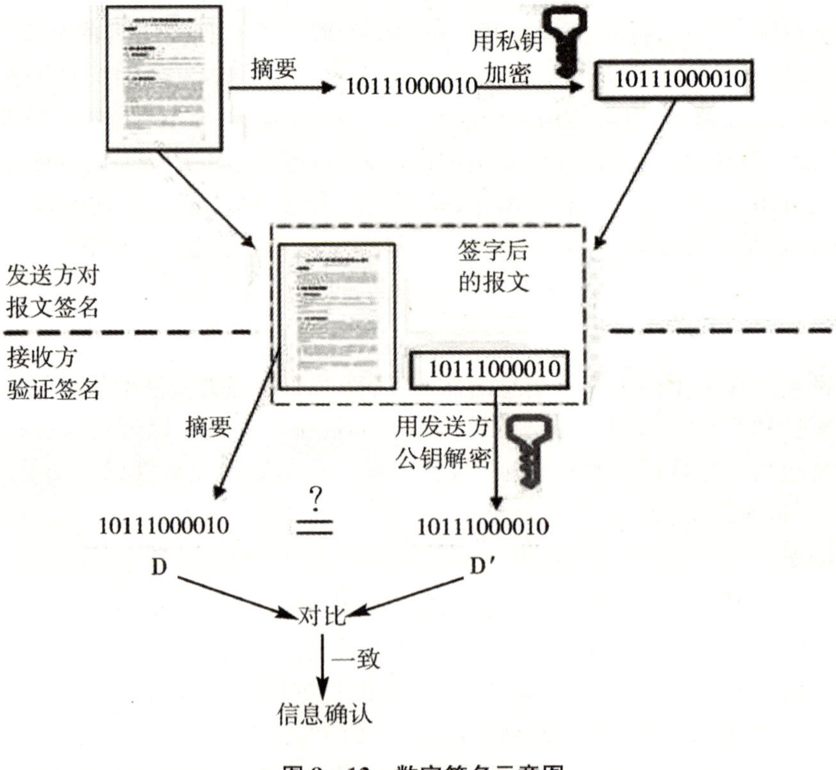

图 8－12　数字签名示意图

数字签名的具体步骤如下：

(1)发送方用 Hash 函数将原文转换为数字摘要，再用自己的私钥对摘要加密，形成数字签名。

(2)发送方将原文与加密的摘要同时传输给接收方。

(3)接收方用发送方的公钥对摘要进行解密。

(4)接收方将收到的原文用 Hash 函数生成新的数字摘要。

(5)将解密后的摘要和接收方新生成的摘要相互对比。如果两者相同，则说明信息完整，并且发送者的身份是真实的，反之则不是。

3. 数字证书

数字证书又称为数字凭证、数字标识，是在互联网上用来标志和证明网络通信双方身份的数字信息文件。数字证书主要采用公钥加密技术，通过电子手段来证实用户的身份和对网络资源访问的权限。它由权威机构——CA 中心来发行。数字证书已经广泛应用于安全电子邮件的发送、网上办公、网上购物、网上招标、网上税务和网上银行等安全电子商务活动。

贴心·提示

数字证书就是消费者、商户、银行等在网上进行信息交流及商务活动的电子身份证，其作用类似于司机的驾驶执照或身份证。在网上交易时，若双方出示了各自的数字证书，并用它来进行交易操作，那么双方就不用为对方的身份真伪而担心。

目前，数字证书的格式普遍采用由国际电信联盟(ITU－T)制定的 X. 509 标准。其内容包括以下几点：证书的序列号、证书持有者的名称、证书颁发者的名称、证书有效期限、证书持有者的公开密钥、证书颁发者的数字签名等。

常见的数字证书有以下 4 种类型。

(1)个人证书

个人证书是为某一个用户提供的数字证书，帮助其在网上进行安全交易操作。个人证书分为个人身份证书和个人 E-mail 证书。

(2)单位证书

单位证书通常颁发给独立的单位、组织，用来在互联网上证明该单位、组织的身份。

(3)服务器证书

服务器证书通常颁发给 Web 服务器，以证明服务器身份的真实性、安全性和可信任性等。

(4)代码签名证书

代码签名证书为软件开发商提供对软件代码进行数字签名，证明软件的合法性，并有效防止软件代码被篡改，同时保护软件开发商的版权利益。

4. 认证中心

认证中心(Certificate Authority，简称 CA)，也称之为电子认证中心。它是在电子交易中承担网上安全电子交易认证服务，签发数字证书，确认用户身份等工作的具有权威性和公正性的第三方机构。它类似于现实生活中公证人的角色，是一个普遍认可的第三方机构。认证中心通常是企业性的服务机构，主要任务是受理数字凭证的申请、签发以及对数字凭证的管理。从世界范围来看，认证中心的设立主要有两种途径：一种是由政府组建或授权的机构担任，如我国的CA机构主要由政府主导，以保证数字证书的权威性；另一种则是通过市场的方式建立，在市场竞争中建立信用，如美国的Verisign公司。

认证中心的核心职能是通过发放、管理数字证书，来确认各方的身份，保证网上支付的安全性，具体职能如下所述。

①证书的发放：认证中心接受个人、单位的证书申请，核实申请人的各项资料，根据实际情况决定是否颁发数字证书。

②证书的更新：证书的使用是有期限的，认证中心会定期更新用户的证书，或者根据用户的请求来更新证书。

③证书的撤销：证书撤销的原因有很多，比如用户的私钥被泄密，或者证书已经过了有效期等，认证中心会根据规定，确定证书是否撤销。

④证书的归档：认证中心对已作废的证书还具备管理功能。

任务3　安全协议

为了保证交易过程中数据来源可靠、传输安全、不被篡改，并且能够为交易各方的行为提供不可抵赖的证据，在实际应用中，信息技术行业与金融行业制订了不同的商业实现标准，其中比较著名的就是SSL(安全套接层协议)和SET(安全电子交易协议)。

1. 安全套接层协议(SSL)

SSL协议由美国网景公司(Netscape)设计开发，是一种为网络通信提供安全及数据完整性的安全协议，其目的是通过建立安全通道来保障在Internet上数据传输的安全，从而实现客户端浏览器和服务器之间的安全通信。目前的主流浏览器及许多服务器都支持SSL协议。

SSL协议包括两个子协议：SSL记录协议和SSL握手协议。SSL记录协议建立在可靠的传输协议(如TCP)之上，为高层协议提供数据封装、压缩、加密等基本功能的支持。SSL握手协议建立在SSL记录协议之上，用于在实际的数据传输开始前，通讯双方进行身份认证、协商加密算法、交换加密密钥等。

SSL协议提供的服务主要有：

①认证用户和服务器，确保数据发送到正确的客户机和服务器。

②加密数据，以防止数据中途被窃取。

③维护数据的完整性，确保数据在传输过程中不被篡改。

对于电子商务应用来说，使用SSL协议可以保证信息的真实性、完整性和保密性。但是由于SSL协议不对信息进行数字签名，因此不能提供交易的不可否认性，这是SSL协议在电子商务中使用的最大不足。

2. 安全电子交易协议(SET)

由美国Visa和MasterCard两大信用卡组织联合国际上多家科技机构，共同制定了应用于Internet上、以银行卡为基础进行在线交易的安全标准，这就是“安全电子交易”，简称SET。它采用公钥密码体制和X.509数字证书标准，主要应用于开放网络上，保证使用信用卡进行在线购物的安全。

SET 安全协议所涉及的对象主要有以下几种。

(1)持卡人:包括个人消费者和团体消费者,持有信用卡在网上购物的人。

(2)网上商店:提供商品与服务,使用 SET 可保证持卡人个人信息的安全。

(3)发卡机构:发行信用卡的银行,在网上交易时负责验证持卡人的信用卡信息,并确保每一笔认证交易的付款。

(4)支付网关:银行内部网与互联网的连接设备,负责将商店传送的付款信息转送到银行内部网络进行处理。

(5)收单银行:网上商店的开户银行,交易时接受商店传送的付款数据,处理消费者和商家之间的付款问题。

(6)认证中心:为持卡人、网上商店、银行和支付网关提供身份认证服务。

自 SET 协议发布以来,它保证了在公共网络上进行银行卡支付交易的安全性,并有效地防止电子商务中的各种诈骗。这些措施得到了业界的支持,促进了 SET 的良好发展趋势。不过,由于 SET 在操作过程中的复杂性,使之成为其大面积推广的主要障碍,还有待于进一步改进。

项目小结

本项目介绍了常用的电子商务安全技术,包括数据加密技术、认证技术和安全协议。

(1)常见的加密方法主要有:对称密钥加密技术和非对称密钥加密技术。对称密钥加密技术加密、解密均采用同一密钥;非对称密钥加密技术要求密钥成对使用,一个用来加密,另一个用来解密。

(2)认证技术是为了解决身份验证、交易不可抵赖性这两个问题的,通常采用数字摘要、数字签名和数字证书等技术。

(3)为保证数据的传输安全、确认交易各方的行为不可抵赖,制定了一些电子商务交易安全协议,比如 SSL(安全套接层协议)和 SET(安全电子交易协议)。

知识百科

身份认证新方法——虹膜扫描技术

虹膜是位于人眼表面黑色瞳孔和白色巩膜之间的圆环状区域,如图 8－13 所示。它是一种很特殊的器官,即使是双胞胎,他们的虹膜也不相同;并且除非经历危及眼睛的外科手术,此后终身不变,即使佩戴隐形眼镜或镜框眼镜,也不会对拍摄出的虹膜影像有任何影响。

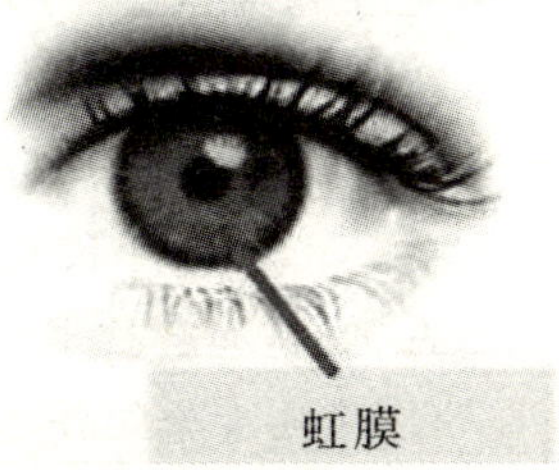

图 8－13　虹膜示意图

随着网络的发展,业内人士认为,虹膜识别未来的最大亮点在移动电子商务上。目前安装摄像头的手机越来越多,这为虹膜认证提供了得天独厚的条件。不需要增加任何硬件外设,看一下摄像机就能识别身份,轻松进行移动电子商务。同时,非法登录计算机的案件呈上升趋势,有效的身份鉴定技术可以防止这类案件的发生。

美国 Iriscan 公司研制出的虹膜识别系统已经应用在美

国得克萨斯州联合银行的三个营业部内。储户两手空空地来办理银行业务，无须银行卡，更没有回忆密码的烦恼。他们在该取款机上取钱时，一台摄像机首先对用户的眼睛进行扫描，然后将扫描图像转化成数字信息，并与数据库中的资料核对，以对用户的身份进行检验。

单元小结

本单元共完成了 3 个项目的学习，学完后应该有以下收获：

- 了解计算机网络目前存在的安全威胁；
- 理解防火墙技术、反病毒技术；
- 了解电子商务安全需求和对策；
- 掌握电子商务系统的安全技术。

习　　题

一、单选题

(1)数字证书采用公钥体制，即利用一对互相匹配的密钥进行(　　)。

A. 加密　　B. 加密、解密　　C. 解密　　D. 安全认证

(2)数字证书的作用是证明证书中列出的用户合法拥有证书中列出的(　　)。

A. 私人密钥　　B. 加密密钥　　C. 解密密钥　　D. 公开密钥

(3)对于计算机病毒的潜伏性，下列较正确的说法是(　　)。

A. 病毒侵入后，立即活动

B. 病毒侵入后，一般不立即活动，条件成熟后也不作用

C. 病毒侵入后，一般不立即活动，需要等一段时间，条件成熟后才作用

D. 病毒侵入后，需要等一段时间才作用

(4)保证实现安全电子商务所面临的任务中不包括(　　)。

A. 数据的完整性　　B. 信息的保密性

C. 操作的正确性　　D. 身份认证的真实性

(5)数字签名是解决以下哪项问题的方法？(　　)。

A. 未经授权擅自访问网络　　B. 数据被泄漏或篡改

C. 冒名发送数据或发送数据后抵赖　　D. 以上三种

(6)电子商务认证中心的核心职能是(　　)。

A. 颁发数字证书　　B. 管理数字证书

C. 颁发和管理数字证书　　D. 审查数字证书

(7)(　　)的应用使交易文件的完整性得以保证。

A. 信息加密技术　　B. 数字摘要

C. 病毒清除组件　　D. 服务访问政策

二、判断题

(1)为了避免计算机病毒的感染和传播，通常应从预防和清除两方面着手。(　　)

(2)电子商务所涉及的关键技术主要有：Internet 技术、Web 技术、数据库技术、企业信

息系统、信息交换技术、信息安全技术、电子支付技术等。(　　)

(3)数字证书又名数字凭证,它是仅用电子手段来证实用户的身份。(　　)

(4)DES算法可以由一块集成电路实现加密和解密功能。(　　)

(5)数字信封用加密技术来保证只有特定的收信人才能阅读信的内容。(　　)

(6)PKI是权威的交易协议规范。(　　)

(7)计算机信息系统安全产品,如网络防火墙、防病毒软件、压缩软件等,是用来保护计算机系统安全的专用的硬件和软件产品。(　　)

第9单元

电子政务

在网络时代到来之际，改变政府职能，推进政府工作的自动化、网络化和电子化，全面实现电子政务，已成为政府管理工作的当务之急。研究电子政务的相关理论问题，促进电子政务的实施，已成为中国各级政府机构共同关注的主题。电子政务的发展，也能为电子商务的健康发展创造更好的外部环境。本单元按以下3个项目进行：

项目1　电子政务概述；

项目2　电子政务体系结构；

项目3　电子政务与电子商务的关系。

案例导入："深圳政府在线"，提供"管家"式服务

深圳是注重信息和互联网发展的城市，也适合这样的发展。深圳人口偏年轻，是国内互联网人口占全市人口比重最高的城市。人们对互联网的使用习惯和运用能力在一定程度上也是建设电子化政府的基础。而"深圳政府在线"网站就像专业"管家"，要去政府部门办什么事，都可以先去部门网站看看：办出入境签证、查产房床位、搞公司注册，等等，从流程到预定，都可以网上办理；它又像是兢兢业业的"保姆"，让你衣来伸手饭来张口，大量的政府功能都集结在这一个网站上，不需要一家家去查看，通过这一个窗口全部解决。其主页如图 9-1 所示。

图 9-1　深圳政府在线网站

加油站、停车场、ATM 机的位置比谷歌地图还清楚

生活地图到底可以多强大？谷歌或者百度地图都很难准确地标注 ATM 机的位置，但是深圳政府在线网站的生活地图竟然有这个功能！再如学校所对应的学区房划片也可以通过"教育"的学位地段图查询清楚。在"易出行"的栏目中，加油站、停车场、汽车维修点等均有专门的地图，同样秒杀一般地图。要是下载了网页上的 APP，使用就更方便了。

你家附近未来会有哪些医院、学校等都查得到

原本以为未来规划是少数人才知道的秘密，其实网站早就告诉你了。通过"规划地图"，各种公共设施都可以在地图上看到，不仅仅是已经建有的，还包括拟建的，以及规划中的公共设施，包括医院、学校、公园、图书馆、文化中心以及敬老院等。怎么样，下次买房前是不是要好好研究研究？

场景式服务手把手教你如何用

对于怎么登记结婚、怎么领养收养、怎么取得签注等问题,“政府在线”怕你没耐心或看不懂,所以干脆做个“场景”,一步步教你怎么使用,还搭配插画,就像是在玩游戏。总共有62个功能设有场景模式,其中还包含“施放热气球许可”如此偏门小众的需求,如图9-2所示。

图9-2 场景式服务

可以交水费的APP,安装后居然还能打折

“政府在线”本身有手机APP。例如这款可以交水费的“深圳供水掌上营业厅”APP,安装后还有打折优惠,如图9-3所示。

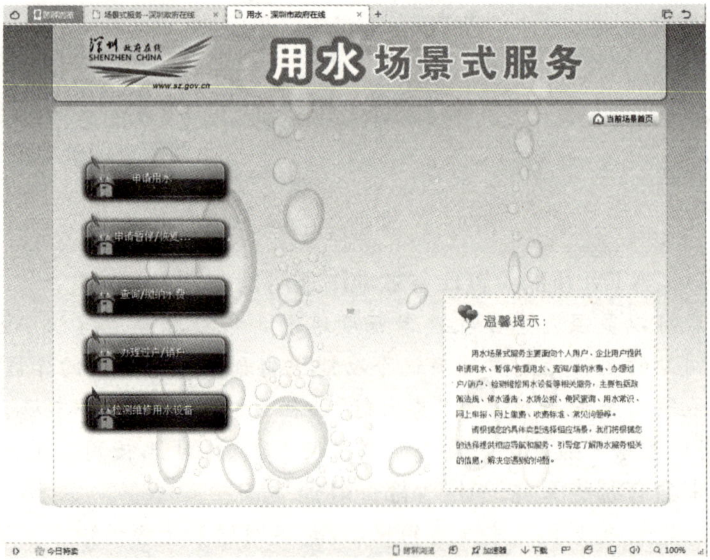

图9-3 用水场景式服务

项目1　电子政务概述

项目描述

以互联网为核心的信息技术在推动电子商务飞速发展的同时，对人类社会信息资源的最大拥有者——政府，提出了极为严峻的挑战，也给政府管理工作和管理模式及方法的改进带来了前所未有的机遇。联合国经济社会事务部把推进发展中国家政府信息化作为该部门工作的重点，希望通过信息技术的应用，改进政府组织，重组公共管理，最终实现电子政务和信息资源的共享。

项目分析

在发达国家倡导的“信息高速公路”：电子政务、电子商务、远程教育、远程医疗、电子娱乐五个应用领域中，“电子政务”被列为第一位，优先发展。因为政府部门既是信息技术的主要使用者，也是信息产品的最大消费者，政府推动了信息技术的快速发展。本项目可分解为以下任务：

- 电子政务的基本概念；
- 电子政务的模式及功能；
- 实施电子政务的目的；
- 电子政务的发展现状。

项目目标

- 了解电子政务产生的背景；
- 熟悉电子政务的模式；
- 了解国内外电子政务的发展状况。

任务1　电子政务的基本概念

1. 电子政务的内涵

关于电子政务（Electronic Government，E-Government）的概念，国内外还没有形成统一的表述，叫法也各异，如政府办公自动化、电子政府、数字政府、政府信息化等。随着时代的发展，电子政务的概念和内涵在不断深化和拓展，但其基本的内涵是一样的，即电子政务是政府机构利用网络通信与计算机等现代信息技术，将其内部和外部的管理和服务职能进行无缝隙集成，在政府机构精简、工作流程优化、政府资源整合、政府部门重组后，通过政府网站，将大量频繁的行政管理和日常事务按照设定的程序在网上实施，从而打破时间、空间及部门分割的制约，全方位地为社会及自身提供一体化的规范、高效、优质、透明、符合国际惯例的管理和服务。

2. 电子政务的含义

电子政务包括了三层含义。

①电子政务必须借助信息技术和数字网络技术，依赖于信息基础设施和相关软件的发展。

②电子政务并不是简单地将传统政府服务进行网上移植，而是要对其进行组织结构重组和业务流程再造。电子政务的建设是一项复杂的系统工程，是对传统政府管理的重组、整合和创新，不仅是技术创新，而是包括管理创新、制度创新在内的社会的全面创新。

③电子政务的目的是要大力利用网络与计算机等现代信息技术，更好地履行政府职能，塑造一个更有效率、更精简、更公开、更透明的政府，为公众、企业和社会提供更好的公共服务，最终构建政府、企业、公民与社会和谐互动的关系。电子政府是政府管理的革命。

任务 2 电子政务的模式及功能

在信息化社会中，与电子政务相关的行为主体主要有政府、企业和居民，政府的业务活动也主要是围绕着这些行为主体展开的。政府与政府之间的互动、政府与企(事)业的互动、政府与居民的互动，构成了电子政务、电子商务和电子社区。电子政务的主要模式有 G2G、G2E、G2B 和 G2C 四种模式，如图 9－4 所示。

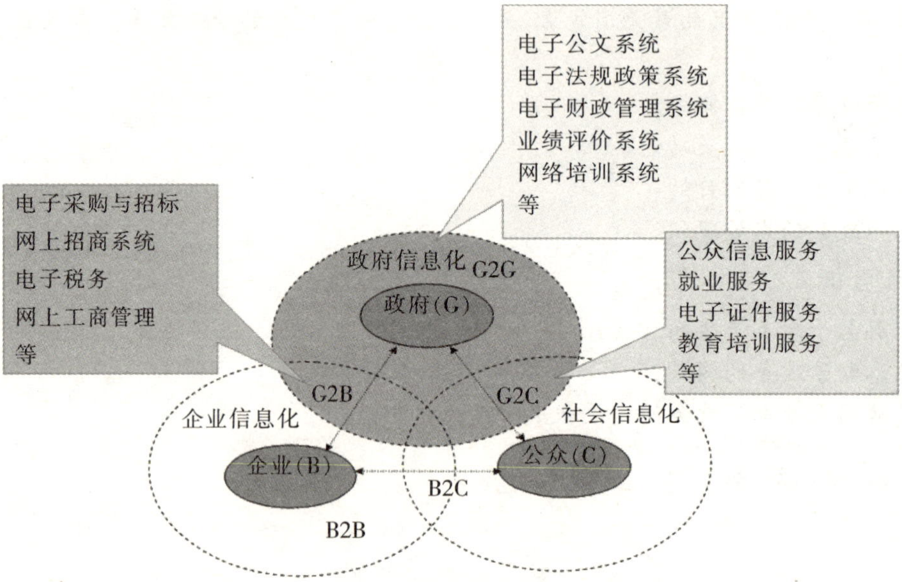

图 9－4 电子政务模式

1. G2G 电子政务模式

G2G 模式是指政府(Government)与政府(Government)之间的电子政务，即上下级政府、不同地方政府和不同政府部门之间实现的电子政务活动。

G2G 模式是电子政务的基本模式，具体实现方式可分为：政府内部办公系统、电子法规、政策系统、电子公文系统、电子司法档案系统、电子财政管理系统、网络业绩评价系统、城市网络管理系统等 10 个方面，亦即传统的政府与政府间的大部分政务活动都可以通过网络技术的应用，高速度、高效率、低成本地实现。国家外汇管理局官网如图 9－5 所示。

2. G2E 电子政务模式

G2E 模式是指政府(Government)与政府公务员，即政府雇员(Employee)之间的电子政

图 9－5　国家外汇管理局网站

务，也有的学者把它称为内部效率能(IEE)电子政务模式。

G2E 电子政务模式是政府通过网络技术实现内部电子化管理的基础，也是 G2G、G2B 和 G2C 电子政务模式的基础。G2E 电子政务主要是利用 Intranet 建立起有效的行政办公和员工管理体系，为提高政府工作效率和公务员管理水平服务。

3. G2B 电子政务模式

G2B 模式是政府(Government)与企业(Business)之间的电子政务，即政府通过网络进行采购与招标，企业通过网络进行税务申报、办理证照、参加政府采购、对政府工作反馈意见等；政府向企事业单位发布各种方针、政策、法规、行政规定等。对政府来说，G2B 电子政务的形式主要包括以下几种：电子采购与招标、电子税务、电子证照办理、电子外经贸管理、中小企业服务、综合信息服务等。安徽省政府采购网站如图 9－6 所示。

4. G2C 电子政务模式

G2C 模式是指政府(Government)与公众(Citizen)之间的电子政务，政府通过电子网络系统，为公民提供各种服务。

G2C 电子政务所包含的内容十分广泛，主要应用包括：公众信息服务、电子身份认证、电子税务、电子社会保障服务、电子民主管理、电子医疗服务、电子就业服务、电子教育、培训服务、电子交通管理等。G2C 电子政务的目的除了政府给公众提供方便、快捷、高质量的服务外，更重要的是可以开辟公众参政、议政的渠道，畅通公众的利益表达机制，建立政府与公众的良性互动平台。图 9－7 为河南省人力资源和社会保障厅网站，市民可以在网上办理、查询、登记就业信息和社会保障手续。

图 9-6　安徽省政府采购网

图 9-7　河南省人力资源和社会保障厅网站

任务 3　实施电子政务的目的

实施电子政务的主要目的可以概括为以下几个方面。

1. 提高政府机关的办公效率

电子政务对传统政务活动最大的影响直接体现在办公效率大幅度地提高，这对于克服长期存在的政府工作中的官僚主义现象具有重要意义。通过电子政务，政府相关部门的运作完全实行电脑化、网络化和信息化，从而使政府机构的设置得到进一步优化，政府职能更加明确，政府的组织结构层次也将向扁平化发展，政府公文处理的中间环节必然会大大减少，传递时间缩短，政府机关的办公效率会得到显著提高。

2. 向社会提供优质服务

为纳税人提供高质量的政府服务，是各国政府最重要的职责。在传统情况下，由于技术的限制和政务处理方式的局限，高水平地提供政府所拥有的各种信息资源为社会服务，往往难以做到。电子政务则可通过政府内联网和互联网的应用，一方面最大限度地提供政府所拥有的各种信息资源为社会服务；另一方面，可以通过网络直接与人民群众进行沟通，搜集群众对政府工作的意见和建议，以便及时改进政府的工作。电子政务可使企业和公民享受到快捷、高效、低成本的政府管理与服务。

3. 降低工作人员劳动强度，节约办公费用开支

电子政务的实施，可使广大政府公务人员从“文山会海”中解脱出来，有更多的时间从事调查研究，在进一步提高政府决策水平的同时，也使得政府公务人员的劳动强度下降。政府办公费用的开支，随着电子政务的实施得到一定幅度的下降。这主要是因为无纸化办公的推行以及通信费用的显著减少，使得整体办公费用大大下降。

4. 增加政府工作的透明度，促进廉政建设

应用网络技术的电子政务，使得民众参与政府工作的机会越来越多，对政府的监督也会上升到一个新的层次。因此，政府工作的透明度也随之上升，特别是政府采购和工程招投标项目等，也将会随着电子政务的深层次发展而成为“阳光下的交易”，有利于杜绝腐败现象和不正之风。所以，电子政务对促进中国各级政府的勤政、廉政建设，将起到重要作用。

5. 以政府信息化推动社会信息化发展

社会信息化是一项复杂的系统工程，政府信息化是先导，企业信息化是动力，家庭信息化是基础。很难想象，在一个政府信息化水平低下的国家，能有较好的信息化基础设施及高水平的企业信息化和家庭信息化的发展。因此，以政府信息化推进社会信息化，促进电子政务、电子商务发展，是政府在网络经济时代更好发挥政府职能的重要举措。“信息化带动工业化”的一个重要内涵，就是要以电子政务推动中国的工业化进程，提高中国企业的市场适应能力和国际竞争力。

任务 4　电子政务的发展现状

将现代信息技术应用于政府的各项业务，实现政府业务流的计算机化，在发达国家已经有 50 多年的历史。这 50 多年来，计算机在政府中的应用，从技术上来说，经历了主机、微机加局域网、互联网三个阶段；从处理内容上来说，由数据管理、信息管理逐步走向知识管理；从覆盖的范围来说，由政府内部的管理职能，走向政府外部的服务职能。

1. 国外电子政务发展概况

(1)美国的电子政务

1993 年，美国前总统克林顿和副总统戈尔在其任期内首倡电子政务；1995 年和 1996 年，克林顿政府先后出台了《政府纸张消除法案》和“重塑政府计划”；2000 年 9 月，美国政府开通“第一政府”网站(www. firstgov. gov)。布什上台后，同样表示要利用互联网帮助联邦政府提高工作效率，希望建立一个“充满活力，但又有限的”政府，使公民有能力以一种更及时和更有效的方式与联邦政府机构进行交流。到目前为止，已有超过 60%的因特网用户通过政府网站进行事务处理。

(2)澳大利亚的电子政务

早在 1972 年，澳大利亚政府的海关服务署就引入了通关文件申报自动化系统，现在几乎所有的进出口货物的报关和清关都完全通过海关服务署的在线系统完成。随后，澳大利亚政府正式颁布了国家电子政务发展战略——《政府在线战略》。为推动电子政务的进程，政府制定了一系列的法律保障措施；此外，政府还成立了国家信息经济办公室(NOIE)，负责电子政务的全面实施和协调发展。

(3)欧盟诸国的电子政务

英国从 1994 年开始着手于电子政务的建设，目标是建立“以公众为中心的政府”。英国政府建设电子政务的特点是“平民化”色彩较浓，要求政府做电子政务时，既要考虑到熟悉、了解信息技术的人，也要考虑到不熟悉、不了解信息技术的人。

法国从 1997 年开始着手政府上网工程，已经建立了 60 个政府机构站点，入网的政府部门包括教育、电信、环境等，普通民众也可以通过电子邮件方式与总统联系。

德国在信息化方面稍显落后，为此德国公布了《联邦在线 2005 规划》，加快了电子政务的发展速度，促使德联邦政府通过互联网为公民提供大约 350 种服务。

(4)亚洲各国的电子政务

新加坡从 1981 年起就开始推动政府服务的电子化。现在，新加坡人的日常生活已与电子政务密切结合，为汽车上牌照、登记服兵役、查询社会保险账号余额以及报税等，都可以通过政府的电子政务网进行；对那些手头没有计算机的人，还可以到被公民称为“电子公民中心”的地方免费进行。

日本在 1993 年制定了《行政资讯推进共同事项行动计划》，并于 2000 年正式启动了电子政务工程。这项工程的主要内容是通过因特网办理各种申请、申报、审批等手续，进行政府网上采购，使政府各部门的主要业务全部通过互联网进行，建立一个在全球信息化潮流中领先的“e-Japan”。

2. 我国电子政务发展现状

我国电子政务起步于 20 世纪 80 年代末期，经过 20 多年的发展，电子政务为提高政府行政效率，推动政府职能转变，带动整个国民经济和社会信息化发展发挥了重要作用。电子政务整体市场涵盖了硬件、软件以及 IT 服务。近年来，在国家的大力支持和推动下，我国电子政务建设取得了巨大进展，市场规模持续扩大。2012 年发布的《国家电子政务“十二五”

规划》提出，“十二五”期间，电子政务依托的信息技术手段发生重大变革，超高速宽带网络、新一代移动通信技术、云计算、物联网等新技术、新产业、新应用不断涌现，深刻改变了电子政务发展的技术环境及条件，经济社会发展需求和技术创新为国家电子政务的发展提供了难得的历史机遇，必须扎实落实科学发展观，努力转变电子政务发展方式。至“十二五”末，政务部门主要业务信息化覆盖率，中央和省级应超过85%，地市和县区分别达到70%、50%以上。经过几年的发展，目前，我国的电子政务已经发展到一个新的阶段，具体表现在以下几个方面。

(1)信息基础设施初步完善，软硬件设备投资逐步增加

调查数据表明，我国省、市级政府网站建设已经达到99%的水平，县级政府网站建设近两年也大幅增加。这表明我国电子政务的信息基础设施建设已经相当完善，省市级政府部门的办公自动化水平已经很高。但是在基层政府以及较低层次的政府下属机构中，由于资金缺乏、领导不重视等原因，仍然存在着硬件设备老化、网络办公条件落后、应用软件简陋、人员素质低下等问题，但是这些部门也往往是与用户直接打交道的部门，这些问题的存在不但影响政府内部办公效率，也影响了为公民服务的水平。

(2)顶层规划与网站群建设提高政府网站建设水平

自2006年以来，顶层规划思想引入我国，接下来是将之付诸实施的“网站群建设”工程，加上由政府主导的每年一次的官方评价排序活动，对地方政府网站的建设起到了极大的激励作用，促进了我国政府网站的建设。目前，我国政府网站的建设水平有了大幅提高，在信息公开栏目建设、网上办事服务项目、地方特色建设、多语种与国际化建设、网站更新速度与安全建设方面，都有了较大的改善，信息构建(IA)的思想与“以用户为中心”的理念正越来越明显地运用到政府网站的建设之中。

(3)公民对电子政务的认知度、利用率和满意度逐步提高

随着政府网站信息公开、网上办事功能的不断完善，我国公民对于电子政务的认知度、利用率和满意度都在逐年提高。来自天津、上海、哈尔滨等地的电子政务公众满意度的研究数据表明，公众对政府网站的满意度不仅受到政府网站技术功能、安全水平的影响，也受到公民自身因素如职业、受教育水平的影响。目前，我国从中学阶段就开始设置信息技术课程，宁夏等省份的农村地区还为农民举办信息技术培训班，这些都在一定程度上提高了公民的信息素养，有利于促进电子政务的实际应用。

但是，我国电子政务发展还存在着一些问题，如：部门间信息共享水平仍然较低，协同办公能力有待提高；对公众信息需求了解不够，忽视对公众与企业的满意度调查；农村地区、边远地区的电子政务建设与应用水平低下；电子政务信息资源的长期存储受到忽视等，这些现存的问题也是进一步发展的契机，对于这些问题的解决，将会引导我国电子政务向新的方向发展。

贴心提示

2014年6月，联合国经济和社会事务部发布了《2014年联合国电子政务调查报告：电子政务成就我们希望的未来》(United Nations E-Government Survey 2014：E-Government for the Future We Want)，其主题一如既往地呼应了全球经济社会发展的最新现实和前瞻。

作为联合国电子政务调查报告中全球电子政务排名的主要依据，电子政务发展指数(EGDI)的概念框架自2001年提出，至今一直没有发生改变。电子政务发展指数是一种国

家电子政务绩效水平的综合衡量尺度，旨在评估电子政务的三个重要方面，即在线服务的范围和质量，通信基础设施的地区合作，以及人力资源的开发，分别由OSI(在线服务指数)、TII(通信基础设施指数)和HCI(人力资本指数)来衡量，权重各占1/3。在系列指数中，每个指数都是一个综合衡量标杆，可以对其独立进行提取和分析。

韩国专注电子政务创新并一直发挥其领导作用，2014年仍居排名榜首位；与2012年相比，澳大利亚(第2名)、新加坡(第3名)的全球排名都有了很大的提升。从不同大洲来看，欧洲凭借最高的区域电子政务指数(EGDI)保持领先地位，法国(第4位)、荷兰(第5位)、英国(第8位)和芬兰(第10位)等国表现突出；美洲紧随其后，美国(全球排名第7位)领先美洲电子政务；韩国继续保持亚洲电子政务领跑者的地位；突尼斯(全球排名第75位)领先非洲电子政务。

《2014年联合国电子政务调查报告》显示，中国电子政务的发展指数(EGDI)为0.5450，位列第70名，与2012年相比上升8个位次，是近五年来排名最靠前的一次，表明中国电子政务在这段时间里取得了较大的发展与进步，如图9-8所示。

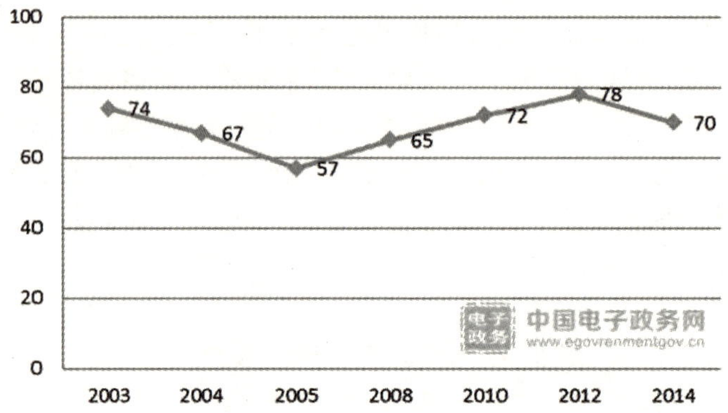

图9-8 中国在联合国电子政务排名趋势图

中国电子政务排名的提升，与决策者及政府推动网络信息建设和电子政务发展的决心与行动密不可分。2011年3月，十一届全国人大四次会议通过的《中华人民共和国国民经济和社会发展第十二个五年规划纲要》提出，要大力推进国家电子政务建设，推动重要政务信息系统互联互通、信息共享和业务协同；加强市场监管、社会保障、医疗卫生等重要信息系统建设，完善基础信息资源体系，强化信息资源的整合、规范采集和社会化综合开发利用。2011年12月，工业和信息化部印发了《国家电子政务"十二五"规划》(工信部规[2011]567号)，提出了"十二五"时期中国电子政务的发展目标、方针和应用重点，指出要转变电子政务发展方式，充分发挥电子政务应用成效；提出"必须坚持将科学发展观贯穿电子政务发展全过程，必须坚持把以人为本和构建和谐社会作为电子政务发展的出发点和落脚点，必须坚持把深化应用和突出成效作为电子政务发展的根本要求，必须坚持创新发展和加强管理的有机统一"等四个发展方针。2014年2月27日，中央网络安全和信息化领导小组成立，组长由国家主席习近平亲自担任，旨在统筹协调涉及经济、政治、文化、社会及军事等各个领域的网络安全和信息化重大问题，建设网络强国。

项目小结

本项目介绍了电子政务的概念、模式、功能和建设目的以及发展现状，使大家对电子政务有一个初步的了解。另外，还介绍了电子政务三个方面的含义，解释了电子政务G2G、G2E、G2B和G2C等四种模式。

从现代信息技术应用于政府的各项业务，实现政府业务流的计算机化开始，电子政务经历了50多年的发展历史。如今，电子政务的建设备受各国政府的重视，开启了一个全新的发展阶段。

知识百科

2015年中国省级政府网上政务服务能力调查报告

2015年7月，国务院发布《关于积极推进“互联网＋”行动的指导意见》，提出要加快互联网与政府公共服务体系的深度融合，推动公共数据资源开放，促进公共服务创新供给和服务资源整合，构建面向公众的一体化在线公共服务体系。为客观反映我国网上政务服务发展现状，进一步探索适合我国国情的网上政务服务发展道路，国家行政学院电子政务研究中心开展了2015年省级政府网上政务服务能力调查评估工作。

调查评估按照“以用户为中心”的原则，从公众体验的角度，基于省级政府门户网站和网上政务服务平台的数据，结合对网上政务服务的内容、管理和运行等多方面的考察，重点在服务方式完备性、服务事项覆盖性、办事指南准确性、在线服务交互性四个方面，建立了网上政务服务能力评估指标体系。在数据分析的基础上，围绕网上政务服务“可达、可见、可用、可办”四个目标，评价各省级政府网上政务服务的供给和质量。具体排名如图9－9所示。

在31个省级政府和新疆生产建设兵团(以下简称省级政府)中，网上政务服务能力前五名为：浙江省、江苏省、湖南省、四川省和湖北省。省级政府网上政务服务能力指数平均值为76.48，超过指数平均值的省级政府有15个，占比46.88%，如图9－10所示。

截至2015年7月1日，省级政府通过政府门户网站或网上政务服务平台提供的政务服务事项共计38 310项，平均数量为1 197项；全国有12个省级政府提供的服务事项数量超过了平均数，占比37.50%。

各省级政府提供的政务服务事项数量存在较大差异，排名前10的省级政府提供的政务服务事项总数量为23 620项，占比61.65%。

截至2015年7月1日，各省级政府都已建设了相关栏目或平台，为社会公众提供网上政务服务。其中，24个省级政府，通过政府门户网站整合汇集各部门的网上服务内容，提供相关网上政务服务；11个省级政府，在物理行政服务中心的基础上，围绕行政审批事项，构建了本级政府的网上审批大厅，为公众和企业提供行政审批服务；8个省级政府，建立了多级联动、统一入口和统一标准的一站式政务服务平台。

截至2015年7月1日，共有17个省级政府在其政府门户网站或网上政务服务平台发布了行政权力清单。

排名	省级政府	总分	服务方式完备性指数	服务事项覆盖性指数	办事指南准确性指数	在线服务交互性指数
1	浙江	91.36	99.00	91.44	89.27	90.24
2	江苏	91.12	85.00	86.71	94.02	93.59
3	湖南	88.73	78.00	82.82	91.02	97.52
4	四川	88.51	87.00	78.70	90.20	95.65
5	湖北	87.50	88.00	75.05	89.54	95.00
6	广西	85.01	82.00	71.28	94.16	80.38
7	贵州	84.60	95.00	79.55	79.87	92.48
8	黑龙江	84.21	82.00	63.37	87.21	99.96
9	广东	82.92	86.00	80.94	82.59	83.36
10	福建	82.29	83.00	86.92	76.73	89.62
11	海南	81.58	80.00	66.64	81.33	98.27
12	安徽	81.56	84.00	86.87	82.00	73.40
13	北京	81.55	71.00	87.91	80.82	84.74
14	甘肃	80.53	94.00	92.38	76.64	67.31
15	上海	78.73	89.00	67.64	77.23	85.50
16	新疆兵团	76.39	81.00	51.35	82.72	83.75
17	宁夏	75.79	73.00	57.70	78.97	88.80
18	吉林	75.15	64.00	74.47	77.02	80.00
19	青海	74.55	79.00	68.64	78.76	67.66
20	辽宁	73.71	74.00	73.58	75.44	69.74
21	河北	72.81	69.00	59.26	69.67	96.30
22	天津	72.54	83.00	75.29	70.93	65.59
23	内蒙古	70.77	63.00	68.39	78.72	61.09
24	江西	68.65	61.00	69.34	72.77	64.45
25	河南	67.32	64.00	60.08	75.10	59.55
26	新疆	66.34	73.00	54.53	72.28	59.79
27	山东	66.02	64.00	71.85	68.75	55.56
28	陕西	64.97	68.00	61.56	68.18	58.88
29	云南	64.75	79.00	54.98	55.97	83.56
30	山西	64.20	69.00	59.14	66.71	60.01
31	重庆	63.17	62.00	50.33	73.04	54.68
32	西藏	60.06	58.00	54.56	63.68	58.94

图 9-9　省级政府网上政务服务能力调查评估排名

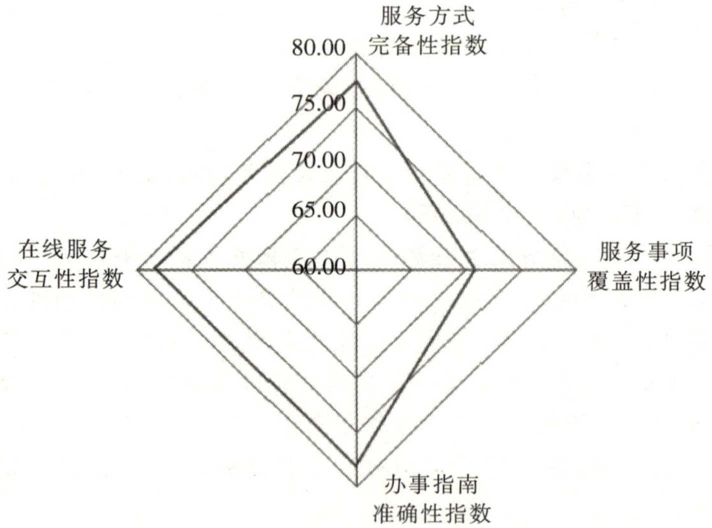

图 9-10　省级政府网上政务服务能力一级指标指数

项目 2 电子政务体系结构

项目描述

我国政府一直高度重视电子政务的发展，近 15 年来，进行了办公自动化、政府网站、各种“金”字号工程等信息系统工程的建设，推进了统一的国家电子政务网络平台的建设，进行了国家电子政务的顶层设计，逐步完善了电子政务体系结构，使我国电子政务的发展进入了一个全新阶段。

项目分析

电子政务系统是为电子政务活动提供实现手段和支持的计算机网络软硬件平台，包括电子政务网络平台、电子政务应用服务平台，以及提供上下衔接的电子政务中间件平台等。本项目可分解为以下任务：

- 电子政务的基本框架；
- 面向对象和服务的电子政务应用系统。

项目目标

- 了解电子政务系统的基本框架；
- 了解电子政务的服务对象和应用架构；
- 了解电子政务应用系统的组成。

任务 1 电子政务的基本框架

早在“十五”期间，我国就对电子政务建设提出了进一步加快建设政务平台，整合信息资源，统一平台、统一标准的指导性意见。十年来，围绕“三网一站四库十二金”的建设，已逐步构建了覆盖我国电子政务各个方面，涉及信息资源开发、信息基础设施建设与整合、信息技术应用等领域，特点各异，又相互渗透和交融的电子政务基本框架，如图 9 - 11 所示。

1. 三网

指政府内网、政府专网及政府外网。从安全角度考虑，《关于我国电子政务建设的指导意见》中明确规定，政务内网与政务外网之间必须采取物理隔离。根据机构职能，在业务范围内，政府专网与政府内网在一定条件下互联，实现地区级别涉密信息共享；同时，又要保证各部门数据的安全，所以政府内网与政府专网之间采取逻辑隔离。

2. 一站

指政府公共门户网站，是由政府按照政府管理和公共服务的需求，向政府、公众、企业及非盈利组织提供的政府服务的窗口，是电子政务最基本、最核心的公共应用形式。通过政府门户网站，电子政务的社会服务可以分为四个逐步提升的阶段：网上信息发布、网上信息交换、网上办公服务、“一站式”服务等。从政府反映角度来看，使用互联网发布法规和政令等公告信息，是政府网站的重要功能，也是最容易实现的功能。

3. 四库

指人口基础信息库，法人单位基础信息库，自然资源和空间地理基础信息库，以及宏观

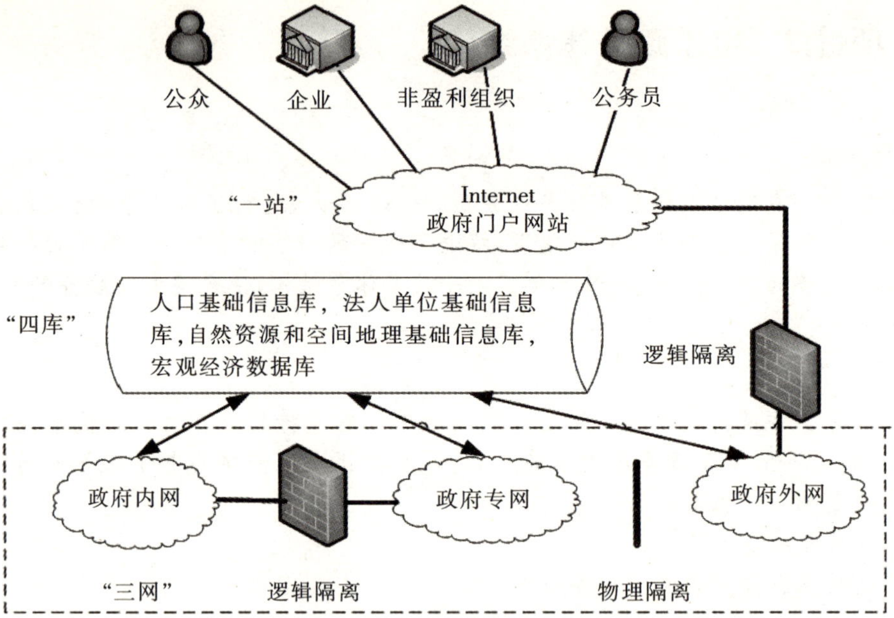

图 9-11　电子政务基本框架

经济数据库。

4. 十二金

“十二金”则是指要重点推进的 12 个业务系统。这 12 个重点业务系统又可以分为三类：第一类是对加强监管、提高效率和推进公共服务起到核心作用的办公业务资源系统、宏观经济管理系统建设；第二类是增强政府收入能力，保证公共支出合理性的金税、金关、金财、金融监管（含金卡）、金审等 5 个业务系统建设；第三类是保障社会秩序，为国民经济和社会发展打下坚实基础的金盾、社会保障、金农、金水、金质等 5 个业务系统建设。

任务 2　面向对象和服务的电子政务应用系统

1. 电子政务的服务对象

目前，国际上通常将电子政务的服务对象划分为四类：公众、企业、非盈利组织和政府内部，具体如下所述。

(1)公众

公众是政府服务的主体。公众是一个非常复杂的群体，可以再细分为多种类型，例如在我国就可以分为：农民、工人、知识分子和在校学生等，也可以按照年龄特征分为老人、成人、青少年、儿童等，还可以按照职业与职业状况划分。对象不同，对政府的服务要求也不同。

(2)企业

企业也可以分为两类。一类是与政府电子采购招标相关的企业，政府部门对于它们来说是客户。电子政务可以体现公平公正的原则、防止腐败，有利于政府资源的优化配置，节约政府部门的运行成本，同时也扶植企业健康发展。另一类是其他普通企业，政府部门对于它们来说，主要是监管者。电子政务为它们服务，主要是为了提高办事效率，减轻企业负担，促进企业发展。各种企业由于其产业领域、规模、地域和产品等特征不同，对政府的服务需求也不一样。

(3)非盈利组织

非盈利组织是指那些不以盈利为主要目的，而是旨在通过努力，完成某项事业或使命的组织。在我国，非盈利组织主要有两大类：一类是群众团体组织，如专业学术团体、业余爱好者协会、消费者协会、个体经济协会、工会、妇女权益保护协会和同乡会等；另一类是事业性组织，包括学校、医院、图书馆、新闻媒体、出版社、文艺团体、科研院所和体育机构等。非盈利组织是公民社会中一个非常大的群体，而且随着社会的发展，这部分机构越来越多，情况也越来越复杂多样，对政府服务的需求差异非常大，政府对非盈利组织的服务内容和形式也有别于其他对象。

(4)政府内部

政府内部是指上下级政府、不同地方政府和不同政府部门之间等。电子政务的主要目的是打破各政府部门的垄断和封锁，加速政府内信息的流转和处理。

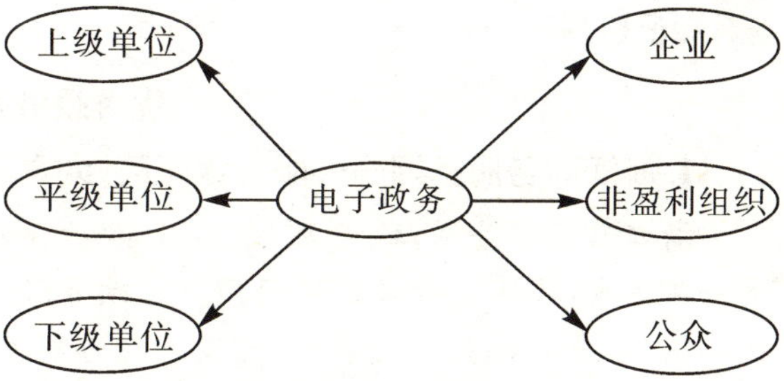

图 9－12　电子政务的服务对象

电子政务的服务对象如图 9－12 所示。

2. 电子政务中服务与应用的关系

电子政务的服务和应用是密不可分的两个方面。一方面，应用系统的规划和建设应当以服务需求为指导，以服务需求为基础的应用系统可以减少不必要的冗余，提高系统运行的可扩展性和运行效率，增强应用系统与业务的配合程度；另一方面，服务需求的满足又是以应用系统作为支撑和工具的，没有功能完善的应用系统，就没有进行服务的工具，更谈不上高质量、高效率和高满意度的服务。电子政务中，服务与应用的关系如图 9－13 所示。

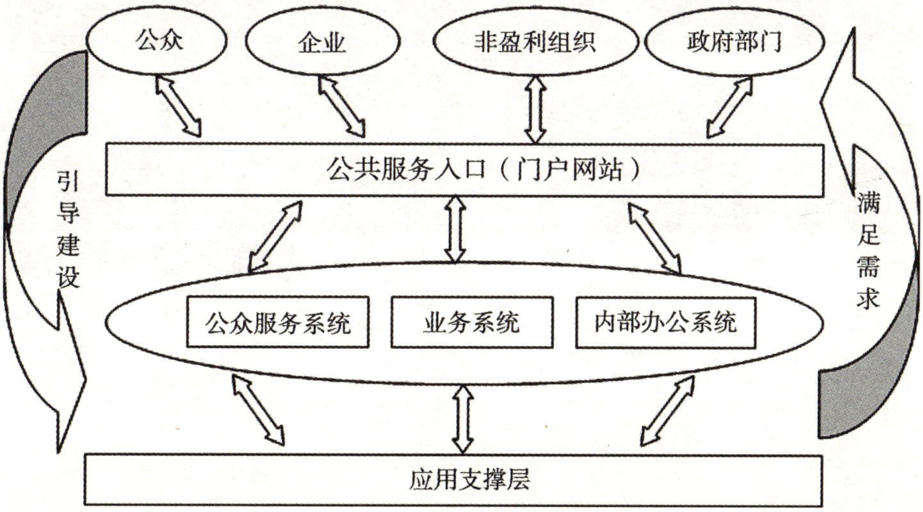

图 9－13　服务与应用的关系图

项目小结

本项目介绍了电子政务的基本框架以及面向对象和服务的电子政务应用系统架构。

电子政务的基本框架包括电子政务网络平台、电子政务应用服务平台以及提供上下衔接的电子政务中间件平台等。电子政务的服务对象为公众、企业、非盈利组织和政府内部。电子政务中服务与应用的关系:一是构建以服务需求为基础的应用系统;二是构建功能完善的应用系统,这样才能满足服务对象的要求。

知识百科

优秀政务网站展示

1. 浙江政务服务网——服务零距离,办事一站通

浙江政务服务网,域名为 http://www.zjzwfw.gov.cn/。于 2014 年 6 月正式开通,上线一年多来,已有 130 多万注册用户。政务服务网整合了省级 42 个部门的 2 705 项政务服务事项,以政务服务网为依托,实现了权力事项集中进驻,网上服务集中提供,政务信息集中公开,数据资源集中共享的“四个集中”,省级部门和 11 个设区市已全面实现一站式网上审批,90 个县(市、区)也已完成统一的网上审批平台建设。全省通过政务服务网受理网上审批业务 68 万余笔,基本形成了网上办事一站式服务平台。图 9-14 所示为浙江政务服务网站。

图 9-14 浙江政务服务网

2. 江苏政务服务网——线上线下一体化的政务服务

江苏政务服务网，域名为 http://www.jszwfw.gov.cn/。于 2014 年 12 月上线试运行，推出了审批服务、公共资源交易、政务公开和便民服务等栏目，覆盖 52 个省级部门的 386 项行政审批事项、371 项子项，涉及 1 400 多项审批业务，8 600 多个业务附件和填写样本，1 300 多个申请表，1 200 多个流程图，800 多个批文或证照结果样本，初步实现了线上与线下、政务服务与公共资源交易、审批事项与服务事项、政务服务与政务公开的“四个一体化”。图 9-15 为江苏政务服务网站。

图 9-15　江苏政务服务网

3. 四川省电子政务大厅

四川省提供网上政务服务的主要平台为四川省电子政务大厅(域名为 http://dzzwdt.sc.gov.cn/)和四川省政府门户办事服务栏目(域名为 http://www.sc.gov.cn/)。四川省电子政务大厅作为四川省的网上政务服务平台，提供个人和企业两类服务，同时按专题将事项进行分类，整合了 49 个部门 1 200 多项政务服务事项。经过多年建设，四川目前已建成了行政权力依法规范公开运行平台。平台包括“一目录、一厅、二平台”，即行政职权目录，电子政务大厅，行政权力运行基础平台和行政权力运行监督平台。对省级部门的行政审批(行政许可)、行政处罚、行政征收、行政强制、行政确认、行政裁决、行政给付及其他行政权力等 8 大类行政权力进行清理，并公示晾晒“权力清单”，编制了权力目录，制定了行政权力运行流程图，将行政权力运行流程固化，实现全程电子化网上运行，并进行实时网上监督。目前，已建成省、市、县三级互联互通的行政权力公开运行平台，省、市、县三级政府所有行政权力全部录入行政职权目录。图 9－16 所示为四川省政务服务网站。

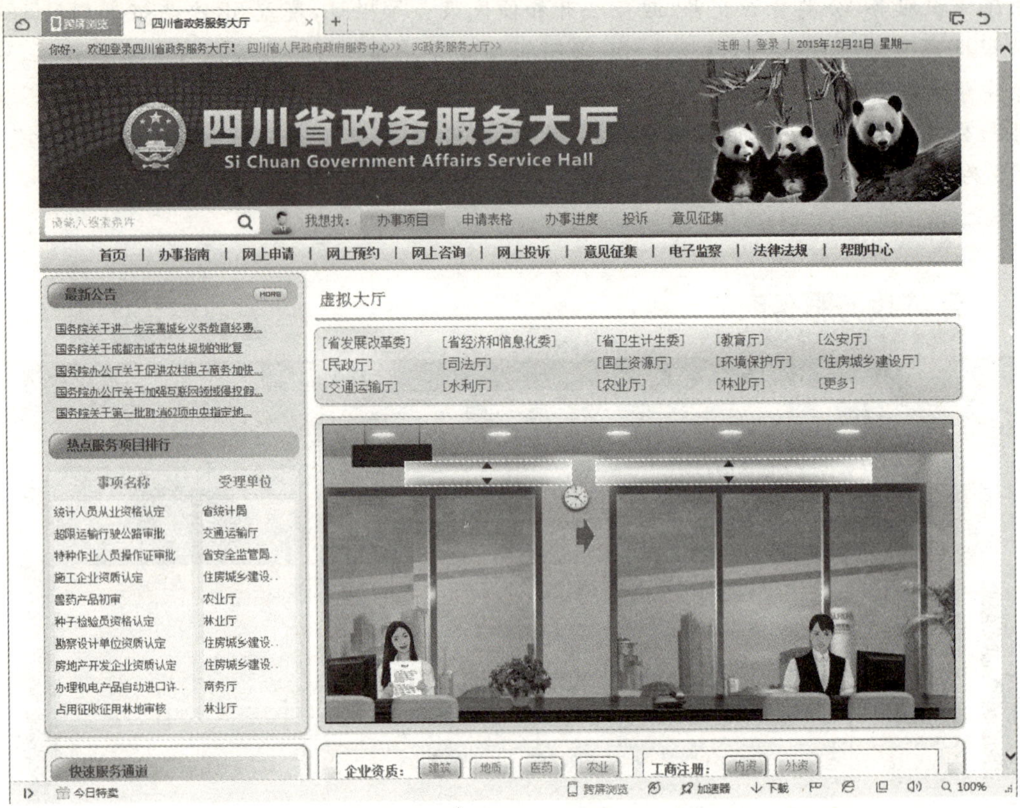

图 9－16　四川省政务服务网

项目 3　电子政务与电子商务的关系

项目描述

在世界各国积极倡导的信息高速公路的 5 个应用领域中，电子政务、电子商务分别被列为第一位和第二位。然而，人们在对电子政务和电子商务概念的理解和使用上，存在着一定的分歧与混淆，甚至有人认为，电子政务是最大的电子商务。弄清电子政务与电子商务的相互关系，不仅有利于对电子政务和电子商务的研究，而且能为电子政务和电子商务的发展与运作提供指导。

项目分析

电子政务与电子商务既有紧密联系，又有本质区别。在社会信息化程度不断提高的今天，我们不仅要从理论上认清电子政务与电子商务的异同和联系，而且要采取有力措施，在实践中推进电子政务与电子商务的协调发展、共同繁荣。本项目可分解为以下任务：

- 电子政务与电子商务的不同之处；
- 电子政务与电子商务的相同之处；
- 电子政务与电子商务的相互促进。

项目目标

- 了解电子政务和电子商务的目的、形式等是不相同的；
- 了解电子政务和电子商务活动的交叉部分；
- 认识电子政务和电子商务的互动性。

任务1 电子政务与电子商务的不同之处

1. 电子政务与电子商务概念的内涵有很大差异

电子政务是指一个国家的各级政府机关或有关机构，以电子化的手段来处理各类政府事务；电子商务是指采用电子方式进行的各种商务活动，也可以说是以电子方式为手段的经济活动。

2. 电子政务与电子商务的性质有本质区别

电子政务是利用以网络为主的电子化手段来进行政务工作，这只是工作方式和手段的变化，不会改变政务工作的本质属性。电子政务既是通过网络对社会进行的管理活动，也是通过网络为公众提供的服务活动。

电子商务是一种交易与经济活动，商品交易不是政治行为，也不是管理活动，而是属于经济活动的范畴。电子商务仅仅是采用了电子方式进行商务活动，只是活动手段的变化和创新，也不改变其工作性质。

3. 电子政务与电子商务的目的和表现有明显不同

电子政务与电子商务的根本目的不同，电子政务的根本目的是通过电子方式提高政府管理与服务的质量和效率以及社会效益；电子商务的根本目的是通过电子方式提高交易事务的效率和交易主体的经济效益。

电子政务表现为统一性，电子商务表现为多样性。电子政务是政府机构处理各类政府事务的一种新模式，当然要遵循一国政府对处理政府事务所强调的统一性和规范性。在电子商务活动中，企业提供的产品和服务各种各样，面临的消费者千差万别，面临的市场纷纭复杂，从而使得电子商务的形式呈现多样化。

4. 电子政务与电子商务有各自独特的活动内容

电子政务特有或与电子商务差别较大的活动内容有：网上项目申请与审批，网络会议，电子福利支付，网上选举，公民网上参与公共决策等，如图9－17所示。

电子商务特有或与电子政务差别较大的活动内容有：网络营销、网上商务谈判、商家与客户的互动、网上采购、电子支付、电子商务实物配送等，如图9－18所示。

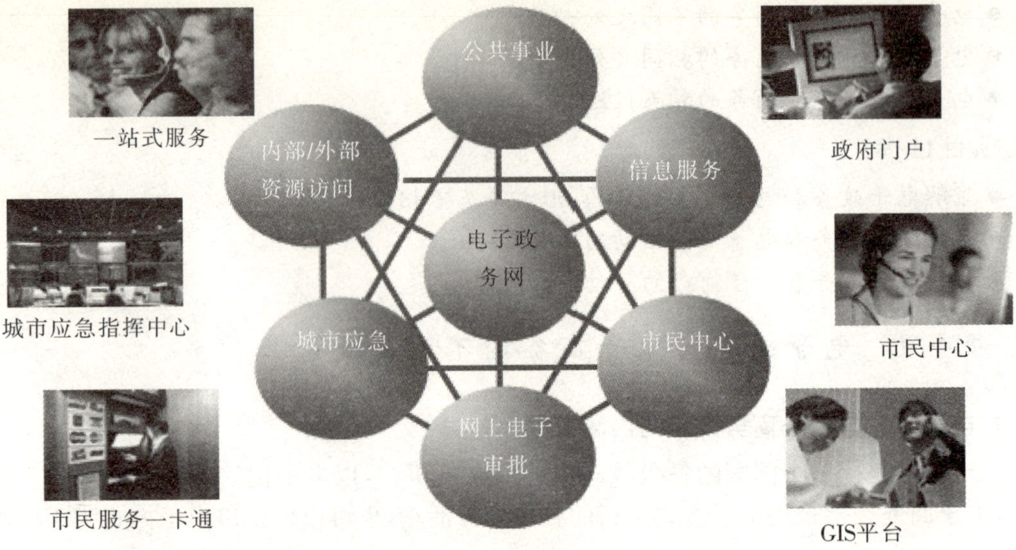

图 9 - 17　电子政务活动内容

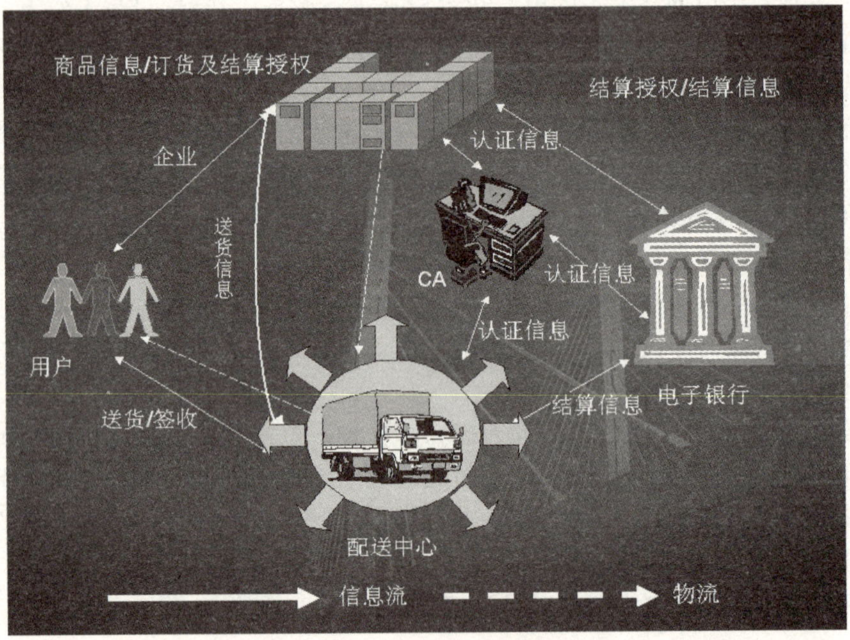

图 9 - 18　电子商务活动内容

任务 2　电子政务与电子商务的相同之处

1. 电子政务和电子商务都依赖于共同的信息基础设施，都要求提高上网率

电子政务和电子商务基本上都是在计算机网络上实现的，没有计算机网络，就不可能有电子政务与电子商务，所以，包括局域网、城域网、广域网和因特网在内的计算机网络，是电子政务和电子商务共同的信息基础，所以，高上网率是开展电子政务和电子商务的必要条件。

2. 电子政务和电子商务都需要完善的 CA 认证体系与良好的法律环境

电子政务和电子商务的不断发展和有效运行,必须建立在完善的 CA 认证体系之上。这个认证体系应由一个国家级的电子认证中心,联合政府部门的网上安全认证中心以及各行各业的电子认证机构而组成。

3. 电子税务和政府上网采购既属于电子政务的范畴,也属于电子商务的范畴

税务部门是进行税收征管工作的政府部门,严格地说,电子税务是一种电子政务活动。同时,税务工作与经济活动中的生产经营活动密不可分,又是经济工作的一个重要组成部分,电子税务包括在广义的电子商务之中。

政府集中网上竞价采购,可以最大限度地节省成本,为政府节约巨额开支,是政府网上采购用得最多的方式,是政府事务的一种,属于广义电子政务。而商品采购是名符其实的商品交易活动,所以也属于电子商务的范畴。

4. 电子政务和电子商务都要使用网上支付手段

政府福利基金网上发放是一种典型且重要的电子政务活动。很显然,政府福利基金网上发放要利用电子支付手段。

电子支付也是电子商务必不可少的关键环节,甚至可以说,电子支付就是电子商务的重要组成部分。图 9-19 所示为 2014 年中国网民使用支付功能的情况及其占比。

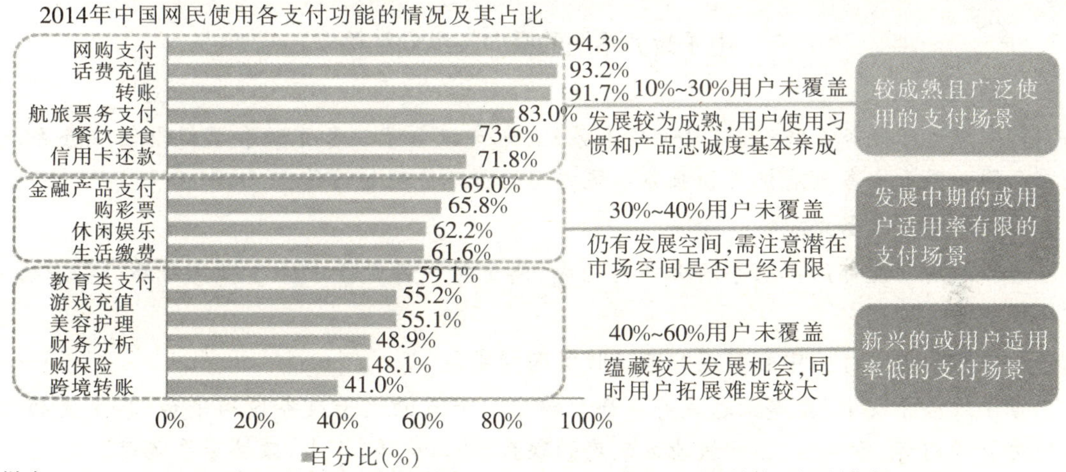

样本:N=4141;于 2015 年 1 月–2015 年 2 月通过 UserSurvey 在 Click 调研社区调研获得。

图 9-19 2014 年中国网民使用支付功能的情况及其占比

任务 3 电子政务与电子商务的相互促进

1. 电子政务能为电子商务的发展起到示范和推动作用

电子政务的发展,必然会加快政府信息基础设施建设,包括政府信息系统和政府信息网络的建设,硬件设施和软件的升级,从而带动了电子商务的加速发展。政府建立的网上专业交易市场,不仅促进了电子商务的发展,也为电子商务起到了示范作用。

2. 电子商务要求政府管理电子化、网络化，而电子政务的开展又有利于政府对电子商务进行有效的监督

电子商务实现后，大部分商务活动都在网上进行，商务信息都在网上传递与交流，如果政府部门采用传统的方式对电子商务活动进行管理，肯定效率很低，甚至无法实现。所以实施电子政务，对电子商务进行网络化管理，是电子商务发展的客观要求。

虚拟的电子市场同样也需要政府的监督、管理、审批等，工商、税务、质检、海关等部门实施电子政务后，不仅可以对电子商务进行有效的管理和监督，同时也可以为企业各项业务提供高效的服务。

项目小结

本项目介绍了电子政务与电子商务的关系。

电子政务与电子商务具有不同的概念、性质、目的与活动内容，但是电子政务与电子商务依赖于共同的信息基础设施和社会环境，而且电子政务与电子商务可以相互促进，协调发展。

知识百科

电子政务系统的横向及纵向结构

1. 横向结构

国家级电子政务系统；省级电子政务系统；地市级电子政务系统和县级电子政务系统，侧重于同一层面上各政府机关和业务系统之间的行政管理和协作。

2. 纵向电子政务系统

各级政府职能部门按业务层次序列构成，侧重同一种业务中的各级政府部门和业务系统之间的业务处理。

3. 以政府办公厅为中心节点的电子政务内网平台

电子政务系统中，要建立以政府办公厅为中心节点的电子政务内网平台，其主要功能：实现办公厅内部、各部门、各下级地方政府的联系，并与党委、人大、政协等系统建立连接。

电子政务系统的横向及纵向结构如图 9 - 20 所示。

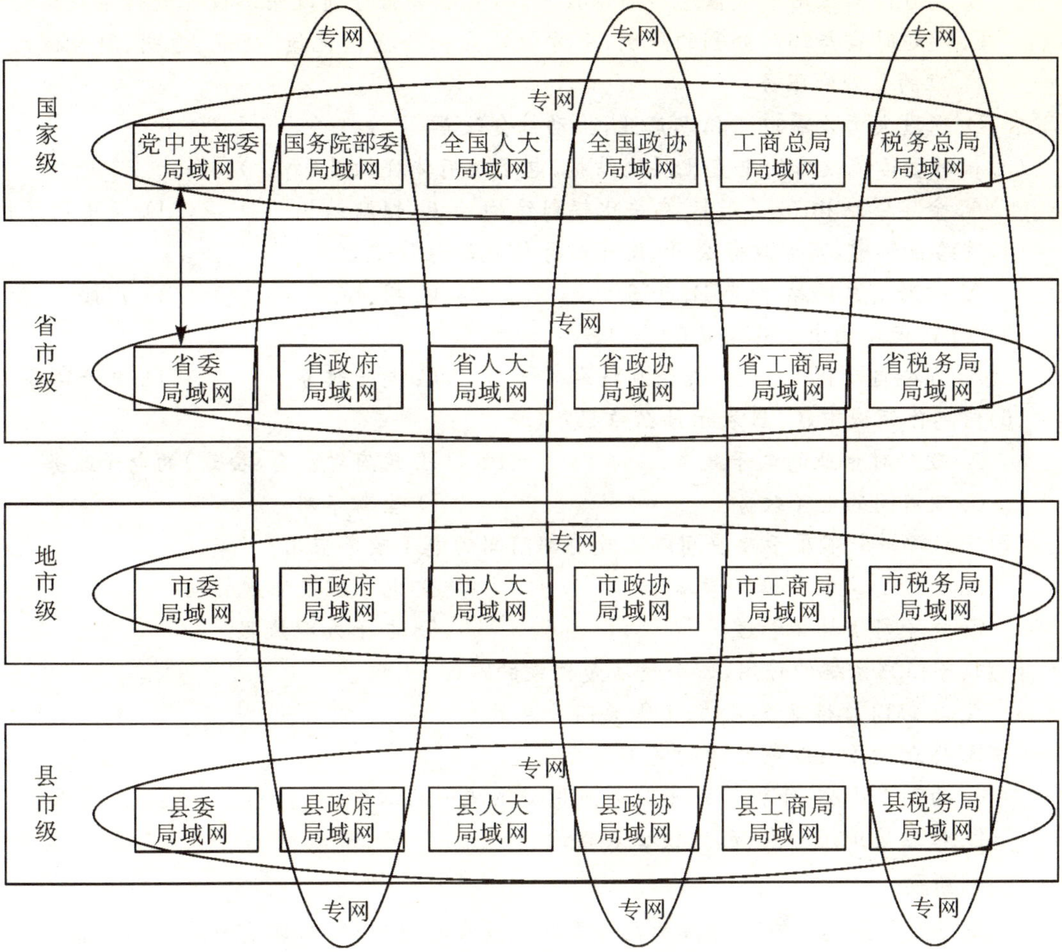

图 9－20　电子政务系统横向及纵向结构

单元小结

本单元共完成了 3 个项目的学习，学完后应该有以下收获：

- 掌握电子政务的概念和内涵；
- 了解电子政务体系结构；
- 了解电子政务与电子商务的关系。

习　　题

一、单选题

(1)社会中最大的信息拥有者、最大的信息技术用户是（　　）。

A. 社会　　B. 企业　　C. 政府　　D. 个人

(2)下述有关电子政务的说法中，不正确的是哪一项？（　　）。

A. 在互联网上实现政府组织结构和工作流程的优化重组

B. 政府机构应用现代信息和通信技术,将管理和服务通过网络技术进行集成

C. 超越时空与部门分割的限制,全方位地向社会提供优质、规范、透明、符合国际水准的管理和服务

D. 通过大力发展电子信息产业,推动社会改革

(3)相对于传统政府的垂直化层次结构,电子政府体现的是(　　)。

A. 金字塔结构　　B. 扁平化辐射结构　　C. 饼状结构　　D. 集中化结构

(4)网络世界中,实施政务公开,发布政务信息的最佳平台是(　　)。

A. 政府门户网站　　B. 电话　　C. 报纸　　D. 广播

(5)"OA"代表的中文意思是(　　)。

A. 办公自动化　　B. 信息技术　　C. 电子政务　　D. 电子商务

(6)信息化领域中,G2B表示什么意思?(　　)。

A. 政府对企业的电子政务　　B. 政府对社会(公众)的电子政务

C. 政府间的电子政务　　D. 全都不对

(7)下列哪一个不属于政府间以及政府部门间的电子政务应用?(　　)。

A. 电子公文的传输和管理　　B. 电子政策法规管理

C. 电子司法档案管理　　D. 电子办理执照

(8)政务门户系统的作用,哪个说法是错误的?(　　)。

A. 各部门自行建立网站,不需要门户网站

B. 公众服务与政务处理的完整结合

C. 为网上办公、审批等电子政务应用提供统一的入口

D. 信息集中统一发布,方便公众查询

二、判断题

(1)电子政府是指现有政府机构在开展电子政务的过程中,对现有政府组织结构和工作流程进行优化重组之后,重新构造成的新的政府管理形态。(　　)

(2)只有政府实现了信息化,才能真正实现社会公共资源的共享和提高社会资源的利用效率。(　　)

(3)在信息时代,就像管理信息系统是企业必备的手段一样,电子政务已经成为治国不可或缺的工具。(　　)

(4)政府信息化的核心价值是改善政府的公共服务,提高公共服务的水平和质量。(　　)

(5)在政务公开阶段,信息流向基本上是双向的,公众更多的是主动接受来自政府部门网站上的信息。(　　)

第10单元 电子商务法律法规

电子商务改变了传统实体商务交易的模式，使当事人不再局限于传统的面对面交易模式，仅需通过电子化技术与互联网就可以进行交易，大幅节省了交易成本，实现了经济效益的最大化。面对现在这种电子商务飞速发展的情况，在立法上，相较于其他国家，我国明显落后，截止到目前为止，仍旧没有相关的综合性法律法规对电子商务进行有关的规范。值得注意的是，电子商务的发展一刻也不会停滞，全球电子商务交易规模每年仍在以两位数的增长速度向前发展，这就需要充分把握国际社会电子商务立法的前沿动态，并分析其发展趋势。本单元按以下3个项目进行：

项目1　电子商务法律概述；

项目2　电子商务涉及的法律问题；

项目3　电子商务信用体系建设。

案例导入：阿里巴巴侵犯知识产权案(著作权侵权案)

2014 年 8 月，北京市朝阳区人民法院就经济参考报社诉告中国雅虎网的经营者北京阿里巴巴信息技术有限公司(以下简称“阿里巴巴公司”)侵害作品信息网络传播权案作出一审宣判，认为阿里巴巴公司侵权事实成立，判决其赔偿经济参考报社相应经济损失 5 000 元。

法院审理查明，经济参考报社对《畸形消费产业之殇》等 4 篇涉案作品，享有著作权，其中包括信息网络传播权。被告阿里巴巴未经著作权人许可，在其主办的中国雅虎网上转载涉案作品，侵犯了经济参考报社所享权力，应承担赔偿经济损失的侵权责任。阿里巴巴公司称其对涉案作品使用系合理使用的抗辩，无事实及法律依据，法院不予支持。

图 10－1　阿里巴巴在纽约上市

近年来，我国互联网发展迅速，据互联网络信息中心统计，至 2014 年底，中国网民总数已达 6.48 亿，互联网已成为公众获取信息的重要途径，通过信息网络传播权利人作品的情况越来越普遍。为保护权利人的信息网络传播权，鼓励作品的创作和规范网络传播行为，我国《著作权法》在 2001 年修订时新增了“信息网络传播权”；2006 年 7 月 1 日，颁布实施了《信息网络传播权保护条例》。这一权利的规定，迎接了网络技术发展给著作权法律关系带来的冲击与挑战，弥补了原《著作权法》缺乏专门调整网络著作权法律关系的空白。

根据《著作权法》第四十八条第一项规定：未经著作权人许可，复制、发行、表演、放映、广播、汇编、通过信息网络向公众传播其作品的，属于侵犯著作权的行为。

本案中，被告阿里巴巴在其主办的中国雅虎网上转载涉案作品时，未经著作权人许可，且涉案作品并非是在信息网络上已经发表的关于政治、经济问题的时事性文章，被告的转载并非合理使用，因此，被告阿里巴巴公司未经许可，在其经营的雅虎网上使用涉案文章的行为，侵犯了原告经济参考报社就涉案文章所享有的信息网络传播权。

项目 1 电子商务法律概述

项目描述

电子商务以其新颖独特的运作方式,成为新的经济增长点;同时,电子商务也向传统的商务运作模式和法律法规提出了重大挑战。为了保证电子商务又好又快地发展,社会各界人士都在呼吁一部系统完整的电子商务法律出台。

项目分析

通过对电子商务法产生的必然性的探究,以及电子商务法的概念和特征的学习,可以使人们进一步认识什么是电子商务法以及电子商务法的重要性。了解世界各国以及中国电子商务立法概况,给我国下一步建立完善的电子商务法律体系提供了重要启示。本项目可分解为以下任务:

- 电子商务法产生的必然性;
- 电子商务法的概念与特征;
- 电子商务法的立法概况。

项目目标

- 理解电子商务法产生的必然性;
- 掌握电子商务法的概念与特征;
- 了解世界各国以及中国电子商务的立法概况。

任务 1 电子商务法产生的必然性

1. 电子商务对传统法律法规提出的挑战

在电子商务环境下,商务交易方式已发生剧变,与传统的交易方式有了很大的区别。因此,传统的法律法规已经不再适应电子商务的发展,具体体现在以下几方面。

(1)法律法规的缺失

我国法律对在电子商务活动中出现的诸如域名保护、隐私保护等新问题没有明文规定,无法明确责任与义务,不能形成法律的规范性调整作用。

(2)法律法规界定模糊

目前,关于网上的新兴财产形式——虚拟财产,如游戏货币、游戏装备等的法律性质尚不明确,虽然我国法律方面的学者已提出物权说、债权说以及知识产权的版权说等观点,但是我国的立法和司法判例并没有加以明确。

(3)法律法规不协调

《最高人民法院关于行政诉讼证据若干问题的规定》中第十二条是“根据行政诉讼法第三十一条第一款第(三)项的规定,当事人向人民法院提供计算机数据或者录音、录像等视听资料”,说明我国最高人民法院是将计算机数据这种电子证据看做视听材料的;而我国《合同法》的第十一条是“书面形式是指合同书、信件和数据电文(包括电报、电传、传真、电子数据交换和电子邮件)等可以有形地表现所载内容的形式”,从合同法来看,电子证据是属于书面证据。从上述电子证据归类上存在的矛盾可以看出我国电子商务法律法规的不协调。

2. 电子商务法产生的必然性

在电子贸易过程中,出现了大量现行法律法规难以解决的新问题,我国有必要针对电子商务新环境下的新问题制定专门的法律规范,为电子商务创造良好的法律环境,保障交易安全,规范交易行为,促进电子商务健康有序地发展。

任务2 电子商务法的概念与特征

1. 电子商务法的概念

电子商务法是指调整电子商务活动中产生的各种社会关系的法律规范的总称,是一个新兴的综合法律领域。

法律就是要通过调整各种社会关系,对人们的行为加以指引、规范。而电子商务法就是要对通过网络进行的生产、营销和流通等活动中产生的各种社会关系进行调整,对人们在进行电子商务活动时的行为进行引导,使电子商务有序发展。由于电子商务法涉及民法、商法、行政法、刑法、诉讼法及国际法等各个领域,因此电子商务法又是一个综合性的法律领域。

2. 电子商务法的特征

与传统法律法规相比,电子商务法具有以下几个特征。

(1)技术性

电子商务是网络时代高新科技与传统商务相结合的产物。在电子商务开展过程中,要应用到许多先进技术,如数字加密、数字签名、数字证书等技术。传统的法律法规无法解决这些技术方面的法律问题,所以电子商务法律法规必须涉及这些高新技术,这样才能保证商务活动在互联网这种开放的环境中顺利进行。

(2)安全性

电子商务发展的核心和关键问题是电子商务的安全性问题。随着电子商务的迅速发展,出于各种目的的黑客和计算机病毒不断出现,网络犯罪逐步增多,对消费者、商家及政府机构造成了极大的威胁,并带来了巨大的社会危害。事实证明,光靠技术是不能从根本上解决这些安全问题的,还必须通过法律制度来规范和保障电子商务的健康发展。

(3)综合性

在电子商务活动中,其参与的主体有多个,不仅有买卖双方,还有第三方认证机构、金融机构以及物流配送机构等。所以电子商务法不但要规范买卖双方的行为,还要规范其他主体行为。另外,综合性还体现在电子商务法包含了多重的法律关系,涉及了多方位的法律。

(4)国际性

跨时空性是电子商务的特点之一。由于互联网没有国界限制,人们可以随时随地通过网络到达世界的任何角落,所以电子商务活动成为一种全球性的商务活动,电子商务法也要适应这种全球化的需求。因此,我们在制定电子商务法时,应与国际接轨,兼顾本国国情与国际通行做法。

任务 3　电子商务的立法概况

1. 国际上电子商务立法概况

从 20 世纪 80 年代起，国际上已经开始了电子商务立法工作。进入 20 世纪 90 年代后，世界各国更加重视电子商务的法律建设，纷纷出台了电子商务法律法规来引导全球电子商务的发展。

(1)联合国电子商务立法

1984 年，联合国国际贸易法委员会(UNCITRAL)向联合国秘书长提交了《自动数据处理的法律问题》的报告，建议审视有关计算机记录和系统的法律要求，从而揭开了电子商务国际立法的序幕。

联合国国际贸易法委员会于 1996 年 6 月通过的《电子商务示范法》，为世界各国提供了电子商务立法的原则和框架，成为各国制定本国电子商务法律法规的范本。为弥补《电子商务示范法》有关电子签名规定的不足，联合国国际贸易法委员会于 2001 年 7 月又通过了《电子签名示范法》。

《电子商务示范法》和《电子签名示范法》为世界各国制定电子商务法及电子签名法奠定了良好的法律基础。

(2)世界贸易组织的电子商务立法

世界贸易组织(WTO)于 1995 年成立后，先后达成了三大突破性协议：一是 1997 年 2 月 15 日达成的《全球基础电信协议》，其主要内容是要求各成员方向外国公司开放其电信市场并结束垄断行为；二是 1997 年 3 月 26 日达成的《信息技术协议(ITA)》，该协议要求所有参加方自 1997 年 7 月 1 日起至 2000 年 1 月 1 日止，将主要的信息技术产品的关税降为零；三是 1997 年 12 月 31 日达成的《开放全球金融服务市场协议》，其协议要求成员方对外开放银行、保险、证券和金融信息市场。这三项协议均在同一年制定，是电子商务和信息技术稳步有序地发展的法律基础。

(3)国际经济合作与发展组织的电子商务立法

国际经济合作与发展组织(OECD)于 1998 年 10 月，在加拿大渥太华召开了第一次以电子商务为主题的部长级会议，会议名称为“一个无国界的世界，发挥全球电子商务的潜力”。在此期间，OECD 公布了指导电子商务开展的一系列重要文件：《全球电子商务行动报告》、《OECD 国际电子商务行动计划》和《国际组织和地区性组织报告：电子商务活动和计划》等。

贴心提示

OECD 即国际经济合作与发展组织，简称经合组织，是由 30 多个市场经济国家组成的政府间国际经济组织，旨在共同应对全球化带来的经济、社会和政府治理等方面的挑战，并把握全球化带来的机遇。它成立于 1961 年，目前成员国总数 34 个，总部设在巴黎。

目前，中国还不是国际经合组织成员，但中国作为观察员参与了经合组织的科技政策委员会和财政事务委员会。

(4)欧盟的电子商务立法

欧盟于 1997 年提出了《关于电子商务的欧洲建议》，1998 年又发表了《欧盟电子签字法律框架指南》和《欧盟关于处理个人数据及其自由流动中保护个人的指令》(或称《欧盟隐私保护指令》),1999 年发布了《数字签名统一规则草案》。

(5)美国的电子商务立法

美国是世界上电子商务开展最早的国家,也是电子商务立法较早的国家之一。1997 年 7 月 1 日,美国政府发布了《全球电子商务政策框架》;1999 年 11 月,美国公布了《统一电子交易法》;2000 年 6 月 14 日,美国众议院以 426 票赞成、4 票反对的压倒优势,通过了《国际和国内商业中的电子签名法》。

2. 国内电子商务立法概况

(1)涉及电子商务的法律

1999 年 3 月,我国颁布了新的《中华人民共和国合同法》(简称《合同法》),其中第 11 条规定书面形式包括"数据电文";第 33 条规定当事人采用数据电文订立合同时,可以"要求签订确认书"。另外,《合同法》第 16 条、第 26 条、第 31 条规定了电子合同要约的生效时间、承诺的生效时间及合同成立地点。

2001 年 10 月,我国修订并发布了《著作权法》。该法第十条第十二款规定:"信息网络传播权,即以有线或者无线方式向公众提供作品,使公众可以在其个人选定的时间和地点获得作品的权利。"它明确了网上知识产权的法律地位,有利于保护网上知识产权。

2004 年 8 月 28 日,第十届全国人大常委会第十一次会议表决通过了《中华人民共和国电子签名法》,并于 2005 年 4 月 1 日正式实施。该法的颁布,标志着我国真正意义上的电子商务法正式诞生,是对我国电子商务的极大推动。

(2)涉及电子商务的行政法规

国务院发布的涉及电子商务的行政法规主要有:《计算机信息系统安全保护条例》(1994 年 2 月 18 日)、《中华人民共和国计算机信息网络国际联网管理暂行规定》(1996 年 2 月 1 日发布,1997 年 5 月 20 日修正)、《互联网信息服务管理办法》(2000 年 9 月 25 日)、《信息传播权保护条例》(2006 年 5 月 10 日)、《信息网络传播权保护条例》(2013 年 1 月 30 日)。

(3)涉及电子商务的部门规章

涉及电子商务的部门规章主要包括:国务院新闻办公室和信息产业部《互联网新闻信息服务管理规定》(2005 年 9 月 25 日),中国人民银行《电子支付指引(第一号)》(2005 年 10 月 26 日正式实施),信息产业部《互联网电子邮件服务管理办法》(2005 年 11 月 7 日),中国人民银行《电子银行业务管理办法》和《电子银行安全评估指引》(2006 年 3 月 1 日正式实施),等等。根据国务院关于规章清理的统一部署,2009 年 2 月 28 日,工业和信息化部修订并重新颁布了《电子认证服务管理办法》。2010 年 5 月 19 日,中国人民银行通过了《非金融机构支付服务管理办法》。该办法规定,非金融机构如果要提供支付服务,应当依据本办法规定,必须申请取得《支付业务许可证》,方可成为支付机构。为配合《非金融机构支付服务管理办法》的实施工作,中国人民银行 2010 年 12 月 1 日正式发布了《非金融机构支付服务管理办法实施细则》。2012 年 3 月 12 日,商务部通过了《关于利用电子商务平台开展对外贸易的若干意见》,国家工商总局颁布了《网络交易管理办法》;国税总局于 2013 年 3 月颁布了《网络发票管理办法》;2014 年 1 月 14 日,国家邮政局通过了《无法投递又无法退回邮件管理办法》,2014 年 3 月通过了《寄递服务用户个人信息安全管理规定》;2014 年 3 月,中国人民银行发布了《支付机构网络支付业务管理办法征求意见稿》;2014 年 12 月,保监会发布了《互联网保险业务监管暂行办法(征求意见稿)》,商务部发布了《网络零售第三方平台交易规则制定程序规定(试行)》;2015 年 2 月 5 日,由公安部、国家互联网信息办公室、工业和信息化部、环境保护部、国家工商行政管理总局、国家安全生产监督管理总局联合发布了《互联网危险物品信息发布管理规定》。

(4)涉及电子商务的地方性法规

2002 年 8 月,北京市政府出台了《电子商务监督管理暂行办法》。

2003 年 2 月 1 日,我国第一部电子商务地方性立法《广东省电子交易条例》正式实施。

2008 年 11 月 26 日,上海市第十三届人民代表大会常务委员会第七次会议通过,并于 2009 年 3 月 1 日实施《上海市促进电子商务发展的规定》。

2015 年 2 月 27 日,杭州人民政府发布了《杭州市网络交易管理暂行办法》。

项目小结

本项目介绍了电子商务法产生的必然性,电子商务法的概念和特征,世界各国的电子商务立法概况及中国电子商务立法概况,使大家对电子商务法有了初步的了解。

电子商务法是一种新兴的,涉及民法、商法、行政法、刑法、诉讼法及国际法等多个领域的综合法律。与传统法律相比,它具有技术性、安全性、综合性和国际性的特点。

知识百科

我国法律的效力等级

同样都是法律,为什么一些法律比另一些法律的效力要高呢?这是因为法律制定的部门不相同。我国的法律效力等级如图 10 - 2 所示。

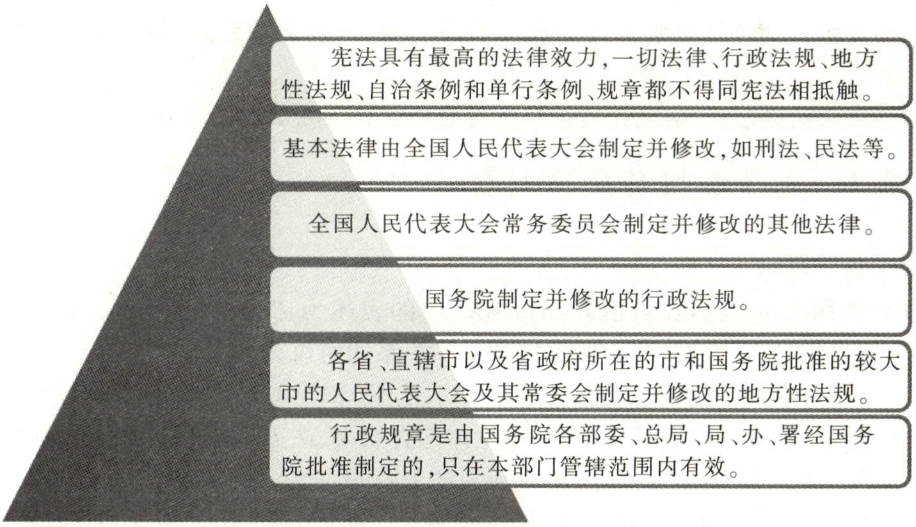

图 10 - 2　法律效力等级

项目 2　电子商务涉及的法律问题

项目描述

电子商务立法是推动电子商务发展的前提和条件，目前我国电子商务立法尚不完善。由于电子商务法是一种综合性的法律法规，涉及民法、商法、行政法、刑法、诉讼法及国际法等多个法律部门，要真正建立起较为完善的电子商务法制体系，是十分复杂的。

项目分析

对于电子商务法到底包括哪些法律制度，不同学者有着不同的看法。本项目可分解为以下任务：

- 电子合同的法律制度；
- 电子签名的法律制度；
- 电子认证的法律制度；
- 电子支付的法律制度；
- 网络知识产权的法律制度；
- 电子商务税收的法律问题。

项目目标

- 掌握电子合同的概念、特征以及订立方式；
- 了解电子签名的定义、作用以及我国的《电子签名法》；
- 了解电子认证、数字证书及认证机构；
- 理解电子支付、电子支付当事人之间的关系以及电子货币带来的法律问题；
- 了解网络知识产权的概念及其相关的著作权、专利权、域名和商业秘密保护的法律问题；
- 掌握税收的概念，了解电子商务税收存在的法律问题及征管对策。

任务 1　电子合同的法律制度

1. 电子合同概述

合同也被称之为契约，在我国新《合同法》中的表述为："合同是平等主体的自然人、法人、其他组织之间设立、变更、终止民事权利义务关系的协议。"

结合联合国国际贸易法委员会《电子商务示范法》和我国新《合同法》，电子合同可以定义为：电子合同是在电子商务环境中，平等主体的自然人、法人、其他组织之间通过电子信息网络，以电子方式设立、变更、终止民事权利义务关系的协议。

如图 10－3 所示，QQ 软件的《软件许可及服务协议》即是腾讯公司与 QQ 软件用户之间签订的关于同意接受 QQ 软件许可协议和指引青少年上网安全的电子合同。

2. 电子合同的特征

在本质上，电子合同与合同都是相同的，即都是平等主体之间设立、变更、终止民事权利义

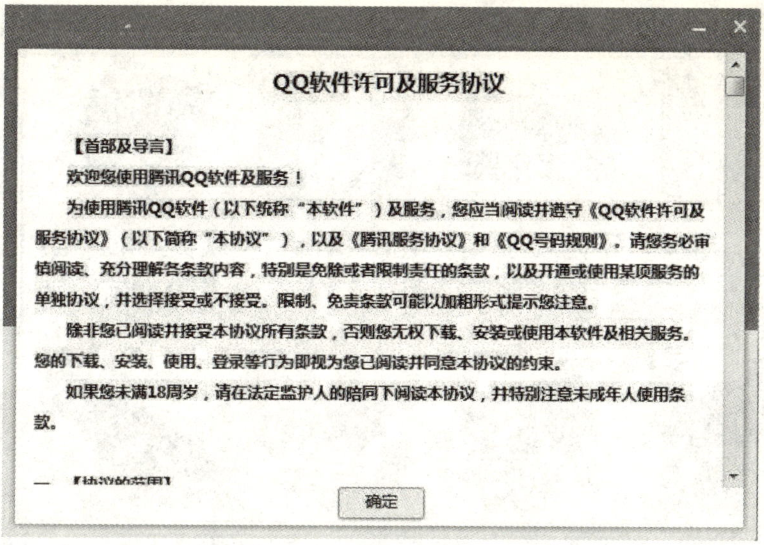
QQ软件许可及服务协议

【首部及导言】

欢迎您使用腾讯QQ软件及服务！

为使用腾讯QQ软件（以下统称“本软件”）及服务，您应当阅读并遵守《QQ软件许可及服务协议》（以下简称“本协议”），以及《腾讯服务协议》和《QQ号码规则》。请您务必审慎阅读、充分理解各条款内容，特别是免除或者限制责任的条款，以及开通或使用某项服务的单独协议，并选择接受或不接受。限制、免责条款可能以加粗形式提示您注意。

除非您已阅读并接受本协议所有条款，否则您无权下载、安装或使用本软件及相关服务。您的下载、安装、使用、登录等行为即视为您已阅读并同意本协议的约束。

如果您未满18周岁，请在法定监护人的陪同下阅读本协议，并特别注意未成年人使用条款。

图 10－3　QQ 软件许可及服务协议

务关系的协议。但是电子合同在形式上与传统合同有了很大的区别，其主要特征如下所述。

(1)电子合同订立环境的虚拟性

电子合同是当事人在网络虚拟的市场环境中磋商并签订的，所以电子合同当事人对彼此身份确认、信用情况、履约能力的了解有一定困难，这使得电子合同存在一定的欺诈和违约风险。

(2)电子合同内容的易消失性和易改动性

电子合同的传输是通过计算机网络来完成的，最终也是储存在计算机硬盘或光盘中。这些电子数据在传播过程中容易被截取、篡改，并且不容易留下痕迹。另外，在保存时，由于操作不当，也可能删除数据，从而造成损失。

(3)传统的签字盖章被电子签名代替

在电子合同中，没有了纸质文件，当事人也无法通过面对面的方式进行签字盖章，表示合同生效。为了确保合同的效力，取而代之的便是电子签名。

3. 电子合同的订立方式

由于我国并没有对电子合同的订立做出专门的规定，那么合同订立的一般原理也适用于电子合同。新《合同法》第十三条规定：“当事人订立合同，采取要约、承诺方式。”电子合同则是通过电子要约和电子承诺订立的。

(1)电子要约的相关问题

①电子要约的概念。

要约是指缔约一方以缔结合同为目的而向对方当事人作出的意思表示。新《合同法》第十五条规定：“寄送价目表、拍卖公告、招标公告、招股说明、商业广告等为要约邀请。商业广告的内容符合要约规定的，视为要约。”在电子商务活动中，商家在互联网上发布广告的行为到底应该视为要约还是要约邀请呢？

如图 10－4 所示，这些经营 U 盘的商家向不特定的消费者只提供了信息浏览服务，简单介绍了商品名称、性能，但未具体规定商品的价格、数量，这类广告属于要约邀请。

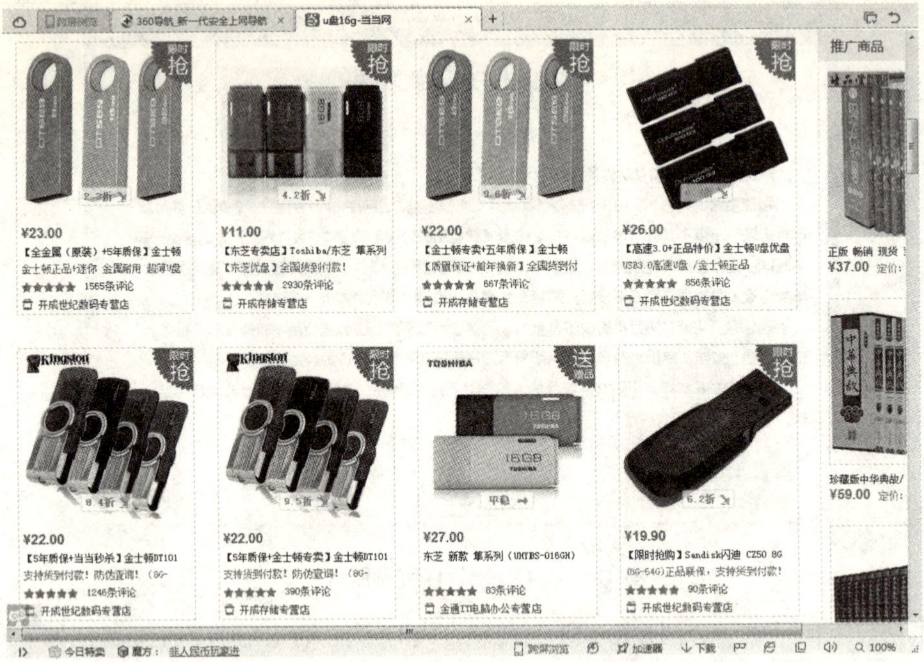

图 10－4　当当网经营 U 盘的商家

如图 10－5 所示，这类网上广告具体介绍了商品的名称、型号、价格、数量等信息，并且为消费者提供了购买通道，消费者一旦点击确认“购买”，就意味着消费者愿意购买该产品，即产生了要约行为。

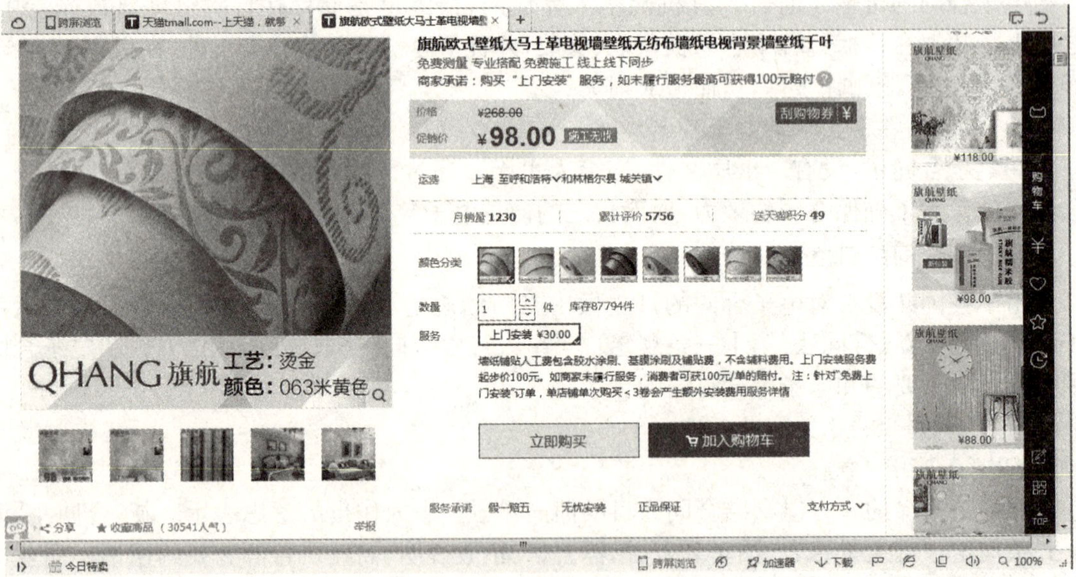

图 10－5　天猫某商家商品界面

②要约的生效时间。

甲有设备若干台需要出售，于是以电子邮件的形式向其老顾客乙发出要约。2010 年 10

月 1 日，甲发出要约，但由于网络故障，这封邮件直到 2010 年 10 月 3 日才到达乙的邮件系统。那么这个要约是何时生效的呢？

要约的生效时间就是指要约具有法律约束力的时间。由于电子要约是以数据电文的形式订立的，根据我国新《合同法》第十六条规定，电子要约生效的时间应该是："要约到达受要约人时生效。采用数据电文形式订立合同，收件人指定特定系统接收数据电文的，该数据电文进入该特定系统的时间，视为到达时间；未指定特定系统的，该数据电文首次进入收件人的任何系统的时间，视为到达时间。"

(2)电子合同承诺的相关问题

①电子合同承诺的概念。

承诺也称为接受，即受要约人做出同意要约并愿意与要约人缔结合同的意思表示。我国新《合同法》第二十一条规定："承诺是受要约人同意要约的意思表示。"

②电子合同承诺的生效时间和地点。

在电子商务活动中，承诺的生效时间和地点直接决定了电子合同的生效时间和地点。我国新《合同法》第二十六条规定，承诺生效的时间应该是："以通知作出的承诺，承诺在通知到达要约人的时候生效。其中，以数据电文形式订立合同的承诺的生效时间，适用本法第十六条第二款的规定，即采用数据电文形式订立合同，收件人指定特定系统接收数据电文的，该数据电文进入该特定系统的时间，视为到达时间；未指定特定系统的，该数据电文进入收件人的任何系统的首次时间，视为到达时间。"同时，我国新《合同法》第三十四条规定："承诺生效的地点为合同成立的地点。采用数据电文形式订立合同的，收件人的主营业地为合同成立的地点；没有主营业地的，其经常居住地为合同成立的地点。当事人另有约定的，按照其约定。"

任务 2　电子签名的法律制度

1. 电子签名概述

(1)电子签名的定义

在电子商务活动中，传统的书面盖章签名的方式是不可能采用的，但合同的生效是需要签名盖章来确认的，因而电子签名应运而生。什么是电子签名呢？

我国《电子签名法》规定："电子签名是指数据电文中以电子形式所含、所附用于识别签名人身份并表明签名人认可其中内容的数据。数据电文，是指以电子、光学、磁或者类似手段生成、发送、接收或者储存的信息。"

(2)电子签名的作用

电子签名的实质与书面签名一样，只不过形式不一样而已，其主要作用是：

①确认当事人的身份，证实文件的来源。表明文件是由签名者发出的，使得签名者无法否认抵赖。

②保证文件的完整性。能够鉴别出文件在签发后到收到时是否被篡改。

2. 我国的《电子签名法》

从 2005 年 4 月 1 日起施行的《电子签名法》具有划时代的意义，是我国信息化领域里的第一部法律，结束了我国信息化无法可依的历史，对我国电子商务的发展起到了极其重要的促进作用。

我国这部《电子签名法》非常精练，只有 5 章 36 条。电子签名立法的直接目的是为了规范电子签名行为，确立电子签名的法律效力，维护各方合法权益；最终目的是为了促进电子商务发展，增强交易的安全性。

《电子签名法》重点解决了以下几个方面的问题：一是确立了电子签名的法律效力；二是规范了电子签名的行为；三是明确了电子认证服务市场准入制度；四是规定了电子签名的安全保障措施。

任务 3 电子认证的法律制度

1. 电子认证的概念

由于网络的虚拟性，交易各方无法确定对方身份的真实性。为了确保交易的安全可靠，人们在实践中发展出一种行之有效的办法，即寻找一位可靠的第三方来验证交易各方的身份，并将公共密钥与使用者的身份绑定起来，由此电子认证便产生了。

电子认证是指特定机构对电子签名及其签署者的真实性进行验证的具有法律意义的服务。这里的特定机构就是认证机构（Certificate Authority，简称 CA）。CA 是一个权威的第三方机构，为每一位交易参与者颁发数字证书，确认用户身份，并证明用户合法拥有证书中包含的公共密钥。

2. 电子认证证书

电子认证证书，即数字证书，也被称为“网络身份证”，是在互联网通讯过程中表明通讯各方身份的一系列数据。数字证书由电子认证机构发行，其包含公开密钥拥有者信息以及公开密钥的文件，如图 10－6 所示。

中华人民共和国信息产业部颁布的《电子认证服务管理办法》中规定，电子认证证书应当准确载明下列内容：

①签发电子签名认证证书的电子认证服务机构名称；

②证书持有人名称；

③证书序列号；

④证书有效期；

⑤证书持有人的电子签名验证数据；

⑥电子认证服务机构的电子签名；

⑦信息产业部规定的其他内容。

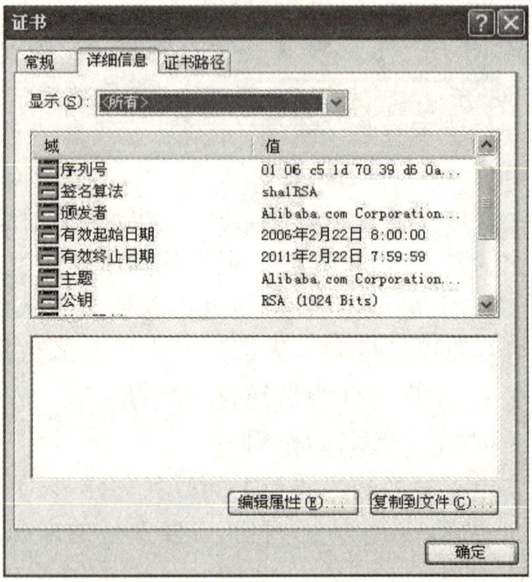

图 10－6 数字证书

3. 电子认证机构

(1)电子认证机构的概念

电子认证机构（CA，Certificate Authority），也称电子认证中心，是承担安全电子交易认证服务，签发数字证书，确认用户身份，与具体交易行为无关的第三方权威性机构，例如，中国数字认证网，如图 10－7 所示。

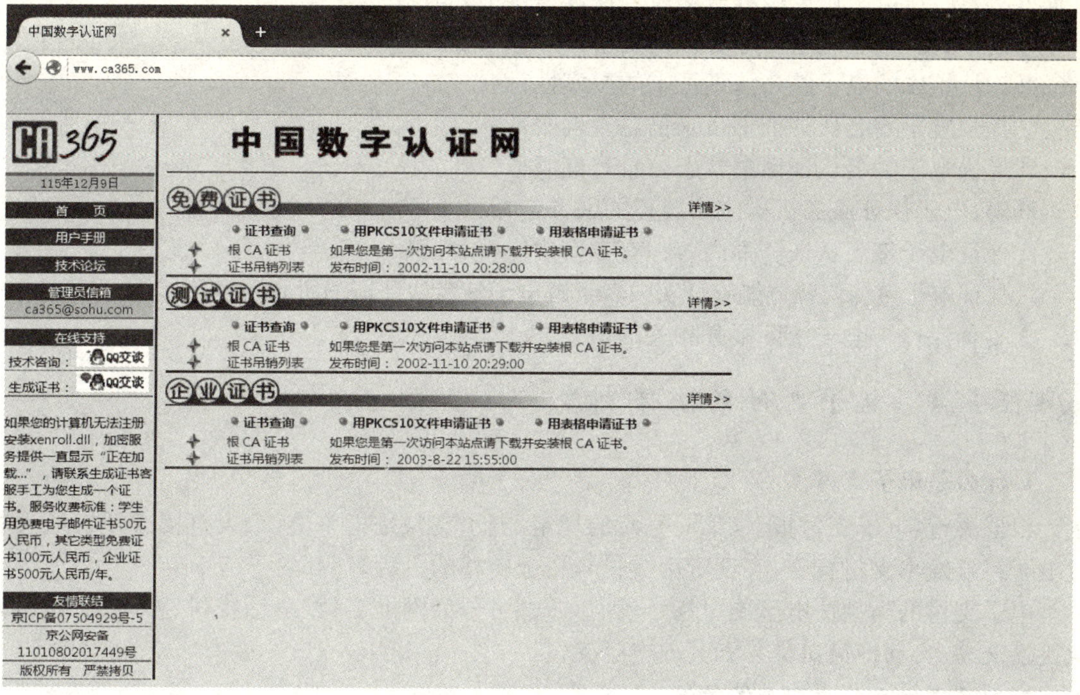

图 10－7　中国数字认证网

(2)电子认证机构的设立

提供认证服务的电子认证服务提供者应依法设立。根据我国《电子签名法》第三章第十七条规定，提供电子认证服务，应当具备下列条件：

①具有与提供电子认证服务相适应的专业技术人员和管理人员；

②具有与提供电子认证服务相适应的资金和经营场所；

③具有符合国家安全标准的技术和设备；

④具有国家密码管理机构同意使用密码的证明文件；

⑤法律、行政法规规定的其他条件。

另外，从事电子认证服务，应当向国务院信息产业主管部门提出申请，并提交以下相关材料：

①书面申请；

②专业技术人员和管理人员证明；

③资金和经营场所证明；

④国家有关认证检测机构出具的技术设备、物理环境符合国家有关安全标准的凭证；

⑤国家密码管理机构同意使用密码的证明文件。

国务院信息产业主管部门接到申请后经依法审查，征求国务院商务主管部门等有关部门的意见后，自接到申请之日起四十五日内作出许可或者不予许可的决定。予以许可的，颁发电子认证许可证书；不予许可的，应当书面通知申请人并告知理由。

(3)电子认证机构提供的服务和履行的义务

根据信息产业部 2005 年 1 月 28 日通过并于 2005 年 4 月 1 日起实施的《电子认证服务

管理办法》规定，电子认证服务机构应当保证提供下列服务：

①制作、签发、管理电子签名认证证书；

②确认签发的电子签名认证证书的真实性；

③提供电子签名认证证书目录信息查询服务；

④提供电子签名认证证书状态信息查询服务。

同时，电子认证服务机构应当履行的义务包括：

①保证电子签名认证证书内容在有效期内完整、准确；

②保证电子签名依赖方能够证实或者了解电子签名认证证书所载内容及其他有关事项；

③妥善保存与电子认证服务相关的信息。

任务4　电子支付的法律制度

1. 什么是电子支付

根据央行《电子支付指引（第一号）》的规定，电子支付是指单位、个人直接或授权他人通过电子终端发出支付指令，实现货币支付与资金转移的行为。

电子支付的类型按电子支付指令发起方式，可分为网上支付、电话支付、移动支付、销售点终端交易、自动柜员机交易和其他电子支付。

2. 电子支付有关当事人的关系

电子支付涉及的当事人不仅包括消费者、商家，还包括两个完成支付的重要第三方，即银行和认证机构，如图 10－8 所示。这 4 个当事人之间有着复杂的法律关系：

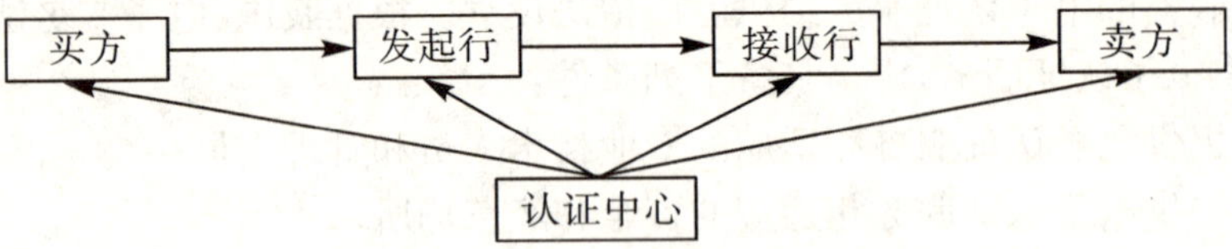

图 10－8　电子支付有关当事人

①消费者，也就是买方，即电子支付中的付款人。其与商家、银行间存在两个独立的合同关系，一是消费者和商家之间订立的买卖合同关系，二是消费者与银行之间订立的金融服务合同关系。

②商家，也就是卖方，即电子支付中的收款人。其同样也存在两个独立的合同关系，一是与消费者之间订立的买卖合同关系，二是与银行之间订立的金融服务合同关系。

③银行，是电子支付中的信用中介、结算中介和支付中介，它根据与客户订立的金融服务合同进行支付。根据角色的不同，银行分为发起行和接收行。发起行是接受客户委托，发出支付指令的银行；接收行是电子支付指令接收人的银行。

④认证机构即 CA，为交易参与各方提供认证服务，确认当事人真实身份，并保证整个交易有序进行。

3. 电子货币引发的法律问题

近年来，随着电子商务的发展，电子货币因其便捷、高效的特点得以广泛使用。但电子货币是在虚拟环境中使用的，加之目前我国电子货币立法还不健全，造成许多不法分子利用法律漏洞进行犯罪的现象日益突出。

(1)电子货币概述

电子货币，是指用一定数额的现金，从发行者处兑换到相应数额的代表现金的数据。电子货币需要用电子化的方式进行支付，其种类主要有：

①储值卡，由某一行业或公司发行的代替现金使用的智能卡或磁卡，如我们平时使用的 IC 电话卡、公交 IC 卡等。

②信用卡，由银行或专门公司发行的信用凭证。

③电子支票。

④现金模拟型电子货币，表示现金的加密序列数，可表示不同的币值。

⑤电子钱包，网上购物、小额支付时使用的一种新型虚拟钱包。

(2)电子货币引发的法律问题

到底电子货币会引发哪些法律问题呢？

①电子货币的法律效力。

电子货币到底能否构成货币，目前还存在很大的争议。虽然《电子签名法》承认了电子数据的法律效力，但是电子货币要真正成为通货的一种，还需经一国立法的明示认可。诸如储值卡类的电子货币，只是用来转移银行存款、进行现金支付的电子工具，并不能真正称为货币。

②电子货币发行的法律问题。

目前，我国的立法没有明确规定电子货币的发行主体，而电子货币又是可以脱离银行体系由商家来发行的。如果电子货币被广泛使用但又不受央行控制的话，可能会导致信贷规模扩张，通货膨胀，将严重侵害到一个国家的货币制度。根据我国现阶段国情来看，发行电子货币的主体为中国人民银行或者中国人民银行委托的金融机构是比较可行的办法。

③电子货币使用的安全问题。

虽然现在采取了很多安全技术措施来保障电子货币使用的安全性，但同时又出现许多新的方式来攻击、破坏电子货币的安全，比如盗用消费者和商家的设备，伪造设备，更改存储或设备间传输的数据等，因此，从立法上来保证电子货币的安全问题才是根本。

④电子货币的隐私权保护问题。

虽然电子货币具有匿名性，但要保障电子货币的安全，必须用到加密技术，而加密技术相当于是给电子货币进行了记名登记。并且目前大多数电子货币都是依赖于转账结算，账户管理者保存其交易记录，因此对账户管理者而言，交易当事人毫无隐私可言。

⑤电子货币的洗钱犯罪问题。

电子货币的使用具有跨时空、瞬时转移的特点，并且不易查证，这造成了不法分子利用其特点进行一些犯罪活动，如洗钱、逃税等。如何打击和预防这些犯罪，是电子货币中亟待解决的问题。

任务 5　网络知识产权的法律制度

1. 网络知识产权概述

网络知识产权就是由互联网发展引起的或与其相关的各种知识产权。网络知识产权不仅包括了传统的专利权、商标权、著作权及邻接权，还包括了数据库、计算机软件、多媒体、网络域名、数字化作品以及电子版权等。

贴心提示

为了保护网络知识产权，要在中国知网、超星数字图书馆等网站浏览、下载其文章或图书，都必须注册成为其会员，并进行充值付费后才能使用。

2. 网络知识产权的保护

(1)电子商务中的著作权保护

著作权，也称版权，是基于文学、艺术和科学作品而产生的法律赋予公民和其他组织等民事主体的一种特殊的民事权利。那么，网络著作权就是著作权人在网络环境中对受著作权法保护的作品享有的著作权权利。

在电子商务活动中的著作权的侵权形式主要有这么几种：

①上传，即未经著作权人许可，擅自将其作品直接或数字化后传到网络上的行为。

②下载，是指将网络中享有著作权的作品未经著作人许可即下载并使用。

③链接，在链接他人 URL 时，如果网页上有著作权保护的内容，不经著作权人许可，擅自链接，也应视为侵权行为。

我国关于著作权的法律保护在《著作权法》中有明确规定："公民、法人或者其他组织的作品，不论是否发表，均依法享有著作权。除法律规定外，他人未经许可，不得进行复制、发表、转载或其他侵犯作者著作权的行为。"并且，2003 年《最高人民法院关于审理涉及计算机网络著作权纠纷案件适用法律若干问题的解释》第二条第二款也规定："《著作权法》第十条对著作权各项权利的规定均适用于数字化作品的著作权。将作品通过网络向公众传播，属于著作权法规定的使用作品的方式，著作权人享有以该种方式使用或者许可他人使用作品并由此获得报酬的权利。"

贴心提示

2009 年 4 月，我国国家广电总局下发的《关于加强互联网视听节目内容管理的通知》明确规定："对于未取得许可证的电影、电视剧、动画片、理论文献影视片，一律不得在互联网上传播。"同时，对于网友上传的"无证"影视剧，网站也必须予以删除，不然就会被追究责任。

(2)电子商务中的专利权保护

专利权是知识产权的一种，是发明创造人或其权利受让人对特定的发明创造在一定期限内依法享有的独占实施权。

随着电子商务在技术和经济领域的突破，对我国专利权制度提出了新的问题，比如：在网上公开发明是否具有新颖性；在网上公开是否构成在先技术，会不会影响专利的申请等。

目前，我国国内对专利权保护的法律主要有《专利法》《专利法实施细则》等，例如《专利法》第六十条规定："对未经专利权人许可，实施专利的侵权行为，专利权人或者利害关系人可以请求专利管理机关进行处理，也可以直接向人民法院提出诉讼。专利管理机关进行处理的时候，有权责令侵权人停止侵权行为，并赔偿损失；当事人不服的，可以在收到通知之日起三个月内向人民法院起诉。”第六十一条规定：“侵犯专利权的诉讼时效为两年，自专利权人或者利害关系人知道或应当知道侵权行为之日起计算。”

(3)电子商务中的域名保护

某光盘制造企业的网站域名为 www.315.com.cn，很多消费者都将其当成了消费者权益保护网，而实际上消费者权益保护网的唯一域名是 www.315.gov.cn。正是由于消费者已将“315”当做了消费者权益保护的代名词，才会将两个网站混淆。那么类似这样的带有公益色彩的域名和约定俗成的标志，是不是应该保护起来呢？

①概述。

无论是企业还是个人，要在网络中建立网站，让他人在众多的网站中找到自己，第一步就是注册域名。域名是知识产权在网络的延伸。

根据《中国互联网络域名管理办法》，我国域名注册管理机构设立采取的是行政许可制度，目前我国有两个域名注册管理机构：中国互联网络信息中心(CNNIC)及政务和公益机构域名注册管理中心。

贴心提示

CNNIC，中文全称是中国互联网络信息中心，是经国家主管部门批准，于1997年6月3日组建的管理和服务机构，行使国家互联网络信息中心的职责。其主要负责我国互联网地址资源注册管理，权威地开展中国互联网络发展状况等多项公益性互联网络统计调查工作，并提供域名、IP地址、自治系统号等方面信息的数据库查询服务，承担与互联网技术相关的研发工作，代表中国参与国际互联网交流。

CNNIC
中国互联网络信息中心
CHINA INTERNET NETWORK INFORMATION CENTER

②有关域名与商标的法律问题。

域名与商标都具有唯一性、排他性及标识性，并且都是先申请先注册。但是商标主要依附于商品上，是在现实环境中应用的；而域名则是依附于网站，应用于虚拟环境中。正是由于两者特点相同，使用环境不同，在实践中难免会产生冲突：

一是将商标注册成域名。是指将他人有一定知名度的商标作为域名抢先注册，而商标的真正拥有者再想将商标注册成域名，则为时已晚。

不过，我国为了保护国内一些知名商标，国家商标局在1998年专门规定：禁止将他人的驰名商标设计注册为域名，并主动将国内32个驰名商标的英译及汉语拼音作为域名在中国互联网信息中心注册，预留给商标所有人。

另外，我国的《中国互联网域名注册暂行管理办法》第二十三条也有规定：“当某个三级域名与在我国境内注册的商标或者企业名称相同，并且注册域名不为注册商标或者企业名称持有方拥有时，注册商标或者企业名称持有方若未提出异议，则域名持有方可以继续使用其域名；若注册商标或者企业名称持有方提出异议，在确定其拥有注册商标权或者企业名称权之日起，各级域名管理单位为域名持有方保留30日域名服务，30日后域名服务自动停止。”

二是将域名注册为商标，即将他人有一定知名度的域名作为商标抢先注册，这种情况较少。

贴心提示

商标是一种法律用语。根据我国《商标法》规定，商标是能将自己的商品（含服务）与他人的商品（含服务）区别开的可视性标志（包括文字、图形、字母、数字、三维标志和颜色组合，以及上述要素的组合）。

一旦经国家审核批准成为“注册商标”的，受到法律保护，商标所有人享有其专用的权利。

---

(4)电子商务中的商业秘密保护

商业秘密是指不为公众所知悉、能为权利人带来经济利益，具有实用性并经权利人采取保密措施的技术信息和经营信息。

网络的发展，使得商业秘密的保护受到了空前的挑战，一些企业或个人为了利益不择手段。在网络上，商业秘密的泄露往往会造成严重的后果，在我国，对网络商业秘密泄露者可以采取的措施：一是追究民事法律责任；二是追究刑事法律责任。

对商业秘密保护的具体法律法规有以下几种：

①《反不正当竞争法》。

《反不正当竞争法》第十条规定：“经营者不得采用下列手段侵犯商业秘密：一是以盗窃、利诱、胁迫或者其他不正当手段获取权利人的商业秘密；二是披露、使用或者允许他人使用以前项手段获取的权利人的商业秘密；三是违反约定或者违反权利人有关保守商业秘密的要求，披露、使用或者允许他人使用其所掌握的商业秘密。第三人明知或者应知前款所列违法行为，获取、使用或者披露他人的商业秘密，视为侵犯商业秘密。”

第二十五条规定：“违反本法第十条规定侵犯商业秘密的，监督检查部门应当责令停止违法行为，可以根据情节处以一万元以上、二十万元以下的罚款。”

②《刑法》。

我国《刑法》第二百一十九条规定：“有下列侵犯商业秘密行为之一，给商业秘密的权利人造成重大损失的，处三年以下有期徒刑或者拘役，并处或者单处罚金；造成特别严重后果的，处三年以上、七年以下有期徒刑，并处罚金：一是以盗窃、利诱、胁迫或者其他不正当手段获取权利人的商业秘密的；二是披露、使用或者允许他人使用以前项手段获取的权利人的商业秘密的；三是违反约定或者违反权利人有关保守商业秘密的要求，披露、使用或者允许他人使用其所掌握的商业秘密的。明知或者应知前款所列行为，获取、使用或者披露他人的商业秘密的，以侵犯商业秘密论。”

《刑法》第二百二十条规定：“单位犯本节第二百一十三条至第二百一十九条规定之罪的，对单位判处罚金，并对其直接负责的主管人员和其他直接责任人员，依照本节各条的规定处罚。”

任务6　电子商务税收的法律问题

2014年，中国电子商务市场交易规模12.3万亿元，同比增长21.3%，占全国GDP总额的 19.32%。与电子商务的快速扩张和发展相矛盾的是，我国在对电子商务立法、税收监管等问题上，却相对滞后；而且电子商务特殊的商品交易方式、劳务提供方式和支付方式，对以传统贸易为基础建立的税收征管体系产生了巨大冲击。电子商务的发展如此迅猛，到底要不要征税，如何征税，是世界各国都在争论的一个问题。

1. 税收的概述

税收是国家为实现其职能，以国家强制力为保障，按照法律规定，通过税收工具强制地、无偿地取得财政收入的一种主要形式。

我国税收按照其课税对象，主要分为以下 5 种。

(1)流转税

是以商品生产流转额和非生产流转额为课税对象征收的一类税，目前包括增值税、消费税和营业税等税种。

(2)所得税

是指以各种所得额为课税对象的一类税，包括企业所得税、个人所得税等。

(3)财产税

是指以纳税人所拥有或支配的财产为课税对象的一类税，包括遗产税、房产税、契税、车辆购置税和车船使用税等。

(4)行为税

是指以纳税人的某些特定行为为课税对象的一类税，包括城市维护建设税、固定资产投资方向调节税、印花税、屠宰税和筵席税等。

(5)环境影响税

是指对在我国境内从事资源开发的单位和个人征收的一类税，主要包括资源税和城镇土地使用税等。

2. 我国目前存在的电子商务税收问题

(1)电子商务对传统税收制度的冲击

电子商务区别于传统商务的固有形态，这给我国现行税收制度带来了巨大的挑战：第一，难以确定经营主体，网络具有匿名性，任何接入互联网的个人和企业通过域名注册或者借用他人平台的方式，都可以从事电子商务活动；第二，经营所得来源地难以确定，电子商务是在虚拟的交易市场中进行的，不需要有固定的经营场所、地点，仅从网上的域名、地址、E-mail 难以判断其经营场所；第三，电子商务的产品形态有所改变，网上可以直接经营销售虚拟产品，如电子书、软件等，这些无形产品的销售数量难以统计，给税收的征纳带来极大的困难。

(2)电子商务对税收稽查管理的冲击

传统税收是以各种票据和账簿为征税依据的；电子商务却是无纸化的操作，电子单据的保密性、隐匿性，加之税收征管技术的滞后，造成了税收稽查困难，无法实现依法治税。

(3)电子商务对国际税收的挑战

表现在以下几方面：第一，国家间税收管辖权确定困难；第二，电子商务为跨国公司进行避税提供了更多的条件；第三，如何合理征收关税。

3. 电子商务税收征管对策

(1)完善法规

应立足现行税收法规，并加以补充、完善，以适应电子商务的发展。尤其要解决好这样三个问题：

①明确纳税主体，依法纳税；

②确定合理的税种和征税范围；

③避免双重征税。

(2)加强国际税收协调与合作

我国可以通过电子商务活动加强与世界各国的联系，并借鉴他国先进的税收经验，共同制定国际税收协定，加大对电子商务的征管力度。今后的税收不仅要协调关税、所得税，而且要求各国在税制上总体协调一致，与国际接轨，与国际税收原则、立法、征管、稽查等方面紧密配合。因此，我国应积极参与国际税收的协调工作，尊重国际税收惯例，在维护国家主权和利益的前提下，制定适合我国国情的针对电子商务的税收政策和方案。

(3)在技术和人员上做好准备

我国的税务部门应根据电子商务的具体情况，加快税务方面的软硬件建设，提升税收技术，为今后对电子商务进行征税做好技术准备。另外，还要加强教育、培训工作，提高税务人员的专业素质和技术水平，以适应网络税收的要求。

项目小结

本项目介绍了电子商务的六种相关法律制度：电子合同的法律制度、电子签名的法律制度、电子认证的法律制度、电子支付的法律制度、网络知识产权的法律制度以及电子商务税收的法律问题。

电子合同在本质上与传统合同是一样的，只是电子合同的订立环境具有虚拟性，内容易改动、易消失，并且用电子签名的方式替代了传统签名盖章的方式，电子商务环境下的要约与承诺生效方式也发生了很大变化。

知识百科

浙江省第一起利用微信平台售假入刑案(微信售假案)

从 2013 年 5 月起，何某开始通过两个微信号，在朋友圈发布各大名牌包、手表和高档化妆品的信息。何某接到单子后，转发给其广州朋友，由朋友从生产工厂直接发货给买家，何某赚取中间的差价。短短几个月的时间，何某发布的销售动态已达百余条，销售金额高达 10 余万元。2013 年 12 月，何某被用户举报售卖假货。公安机关在何某住所内搜出了假冒的“路易威登”“普拉达”品牌包和手表等 24 件商品。

2015 年 4 月 1 日，杭州市经济技术开发区人民法院对浙江省第一起利用微信平台售假入刑案件进行了宣判，微商何某以销售假冒注册商标的商品罪被判处有期徒刑一年，缓刑两年，并被处罚金人民币 6 万元。

法院认为，被告人何某明知是假冒注册商标的商品而予以销售，销售金额数额较大，其行为已构成销售假冒注册商标的商品罪。鉴于被告人何某归案后如实供述罪行，系坦白，又系初犯，有悔罪表现，经审前社会调查，符合社区矫正条件，且属怀孕的妇女，可依法予以从轻处罚并适用缓刑。

微信朋友圈原是相对私人的个人空间，然而越来越多的人加入微商，从面膜到包、首饰、服饰、化妆品等，打折低价特供做起了“街坊”生意。但是，微信朋友圈也不能“任性”，售假也要承担法律责任。根据法律规定，销售明知是假冒注册商标的商品，销售金额数额较大的，处三年以下有期徒刑或者拘役，并处或者单处罚金；销售金额数额巨大的，处三年以上、七年以下有期徒刑，并处罚金。根据司法解释，销售明知是假冒注册商标的商品，销售金额在五万元以上的，属于“数额较大”；销售金额在二十五万元以上的，属于“数额巨大”。在朋友圈销售假冒注册商标的商品，的确相对隐蔽，但该罪的构成并不要求公开，哪怕是通过更隐蔽的方式进行销售或是只销售给了一个人，只要达到规定的销售金额，亦构成该罪。

微信朋友圈的商品交易，在法律上属于“偶发的民事交易行为”，这种交易由一般的民事法律来规范，如果遇到假货、遇到违规销售等相关问题，可以依据《民法通则》《合同法》等相关法律来维权。比如购买到不符合质量的产品，可以依据《合同法》第一百一十一条：“质量不符合约定的，应当按照当事人的约定承担违约责任。对违约责任没有约定或者约定不明确，依照本法第六十一条的规定仍不能确定的，受损害方根据标的的性质以及损失的大小，可以合理选择要求对方承担修理、更换、重做、退货、减少价款或者报酬等违约责任。”

项目 3　电子商务信用体系建设

项目描述

信用体系是一种社会机制，具体作用于一国的市场规范。信用体系的建设可以为我国电子商务建立一个诚信的市场环境，保障电子商务健康发展。但目前我国电子商务信用体系远远滞后于电子商务的发展，因此我国要加强电子商务信用体系的建设，规范电子商务从业人员的职业道德。

项目分析

通过对信用体系的阐述和其作用的研究，以及对我国目前信用体系建设存在问题的探讨，可以使大家认识到电子商务信用体系建设的重要性，从而进一步规范电子商务从业人员的职业道德。本项目可分解为以下任务：

- 电子商务规范与发展需要信用体系；
- 信用体系建设的基本情况；
- 电子商务从业人员的职业道德规范。

项目目标

- 理解信用体系对电子商务发展的作用；
- 了解我国信用体系建设存在的问题；
- 掌握国家对电子商务从业人员提出的要求及电子商务从业人员应遵守的道德原则。

任务1 电子商务规范与发展需要信用体系

信用不仅是一个道德范畴的概念，也有其深刻的经济含义。道德标准上的信用高低是指个体实践诺言、履行约定能力的评价结果。而在经济生活中，狭义的信用是一种价值的运动形式，它以偿还为条件，蕴涵于非同一时空进行的交易之中。在这个价值运动中，信用接受方不用立即支付对价就可以获得由信用授予方提供的资金、货物、服务等，并且在双方都认可的期限内由信用接受方向授予方支付约定的对价。广义的信用则是主观诚实守信和客观偿付能力的统一，是经济主体之间，以谋求长期利益最大化为目的，建立在诚实守信基础上的心理承诺与预期实践相结合的意志和能力，以及由此形成和发展起来的行为规范与交易规则。

信用体系是一种社会机制，具体作用于一国的市场规范，它旨在建立一个适合信用交易发展的市场环境，保证一国的市场经济向信用经济方向转变，即从以原始支付手段为主流的市场交易方式向以信用交易为主流的市场交易方式的健康转变。这种机制会建立一种新的市场规则，使社会资本得以形成，直接地保证一国的市场经济走向成熟，扩大一国的市场规模。

由于电子商务都是在虚拟的网络中进行的，并且交易当事人从事的是不谋面的买卖，因此信用体系对于电子商务的发展来说尤为重要，它是电子商务赖以生存和健康发展的重要保障。良好的信用体系可以节约交易成本，扩大交易的广度和深度，弥补法律法规的不足，为商务主体带来信誉，进而推动电子商务的飞速发展。

(1)节约交易成本

交易启动阶段的主要风险就是道德风险，这就是为什么在交易的初期，商务活动的双方都不贸然达成任何实质性的协议，而是不断试探对方的原因。甚至在某些标的额较大的商务谈判中，双方都可能雇用侦探对对方的资信进行调查。在此过程中，双方都要投入人力、物力和时间成本。现代商务的一大特点就是商务节奏快，机会转瞬即逝。在不了解对方资信的情况之下，有可能极好的合同机会就此消失，给双方造成难以弥补的损失。如果社会形成良好可信的商务信用体系，并以某种直观化的手段展现在交易双方面前，则必然能够节省这些成本，减少风险，促进交易的达成。

(2)扩大交易的广度和深度

良好的商业信用体系是稳定的市场秩序的有机组成部分，必然可以起到扩大交易的作用。在市场形成初期，人们习惯于“一手交钱，一手交货”的方式，原因在于这种交易使人感到财产安全。但是当市场不断发展，有些市场主体可能现金流并不充裕或依赖于赊销的方式进行经营时，信用制度就显得尤为重要了。良好的信用体系建立在良好的社会风气和市场秩序上，人们不必为诈骗、坏账等有可能导致财产损失的行为而担心；商人们可以大胆地将自己的货物层层发给下一环节的经营者，等其盈利后回收货款。13 世纪的英国商人就采用这种赊销方式，英国的资本经济也迅速发展壮大起来。

(3)规范商务市场秩序，弥补法律法规的不足

法律法规是市场的主要约束手段，市场主体之间发生的问题可以按图索骥地从相关的法律法规中寻求解决方式。但是我们也应当注意到法律法规的三个不足：一是法律法规的制定永远落后于市场的发展，是有滞后性的；二是法律解决所耗费的成本过高，往往原告、被

告双方都难以承受；三是法律制度及其实施机制有各种不足。而信用体系的建立正好可以解决这些问题，信用制度规范着商务主体的行为，使其行为符合商业行为的原意，使契约能够在自愿、公平、平等的氛围下达成和履行，也可以使商务主体合理地使用各种救济手段。因此，柔和的信用体系和信用制度正好可以作为强硬的法律制度的有效补充。

(4)为商务主体带来信誉

良好的信用是社会对商务活动主体的正面评价，建立在信用体系之下的信用评价能够让商务主体良好的形象迅速为社会大众所了解和熟悉，使其获得广大客户的依赖，“诚招千里客”这句俗语就是这种信誉效应的典型例证。借此良好形象，商务主体也容易开展业务、拟订合同等，从而获得更多的经济利益。

(5)电子商务的飞速发展离不开信用体系，信用体系是经济发展的时代要求

随着全球化、信息化的发展，电子商务作为一种独立的商业模式异军突起，并得到了不断发展。电子商务的最大特点就是远程交易、非实物交易、远期交易。这些交易的进行都依赖于网上大量的可靠信息，这就对信用提出了新的要求。因此，只有完善电子商务信用体系，建立诚实信用的交易环境和道德准则，才能让企业在更广阔的市场中发挥其竞争力，让电子商务得到更快的发展，从而推动现代商业的再次飞跃。

任务2　信用体系建设的基本情况

从20世纪90年代中后期开始，我国的电子商务信用体系开始逐步建立。以上海为代表，当时由政府牵头组织，依靠银行业的力量建立了个人联合征信公司，成为我国个人征信机制形成的标志，这一做法也被其他地区纷纷效仿。2001年，国家经济贸易委员会、国家工商行政管理总局、公安部、财政部、中国人民银行、海关总署、国家税务总局、中国证券监督管理委员会、国家质量监督检验检疫总局、国家外汇管理局十个部委就引导中小企业增强信用观念，提高中小企业的整体素质和综合竞争力，改善中小企业信用状况，创造良好的信用环境，加快我国社会化信用体系的建设步伐，完善社会信用制度，发表了若干意见，并联合下发了《关于加强中小企业信用管理工作的若干意见》，提出了依法披露、合法征集、信用服务、失信惩戒、信用管理等推动以中小企业为主体的社会信用体系建设的指导意见。个人信用信息基础数据库也逐步在国内运行。2001年8月《电子商务法》初稿的完成和2005年4月1日《电子签名法》的正式实施，标志着我国电子商务领域开始与国际电子商务的发展接轨，有了正式的法律规范为依据。

在电子商务的经营模式上，经过长时间的借鉴和摸索，也形成了第三方担保制度、中介人制度、信用评级制度、委托授权制度及企业诚信联盟等几种主要的信用监督机制。

如“淘宝网”“中国粮食贸易网”和一些专业论坛的交易板块就规定了第三方担保制度，其典型特征是由网站或者网站的经营者为交易双方提供担保。如“淘宝商城”里的商家就由淘宝网站在与其支付的保证金成比例的责任限额内，对其信誉负责，若失信行为一旦查实，也由网站进行赔付。“中国粮食贸易网”的交易双方都可以就合同内容向中国粮食贸易公司申请提供担保，以便降低信用风险。再如信用评级制度。该制度广泛应用于C2C电子商务网站的经营之中，比较有名的有淘宝网、易趣网等。由于C2C应对的是大量的个体店铺和个人交易，由网站对其系统的评估难以实现，故采用买卖双方相互评估的方式。每笔交易结束，买卖双方都会对发收货速度、货物的真伪、质量、运输等进行简单的评分。通过这种长期

的评分，买卖双方都积累了一定的信用度，可以为之后的交易提供参考。对于信用度较差的买家或卖家，交易量自然会减少，成本增加，从而建立信用淘汰机制。

我国的电子商务起步较晚，但发展迅速。相对而言，我国的电子商务信用体系建设还远远落后于电子商务发展的步伐。由于电子商务信用体系建设滞后导致的突出问题主要有以下几方面。

(1)法律法规不健全

我国虽然颁布了一些规范电子商务运行的法律法规，但是很多地方仍然留有很大的空白，让投机分子十分容易地规避法律。比如电子证据取证难，交易凭证很容易更改，使其有效性问题一直没有得到明确的规定。对网络攻击、数据库篡改的打击力度不够，民事赔偿和刑事量刑没有形成统一的标准，等等，都是立法和司法所亟待解决的突出问题。

(2)市场化运作模式不规范

市场运作必须有其规范的标准，否则就可能脱离制度设计的原意。就拿当前流行的信用评级制度来说，许多商家为了吸引消费者，雇请他人制造假交易，借此提高好评率。淘宝网在 2008 年以前，“刷钻”“刷皇冠”现象非常严重，甚至出现了专门为其刷信誉的网站。其结果就是商家的信誉可信度大为缩水，营业受挫，致使整个电子商务市场的发展停滞不前。

(3)商业自律观念淡化，人员素质不高

相对于传统商务来说，电子商务是一个全新平台，这就造成了真正的产业推动力量和产业投机分子鱼龙混杂的局面。许多电子商务从业人员仅仅是想从这个平台上掘到第一桶金，而并不关心该产业是否能健康发展；再加上我国征信队伍中人员平均素质不高，缺乏制约机制，没有相关标准，导致自律观念淡化，欺诈屡屡发生。

(4)税务流失严重

电子商务的发展是一次机遇，但是却给税收造成了极大灾难。由于该部分税收法律的缺位，也没有形成统一的税收模式，导致一些企业纷纷通过电子商务来降低税收成本，电子商务成为商家避税的主要手段，干扰了正常的税收秩序。

任务 3 电子商务从业人员的职业道德规范

我国要建立整个社会的电子商务信用体系，首先需要规范电子商务从业人员的职业道德。什么是职业道德呢？职业道德就是人们在进行职业活动中所遵循的，与特定职业特点相吻合的道德准则、道德情操和道德品质的总和，它既体现该职业对其从业人员的行为要求，又是该职业对社会所负的道德责任和义务。

1. 对电子商务从业人员的要求

电子商务本质是一种交易行为，但因其非有形的特点，造成电子商务蕴含着较大的风险，加之我国的信用体系尚不健全，对交易的安全性有更大影响。因此，良好的职业道德能够促进交易双方更加流畅地沟通，建立起友好信任的交易平台。同时，在交易过程中的信息有效性和安全性也直接关系到交易双方的经济利益，有必要对设备的软硬件环境、网络故障、操作和计算机病毒等影响交易安全、有效的问题进行评估和预防，这些都需要依靠有着良好道德素养和职业素养的电子商务专业人才来实现。因此，国家对电子商务从业人员提出了八个方面的要求：

①忠于职守，坚持原则；
②兢兢业业，吃苦耐劳；
③谦虚谨慎，办事公道；
④遵纪守法，廉洁奉公；
⑤恪守信用，严守机密；
⑥实事求是，工作认真；
⑦刻苦学习，勇于创新；
⑧钻研业务，敬业爱岗。

2. 电子商务从业人员应遵守的行业道德准则

除了国家对电子商务从业人员提出的八个方面的要求外，以下几方面也是电子商务从业人员必须遵守的行业道德准则。

(1)诚实信用原则

诚实信用原则是市场经济的基础性原则，也被大多数民法学者称为民事法律原则的“帝王条款”。诚实信用原则有两个基本层面，诚实原则指的是商务主体之间坦诚、真实地传递交易信息；信用原则指的是商务主体之间应当实践自己的诺言，实施与所传递信息一致的行为。目前我国电子商务发展迅猛，但主要交易模式都要保留钱货交易的传统方式，就是出于对信用风险的考虑。现实生活中商业欺诈、虚假广告频频发生，使电子商务的发展遭遇到严重的信用“瓶颈”。因此，要寻求电子商务的良性发展，必然需要先解决信用问题，净化商务主体心灵，完善信用法律制度，强化信用道德规范，树立良好的信用形象。

具体需要电子商务从业人员做到以下几点：

①传递真实信息；
②诚实地签订合同并忠实地履行合同；
③确保双方金融安全，提供安全的支付方式；
④保障物流的畅通与迅捷；
⑤保障交易方的隐私等。

(2)公正平等原则

在任何交易平台上，公正交易和平等交易都是不可或缺的交易原则，这也是我国民法确立的民事法律原则之一。公正原则指的是以同样的尺度和标准对自己和他人加以衡量，这主要是对电子商务合同订立提出的要求，即在合同双方订立合同时，要自觉维系双方权利义务的平衡和利益的均衡，通俗的说法就是对价的等值性。平等原则指的是电子商务主体身份的平等，交易的一方不能以任何形式将自己的意志强加给对方，或者片面地为了保护自己的利益而牺牲对方的利益。

在现代电子商务活动中，强势群体与弱势群体所获得的信息往往是不对称的，这就需要树立公正平等的道德观念加以约束，它既是判断道德主体权利实现合理性的标准，也是预防侵权和违约的有效手段。比如有段时间舆论热议的优势资源的垄断行业(通信、网络)服务费用居高不下(目前我国人均上网费用为 100 元/月，其占收入的比重为发达国家的 10～20 倍)、知识产权的无差别保护等，都构成了对社会低收入者的不平等和不公正的掠夺行为。

(3)遵守网络规约原则

到目前为止，统一的网络道德规约还没有形成，但是电子商务较为发达的国家和地区都为其良性发展制定了相关网络规范，这些规范有的是官方性质的，有些则是民间性质的，都可以作为电子商务从业人员行为准则的参考。其中，最有名的是美国计算机伦理学会制定的“计算机伦理十诫”，它对网络道德做了以下约束：

第一，你不应该用计算机去伤害他人。

第二，你不应该去影响他人的计算机工作。

第三，你不应该到他人的计算机文件里去窥探。

第四，你不应该用计算机去偷盗。

第五，你不应该用计算机去做假证。

第六，你不应该拷贝或使用你没有购买的软件。

第七，你不应该使用他人的计算机资源，除非你得到了准许。

第八，你不应该剽窃他人的精神产品。

第九，你应该注意你正在写入的程序和你正在设计的系统的社会效应。

第十，你应该始终注意，你使用计算机的时候，是在进一步加强你对你的人类同胞的理解和尊敬。

贴心·提示

在国内，我国互联网行业协会制定的《中国互联网行业自律公约》，现在也已经成为互联网行业从业人员的通行道德准则。地方政府和行业自治协会最近也在努力进行一些有益的尝试，如由北京市工商局最早推出的“网络红盾”标识，就是用于规范商务网站行为的，这一方法已经在国内全面推广。

项目小结

本项目从信用体系对于电子商务的作用、我国信用体系建设的基本情况以及电子商务从业人员应遵守的道德规范这三个方面，叙述了我国电子商务信用体系该如何去建设。

其中，信用体系是一种社会规范，是电子商务赖以生存和良好发展的重要保障。良好的信用体系可以节约交易成本，扩大交易的广度和深度，弥补法律法规的不足，为商务主体带来信誉，进而推动电子商务的飞速发展。

知识百科

爱贝丽：诚信经营赚口碑才能长久经营

凡是在淘宝网上购过物的人都有过这样的经历：当交易完成，确认收货后，系统会自动跳出一个商品评价页面，邀请消费者评价这次购物体验，评价的内容包括商品描述相符程度、卖家服务态度、发货速度等，像服装这样的类目，甚至还能对衣服尺码是否“偏大、偏小、适中”、是否“褪色”等细节问题做评价，这就是淘宝网著名的“DSR”卖家评价体系。在该体系中，消费者可以从卖家的商品、服务、物流等多个方面作出分项评价。系统根据消费者的评价，进行横向比较，在店铺首页显示该商家在同行业商家中的排名情况，为消费者提供细致的购买决策参考。该体系是淘宝网以“星、钻、皇冠”为标识的商家信用等级体系的重要补充。消费者不但可以通过“星、钻、皇冠”的标识了解店铺的总体诚信情况，还可以通过同行比分，了解店铺与同行业其他商家相比的排名情况，更可以点击查看每一个消费者在这家店铺的第一手购物体验。

宁波爱贝丽运动用品有限公司成立于 2009 年 7 月，是一家集研发、生产、销售为一体的高端自主品牌婴儿车企业。该公司将信用视作生命，从老板到员工，从生产环节到销售环节，都以诚信为本。2011 年 9 月 28 日，为扩大销售渠道，爱贝丽在天猫平台开设了官方旗舰店。短短不到三年的时间，店铺已成为天猫童车类目冠军。当被问到是什么秘诀让爱贝丽网店赢得如此多的消费者的信赖时，爱贝丽总经理平和但坚定地说："没有别的，就是把每一辆童车的品质做好，把每一个客户服务好，争取每一个好评，积累每一分信用。"

最开始，爱贝丽婴儿车后轮使用的是充气轮，目的是为了有良好的避震效果。但充气轮有几个缺点，如：个别轮子会慢慢漏气，隔几个月时间客户需要打一次气；如果客户给轮子充气过多，在炎热的夏季存在爆胎的可能，婴儿车爆胎会产生巨大的声音，会让小宝宝受到巨大的惊吓。为了解决这个问题，爱贝丽开发了免充气的后轮，实现了良好的避震效果。客户拿到车子以后，既不需要充气，也不需要做别的维护工作，哪怕轮子被尖利的钉子扎了，也不会漏气，把钉子拔下来就可以继续使用。为了研发这样的免充气车轮，爱贝丽投入了 20 多万的研发资金，前后耗时半年多，光是配方就试验了近 50 次。产品试制出来以后，爱贝丽并没有马上投入生产，而是又做了半年的负重疲劳试验，看看这样的轮子长期负重是否会变形，变形后是否会回弹回来；还做了高温条件和低温冷冻条件下的试验，直到确认免充气的轮子完全达到了设计要求后才批量投产。销售近半年来，消费者反映非常好，既有满意的避震效果，也免去了充气的麻烦，还彻底避免了爆胎的风险。

在爱贝丽，产品质量一直是核心。公司的日常工作之一就是进行质量教育，统一公司员工对质量的认识，提高质量意识。并且通过 ISO9000 质量管理体系认证，用现代化的企业管理办法，确保长期、批量、稳定地生产出高品质的婴儿车。

现在大家上网购物都会先看评价，为了给宝宝买婴儿车，妈妈们更是会研究海量的评论。哪怕是一条差评，都可能会影响妈妈们对爱贝丽的信任度。信任一旦失去，就很难重新挽回。而网店的生存靠的就是消费者的信任。爱贝丽重视客户的每一条评价，努力用优质的产品和服务换取消费者的好评，扎扎实实把质量做好，在销售业绩上升的同时，逐步积累市场口碑。基于对自身产品品质的信心，爱贝丽在童车行业第一个推出"30 天无理由退换"及"3 年质保"两大措施，解除消费者的后顾之忧。而在实际操作中，爱贝丽的无理由退换时限远远超过 30 天。几年来，爱贝丽诚信的态度和优质的产品为其积累了非常良好的口碑；而口碑带来大量的客户和优厚的商业利益，2013 年，爱贝丽销售额达 8 000 万元。

虽然网络是一个虚拟世界，但在网上做买卖却一点都不能虚，只有坚持诚信，坚持好的品质，才能一点一滴地积累口碑，才有可能长久经营。

单元小结

本单元共完成了 3 个项目的学习，学完后应该有以下收获：

- 掌握电子商务法的概念与特征；
- 了解世界各国电子商务的立法概况及中国电子商务立法概况；
- 了解电子商务涉及的法律问题；

- 了解我国信用体系建设存在的问题；
- 掌握电子商务从业人员的职业道德规范。

习　题

一、单选题

(1)知识产权是一种无形财产权，是从事(　　)创造性活动取得成果后，依法享有的权利。

A. 劳力　　B. 智力　　C. 技能　　D. 创新

(2)网上交易存在个人隐私保护问题的原因是消费者必须将(　　)留给商家。

A. 身份证号　　B. 个人电话　　C. 个人资料　　D. 家庭地址

(3)网络交易中心是依法设立的企业或者事业(　　)。

A. 法人　　B. 自然人　　C. 责任人　　D. 买家

(4)在电子商务运营中，买卖双方需要建立对彼此的信任。因此，建立并完善企业、消费者在线交易的(　　)非常重要。

A. 配送机制　　B. 洽谈机制　　C. 协调机制　　D. 信用机制

(5)按照《合同法》的规定，(　　)到达受要约人时合同生效。

A. 询盘　　B. 还盘　　C. 要约　　D. 接受

(6)随着互联网技术的不断发展，网络技术模式的不断更新，建立完善电子技术监督(　　)机制势在必行。

A. 法律　　B. 语法　　C. 法学　　D. 规则

二、判断题

(1)电子合同与传统合同相比，其区别仅在合同内容的表示方法不同。(　　)

(2)在电子商务条件下，卖方的义务只是按照合同的规定提交单据。(　　)

(3)保护网上无形财产是维护有序的在线商务运营环境的重要措施。(　　)

(4)维护在线消费者的利益是保障电子商务健康发展的法律制度的重要组成部分。(　　)

(5)由于互联网是开放的，因而不存在个人隐私问题。(　　)

(6)目前，我国暂时还没有针对电子商务方面的专门法律。(　　)

附录　习题答案

第 1 单元　电子商务概述

一、单选题

(1)B　(2)B　(3)B　(4)A　(5)B　(6)B

二、判断题

(1)×　(2)√　(3)√　(4)√　(5)√

第 2 单元　电子商务相关技术

一、单选题

(1)A　(2)A　(3)C　(4)A　(5)D　(6)B　(7)A　(8)A　(9)B　(10)A

二、判断题

(1)√　(2)×　(3)×　(4)√　(5)×　(6)√　(7)×　(8)√　(9)√　(10)√

三、多选题

(1)ABCD　(2)ABCD

第 3 单元　电子商务系统设计

一、单选题

(1)A　(2)D　(3)D

二、多选题

(1)ACD　(2)AD　(3)ABCD　(4)ACD

第 4 单元　电子商务模式

一、单选题

(1)B　(2)D　(3)A　(4)A　(5)B

二、判断题

(1)√　(2)×　(3)×　(4)√　(5)√

第 5 单元　网络营销

一、单选题

(1)B　(2)B　(3)C　(4)C　(5)A

二、判断题

(1)√ (2)√ (3)× (4)× (5)√

第6单元 电子支付与网上银行

一、单选题

(1)A (2)C (3)B (4)C (5)C

二、判断题

(1)× (2)× (3)√ (4)√ (5)×

第7单元 电子商务与现代物流

一、单选题

(1)C (2)A (3)D (4)D (5)C

二、判断题

(1)× (2)√ (3)√ (4)√ (5)√

第8单元 电子商务安全

一、单选题

(1)B (2)D (3)C (4)C (5)C (6)C (7)A

二、判断题

(1)√ (2)√ (3)× (4)√ (5)√ (6)× (7)×

第9单元 电子政务

一、单选题

(1)C (2)D (3)B (4)A (5)A (6)A (7)D (8)A

二、判断题

(1)√ (2)√ (3)√ (4)√ (5)×

第10单元 电子商务法律法规

一、单选题

(1)B (2)C (3)A (4)D (5)C (6)A

二、判断题

(1)× (2)× (3)√ (4)√ (5)× (6)×